Autonomia Privada e a Análise Econômica do Contrato

Autonomia Privada e a Análise Econômica do Contrato

2017

Rodrigo Fernandes Rebouças

AUTONOMIA PRIVADA E A ANÁLISE ECONÔMICA DO CONTRATO
© Almedina, 2017

AUTOR: Rodrigo Fernandes Rebouças
DIAGRAMAÇÃO: Almedina
DESIGN DE CAPA: FBA
ISBN: 978-858-49-3250-4

Dados Internacionais de Catalogação na Publicação (CIP)
(Câmara Brasileira do Livro, SP, Brasil)

Rebouças, Rodrigo Fernandes
Autonomia privada e a análise econômica do
contrato / Rodrigo Fernandes Rebouças. -- 1. ed. –
São Paulo : Almedina, 2017.

Bibliografia
ISBN 978-85-8493-250-4

1. Autonomia privada 2. Contratos (Direito civil)
3. Direito civil 4. Direito civil – Legislação
I. Título.

17-10115   CDU-347.44:164.041(81)

Índices para catálogo sistemático:
1. Autonomia privada e a análise econômica do
contrato : Direito civil 347.44:164.041(81)

Este livro segue as regras do novo Acordo Ortográfico da Língua Portuguesa (1990).

Todos os direitos reservados. Nenhuma parte deste livro, protegido por copyright, pode ser reproduzida, armazenada ou transmitida de alguma forma ou por algum meio, seja eletrônico ou mecânico, inclusive fotocópia, gravação ou qualquer sistema de armazenagem de informações, sem a permissão expressa e por escrito da editora.

Novembro, 2017

EDITORA: Almedina Brasil
Rua José Maria Lisboa, 860, Conj.131 e 132, CEP: 01423-001 São Paulo | Brasil
editora@almedina.com.br
www.almedina.com.br

Um dos pontos nevrálgicos do Direito Privado na polêmica atual é a crescente confusão medrada no seio de sua hermenêutica, que polariza a discussão em dois lados da análise científica do fenômeno jurídico no âmbito das relações privadas. De um lado, vê-se o valor prezado pelo Direito Privado, relativo à liberdade do sujeito, de querer e de gerar regras particulares no ordenamento jurídico, ponto fundamental da estrutura sistêmica do Direito Privado. De outro, vê-se o crescente intervencionismo estatal no conteúdo jurígeno da vontade de contratar, limitando pretensões e adequando de forma compulsória, e até por determinação judicial, aspectos da vida privada. [...] Mudam, portanto – não só sob o ponto de vista econômico, mas agora, também e principalmente, sob o ponto de vista estritamente jurídico –, não somente o conceito que se tem de *liberdade negocial*, mas também o conteúdo e a efetividade jurídica desse elemento estrutural do Direito de Obrigações, mercê das exigências técnico-científicas de elaboração de modelos científicos que devolvam a harmonia perdida das relações obrigacionais.

ROSA MARIA BARRETO BORRIELLO DE ANDRADE NERY[1]

---

[1] NERY, Rosa Maria Barreto Borriello de Andrade. **Vínculo Obrigacional: relação jurídica de razão (técnica e ciência de proporção) – uma análise histórica e cultural.** Tese de Livre-Docência em Direito Civil, São Paulo: Departamento de Direito Civil, Processual Civil e do Trabalho, Faculdade Paulista de Direito da Pontifícia Universidade Católica de São Paulo, 2004, pp. 293-295

Dedico a presente obra a minha esposa Heloísa Fernanda que, amorosamente cedeu uma incalculável parcela do nosso tempo de convivência para que eu pudesse realizar à conclusão dos estudos e às pesquisas acadêmicas, além do tempo dedicado para o desenvolvimento, conclusão e defesa da tese do doutoramento na PUC/SP, bem como ao nosso filho, José Augusto que chegará no final deste ano de 2017 para alegrar e abençoar nossas vidas.

AGRADECIMENTOS

A presente obra, fruto da tese de doutoramento na PUC/SP aprovada em qualificada banca examinadora e aprovada com nota máxima (dez), jamais poderia ter sido concluída sem a crença em Deus e o apoio e dedicação da minha orientadora Prof.ª Dr.ª Rosa Maria Barreto Borriello de Andrade Nery, além das valiosíssimas considerações realizadas pela Banca de Qualificação formada pela Prof.ª Drª Regina Vera Villas Bôas e pelo Prof. Dr. Gilberto Haddad Jabur. Igualmente agradeço aos amigos e professores Luciano Benetti Timm, Daniel Martins Boulos, André Antunes Soares de Camargo, Eduardo Montenegro Dotta, Rogério Garcia Peres, Everaldo Augusto Cambler, José Manoel de Arruda Alvim Netto, Márcio Pugliesi, Antonio Jorge Pereira Júnior, Marco Fábio Morsello, Marcelo Godke Veiga, Marcelo Vieira von Adamek, Fabio Pinheiro Gazzi, Franco Mautone Júnior, Priscila Borin Claro e Luciana Yeung. Igualmente não posso deixar de agradecer a ajuda da minha família Heloísa Fernanda de Matos Rebouças, Amado Dias Rebouças Filho e Helena de Jesus Fernandes Rebouças.

APRESENTAÇÃO

Apresentar qualquer obra é uma missão de muita responsabilidade. Apresentar uma obra, cuja origem foi uma excelente tese de doutorado em Direito Civil na PUC-SP, avaliada por uma ilustre comissão julgadora da qual tivemos a honra de participar, aumenta mais ainda esse sentimento. Apresentar uma obra de um autor com o qual temos a oportunidade ímpar de trabalhar (e aprender muito com ele), faz com que essa tarefa seja marcante em todos os sentidos.

As qualidades pessoais, acadêmicas e pessoais do autor transbordam em seu leve e didático texto. Generoso em sua dedicatória e com as inúmeras fontes de pesquisa que encontrou sobre o tema, o Professor Rodrigo Rebouças realmente contribui com o estudo da autonomia privada em nosso país, tão castigada quando abusada por advogados e partes e por intervenções regulatórias e judiciais não sempre eficazes. Seu texto em tom descritivo e crítico construtivo nos leva a aprender, de fato, o tema com o mesmo tom didático de suas aulas e de seu jeito de orientar alunos e coordenar o Insper Direito.

A obra do Professor Rodrigo é muito feliz em propor uma nova aplicação do princípio da autonomia privada à luz da dinâmica que caracteriza o nosso século XXI, sugerindo uma gradação na aplicação desse princípio considerando dois fatores: (a) o processo obrigacional na formação do vínculo contratual; e (b) o comportamento das partes ao longo desse processo obrigacional. Para tanto, o autor correlaciona o tema com as teorias/doutrinas denominadas "Análise Econômica do Direito" e "Capitalismo Consciente", concluindo que a autonomia privada, nos dias atuais, tem uma função socioeconômica e deve ser aplicada de forma dinâmica em três gradações distintas (mínima, média e máxima). O autor leva em consideração e analisa, com propriedade, situações concretas que envolvam hipossuficiência, vulnerabilidade, contratações por adesão e contratações paritárias e, com isso, cria critérios e pesos para essas gradações sugeridas, uma ideia muito inovadora, feliz e útil para a evolução do estudo sobre esse importante tema.

Se eu prosseguir falando da obra, os senhores me julgarão mais suspeito ainda sobre ela e o autor. Ambos, independentemente de quem os apresenta, são dignos de compor a mais nova edição da Coleção Insper Almedina, correr pelo mundo lusófono, ganhar leitores afora e espaço na doutrina jurídica brasileira. A autonomia privada ainda nos reserva o direito de recomendar boas obras, bons autores, bons amigos, bom aprendizado, ainda mais com a "máxima gradação" possível! Boa leitura a todos!

ANDRÉ ANTUNES SOARES DE CAMARGO
Coordenador Geral do Insper Direito
Doutor em Direito Comercial pela USP
Advogado e Professor

PREFÁCIO

É com muita satisfação que recebi o convite para prefaciar o livro do professor e advogado Rodrigo Rebouças.

O que o leitor terá acesso nesta obra é o resultado de sua tese de Doutorado defendido no Programa de Pós-Graduação em Direito (PPGD) da PUCSP, acrescentada das modificações derivadas das adequações às críticas e sugestões feitas pela sua Banca arguidora, que foi composta por mim e por renomados professores daquela casa e que acabaram por contribuir para engrandecimento de sua pesquisa.

Sou testemunha de sua vocação e gosto pelo estudo acadêmico, seja por sua atuação no INSPER, seja na Escola de Direito do CEU IICS em São Paulo, ambos referência de qualidade e docência no país.

Acredito que, certa maneira, nossos debates nos últimos anos possam ter contribuindo com a escolha do tema e, sobretudo, com a metodologia de pesquisa aplicada, a Análise Econômica do Direito (AED), ferramenta analítica absolutamente consolidada nos EUA e que agora ganha adeptos em todo país, especialmente em São Paulo, centro econômico do país, e que foi por duas vezes sede do Congresso da Associação Brasileira de Direito e Economia (ABDE).

Não apenas no método de abordagem, ainda novidade na PUCSP, mas na tentativa de diálogo com a dogmática jurídica civilista, inovou o pesquisador Rodrigo. A PUCSP merecia estar no mapa da AED nacional e agora um grande caminho foi dado!

Por todos estes motivos, fiquei bastante contente com o convite de prefaciar essa obra.

Falando de seu trabalho, acredito que será referência nacional no tema da intersecção entre dogmática civil contratual e a AED, sendo uma das primeiras teses de doutorado que se debruçam sobre essa intersecção entre o campo da teoria da AED e do Direito.

Nessa esteira, Rodrigo enfrentou todos os pontos de dogmática jurídica contratual, como não poderia deixar de ser, não fugindo aos temas difíceis como aqueles relacionados à teoria geral dos contratos, tais como sua principiologia positivada no Código Civil. Também reproduziu e absorveu a teoria de AED aplicável ao seu tema.

O livro surge em um momento de absoluta consolidação de AED no país, de reconstrução de nossa economia e da discussão do papel que o Direito pode ter para esse caminho.

Desse modo, ganha o leitor e a comunidade jurídica como um todo, que poderão, a partir da publicação desta obra, contar com uma análise profunda e em larga medida inédita sobre a relação entre o mundo do contrato e o mundo da AED, que bem explica os custos econômicos incorridos pelas partes em uma negociação e as eficiências daí derivadas. É, portanto, bibliografia essencial tanto para contratualistas, comercialistas, bem como para juseconomistas.

Prof. Dr. Luciano Benetti Timm – Pesquisador de Pós Doutorado na Universidade de Berkeley, Califórnia. Mestre e Doutor em Direito na UFRGS. LLM em Direito Internacional, Universidade de Warwick. Professor Programa de Pós Graduação (Mestrado Profissional) e da Coordenação da Graduação POA da UNISINOS/RS; Professor de Direito e Economia na EDESP/FGVSP. Presidente da ABDE e Vice Presidente do CBAr.

LISTA DE FIGURAS

Figura 1 – Matriz geral da dinâmica da autonomia privada 41

Figura 2 – Gráfico geral da dinâmica da autonomia privada 41

Figura 3 – Matriz da dinâmica da autonomia privada máxima 190

Figura 4 – Gráfico da dinâmica da autonomia privada máxima 191

Figura 5 – Matriz da dinâmica da autonomia privada média 194

Figura 6 – Gráfico da dinâmica da autonomia privada média 194

Figura 7 – Matriz da dinâmica da autonomia privada mínima 197

Figura 8 – Gráfico da dinâmica da autonomia privada mínima 198

LISTA DE ABREVIATURAS E SIGLAS

Código Civil de 2002 – Código Civil de 2002, Lei 10.406 de 10 de janeiro de 2002

CC – Código Civil de 2002, Lei 10.406 de 10 de janeiro de 2002

CC/16 – Código Civil de 1916, Lei 3.071 de 1º de janeiro de 1916

Código Comercial de 1850 – Lei 556 de 25 de junho de 1850

AED – Análise Econômica do Direito

CDC – Código de Defesa do Consumidor, Lei 8.078 de 11 de setembro de 1990

SUMÁRIO

INTRODUÇÃO   21

CAPÍTULO 1 – CONTEXTUALIZAÇÃO DA TEMÁTICA E DELIMITAÇÃO DO OBJETO DE ESTUDO   25

CAPÍTULO 2 – O NEGÓCIO JURÍDICO CONTRATUAL E SEUS PRINCÍPIOS   43

2.1. Princípios norteadores do Código Civil e seus influxos à teoria geral dos contratos   50

2.2. Do "pacta sunt servanda" ao ativismo judicial – movimento pendular   59

2.3. A cláusula geral da boa-fé objetiva como norteadora do negócio jurídico contratual   70

2.4. A cláusula geral da função social do contrato e a limitação da liberdade de contratar   90

2.5. A Análise Econômica do Direito e a teoria econômica do contrato   103

2.5.1. O ótimo de Pareto e o Equilíbrio de Nash   111

2.5.2. As falhas do mercado na Análise Econômica do Direito e os Contratos   119

2.5.3. O Capitalismo Consciente como fonte de equilíbrio às teorias finalistas da análise econômica do direito   134

CAPÍTULO 3 – O PRINCÍPIO DA AUTONOMIA PRIVADA CONTRATUAL NA DINÂMICA DO SÉCULO XXI   141

3.1. A tríade função da teoria geral dos contratos (socioeconômico e jurídico) e o capitalismo consciente   148

3.2. A teoria da confiança contratual e a segurança jurídica (função socioeconômica do contrato)   156

AUTONOMIA PRIVADA E A ANÁLISE ECONÔMICA DO CONTRATO

3.3. A dicotomia da base subjetiva e base objetiva do negócio jurídico contratual   163

3.4. O princípio da proporcionalidade e equilíbrio econômico no direito contratual   170

3.5. A gradação da aplicação do princípio da autonomia privada frente à teoria econômica do contrato e o comportamento das partes na dinâmica do processo obrigacional   183

   3.5.1. A dinâmica da autonomia privada máxima   187

   3.5.2. A dinâmica da autonomia privada média   192

   3.5.3. A dinâmica da autonomia privada mínima   195

CAPÍTULO 4 – CONCLUSÕES   199

REFERÊNCIAS   205

INTRODUÇÃO

Historicamente, na evolução do direito contratual, os princípios da autonomia privada e da força vinculante do contrato apresentaram sucessivas mitigações quanto ao seu efetivo poder, seja em relação ao potencial direito que as partes tradicionalmente possuíam em estabelecer as condições do vínculo jurídico contratual (conteúdo do contrato), como também em relação ao princípio do *pacta sunt servanda* (princípio da força obrigatória), o qual tradicionalmente era reconhecido como "[...] o contrato é lei entre as partes. Celebrado que seja, com observância de todos pressupostos e requisitos necessários à sua validade, deve ser executado pelas partes como se suas cláusula fossem preceitos legais imperativos."[2]

A promulgação do Código de Defesa do Consumidor em 1990 com o reconhecimento da cláusula geral da boa-fé objetiva e posteriormente a sua positivação pelo próprio Código Civil de 2002, acrescido da rápida transformação na forma de constituição dos negócios contratuais, além da multiplicação da contratação por adesão, resultou na tendência de uma maior mitigação do poder da autonomia privada e da força vinculante do contrato, passando a existir um verdadeiro movimento pendular ou binário, entre o reconhecimento da força vinculante dos contratos e a total mitigação dos efeitos dos contratos por um denominado ativismos judicial (judicialização dos contratos)[3].

---

[2] GOMES, Orlando; BRITO, Edvaldo (Coord.) **Contratos**. Atualizadores: Antonio Junqueira de Azevedo e Francisco Paulo de Crescenzo Marino. 26 ed. Rio de Janeiro: Forense, 2007, p. 38

[3] Vale observar que para efeitos do presente estudo, entende-se por "ativismo judicial", a potencialidade dos magistrados integrantes do Poder Judiciário em realizar sucessivas intervenções no vínculo obrigacional sem uma real análise das consequências de ordem social e

Essa interpretação binária quanto à aplicação da autonomia privada e da força vinculante dos contratos é até os dias de hoje observada em inúmeras decisões da atividade jurisdicional (Poder Judiciário ou Arbitragem), resultando em uma real violação da teoria da confiança, especialmente pelo fato de que as partes contratantes ficam em constante estado de insegurança jurídica.

Em raras situações é possível verificar o reconhecimento e a utilização dos critérios da Análise Econômica do Direito na atividade de interpretação dos contratos e de seu conteúdo, ou ainda, das consequências que poderão advir de uma eventual revisão contratual que, sob a alegação de beneficiar as partes, poderá gerar prejuízos incalculáveis para toda a sociedade.

Frente a tais situações de insegurança jurídica e da falta de uma real análise das circunstâncias socioeconômicas vislumbradas pelas partes ao longo da formação e execução do contrato na dinâmica do processo obrigacional, apresenta-se a presente obra com o objetivo de defender a aplicação de um critério de gradação da aplicação do princípio da autonomia privada e da respectiva força vinculante do contrato.

Assim, é apresentado no primeiro capítulo uma contextualização e delimitação do objeto de estudo, onde é melhor tratada toda a problemática vislumbrada pela ausência de critérios para uma aplicação com maior ou menor gradação da autonomia privada, como também são apresentadas as hipóteses objeto da presente tese.

Considerando que a gradação quanto aos critérios de aplicação da autonomia privada (mínima, média e máxima) tende a beneficiar a segurança jurídica em detrimento de eventuais externalidades negativas[4] com impac-

---

econômica sobre suas decisões, muitas vezes, seguindo isoladamente o que consta da norma pura, ou seja, isolada do fato social e suas repercussões. Já a judicialização dos contratos, é mais ampla, pois além de integrar o ativismo judicial, também resulta do excessivo questionamento por meio judicial dos vínculos jurídicos e perturbando a segurança jurídica das relações obrigacionais.

4 "É o caso, por exemplo, das **externalidades**, que são efeitos gerados em terceiros. Quando falamos sobre riqueza total criada por um contrato, nos referimos à soma do excedente do vendedor e do comprador, dado que estes são, geralmente, os únicos afetados por um acordo. Frequentemente, porém, terceiros podem ser positivamente ou negativamente afetados por um contrato. [...] O que ocorre nas externalidades é que o excedente econômico dos contratos precisa, para refletir de forma fiel o bem-estar social causado, incluir também a variação na situação de terceiros. Assim, o excedente econômico de contratos que geral (*sic*)

INTRODUÇÃO

tos econômicos diretamente vinculados aos contratos (custo de transação e assimetria de informações), a presente obra terá em seu Capítulo Segundo a análise dos princípios norteadores do Código Civil e seus reflexos nos contratos com ênfase para uma análise econômica do Direito e do contrato, sem deixar de lado uma reflexão sobre os princípios contratuais, as cláusulas gerais da boa-fé objetiva e a função social, tendo como pano de fundo a autonomia privada e a força vinculante do contrato.

No Capítulo Terceiro será enfrentado o princípio da autonomia privada dos contratos contextualizados à realidade do século XXI por meio da Análise Econômica do Direito (AED), à realidade da globalização dos mercados, às novas tecnologias e às novas formas de contratação com a consequente adequação à nova realidade (reintegração do direito e economia).

No mesmo capítulo será realizado o desenvolvimento dos questionamentos e hipóteses levantadas na contextualização, onde serão demonstrados os benefícios do desenvolvimento de uma gradação na aplicação da autonomia privada e respectiva força vinculante do contrato, ao invés do atual movimento pendular, onde vivenciamos um momento de judicialização dos contratos por meio de um ativismo do judiciário frente aos contratos, sem uma adequada consideração quanto ao necessário equilíbrio entre a base objetiva e a base subjetiva do negócio jurídico contratual.

Serão ainda apresentadas as conclusões da presente obra, enfrentando pontualmente cada uma das questões propostas, em especial, frente à análise da tríplice vertente do direito privado (jurídico, econômico e social), além da divisão entre contratos de consumo, contratos cíveis e empresariais, e, por fim, os contratos por adesão, a globalização de mercados e a contratação eletrônica conforme a realidade do século XXI.

externalidades positivas é maior do que as partes normalmente levam em conta. Portanto, um mercado desregulado tende a produzir *menos* desses contratos do que a quantidade ótima (ou seja, nem todas as transações com excedente econômico positivo serão efetuadas). [...] Já o contrário ocorre no caso de contratos com externalidade negativas, visto que o mercado livre tende a produzir *mais* do que a quantidade ótima desses contratos. Ou seja, nem todas as transações efetuadas terão excedente econômico positivo. Nesses casos, o direito pode exercer um importante papel de *internalizar* a externalidade, fazendo com que as partes arquem com os custos – no caso das externalidades negativas – ou se beneficiem – nas externalidades positivas – dos efeitos que causam em terceiros. Assim, a quantidade produzida se ajusta automaticamente ao nível eficiente." (destaques do original) TIMM, Luciano Benetti. **Direito contratual brasileiro – críticas e alternativas ao solidarismo jurídico.** 2 ed., São Paulo: Atlas, 2015, pp. 187-188.

Proposição. A doutrina dedicada ao estudo do Direito contratual e ao princípio da autonomia privada nem sempre consegue realçar a distinção necessária entre as naturezas das relações contratuais que envolvem empresas, consumidor ou partes privadas, para melhor justificar grau maior de eficiência para a aplicação do princípio da autonomia privada, da força vinculante e da Análise Econômica do Direito (AED). Igualmente deixa de fazer a correlação entre as circunstâncias contratuais e o comportamento das partes como elemento fundamental de interpretação e de gradação da aplicação do princípio da autonomia privada. Frente a isso, busca-se responder ao longo deste estudo as seguintes questões:

a) Qual é a eficiência e funcionalidade do princípio da autonomia privada no contrato frente à dinâmica do Século XXI?

b) Em que medida a AED colabora no estudo das relações contratuais, na eficiência do princípio da autonomia privada e na força vinculante do contrato?

c) É correto utilizar a teoria do capitalismo consciente como condição de justo meio entre a eticidade, equilíbrio das relações, proporcionalidade e AED?

Capítulo 1
Contextualização da Temática
e Delimitação do Objeto de Estudo

A doutrina contemporânea, em regra, tem desenvolvido grande estudo sobre o equilíbrio da relação jurídico contratual e sua dinâmica conforme o comportamento das partes frente à dicotomia da base objetiva e subjetiva do negócio jurídico, cada vez mais repleto de vínculos jurídicos massificados e contratos por adesão, sem se descuidar da força jurígena dos efeitos dos contratos, do dirigismo contratual em busca da denominada justiça contratual, da ética e da proporcionalidade.

Podemos dizer que o estudo do princípio da autonomia privada e da teoria da força obrigatória dos contratos, ambos sofrendo os influxos das cláusulas gerais da boa-fé objetiva e da função social, enseja um grande desafio frente à "incidência de normas novas, principalmente daquelas que compõem o microssistema jurídico de proteção do consumidor, [...], bem como os fenômenos de contratação em massa [...]"[5] além do necessário aprofundamento dos estudos referentes as chamadas contratações civis e empresariais regidas pelo Código Civil de 2002 e seus princípios norteadores da eticidade, operabilidade e socialidade, vinculados ao atual momento de evolução da sociedade[6], a qual não admite mais a posição

---

[5] NERY, Rosa Maria de Andrade; NERY JUNIOR, Nelson. **Instituições de direito civil: teoria geral do direito privado.** v I, t I. São Paulo: Editora Revista dos Tribunais, 2014, p. 543

[6] "O interesse pela máxima expansão de eficácia dos negócios jurídicos desperta ao analisar o momento que atravessa a Ciência do Direito. A sociedade venceu o liberalismo econômico na sua acepção pura, assim como o individualismo jurídico exacerbado que marcou os séculos XVIII e XIX. Na contemporaneidade, surge uma nova política econômica evidenciada pela maior intervenção estatal. O negócio jurídico deixa de ser mero instrumento de realização

individualista típica dos códigos do século XIX e início do século XX com inspiração jusfilosófica no século anterior.[7]

No entanto, em nosso entender, tais questões e princípios não significam em hipótese alguma um abandono ao clássico princípio da força obrigatória dos contratos, mas sim uma necessária adequação da interpretação quanto ao significado da força vinculante do contrato e do princípio da autonomia privada, de forma a buscar uma harmonia com a sociedade contemporânea e a dinâmica na formação dos respectivos vínculos jurídicos, em especial, dos contratos. Trata-se, portanto, de uma atuação direta dos princípios norteadores do Código Civil de 2002 e das modernas legislações que buscam a defesa do bem comum, dos direitos difusos e coletivos, em harmonia com a função social da empresa, da propriedade (*lato sensu*) e do contrato, além da necessária aplicação da cláusula geral da boa-fé objetiva como um *standard* de conduta que deverá ser observado em todo e qualquer contrato, seja na fase pré-contratual, na fase de cumprimento do contrato ou na fase pós-contratual.

Ao contrário da anunciada "morte do contrato", o que realmente se verifica, como esperado por Grant Gilmore[8], é um verdadeiro soprar da primavera para anunciar a ressureição do contrato pela necessária evolução do direito e, no caso do objeto do presente estudo, evolução do direito

---

de vontade individual e passa a ser visto como um fator de equilíbrio da ordem social. Como cediço, o Código Civil de 1916 que era pautado por uma vontade 'dilatada', hipertrofiada, manifestada de modo a alcançar os efeitos jurídicos desejados pelas partes sem maior preocupação com as necessidades da coletividade [...]. Sob a influência do Código Civil francês de 1804, o Código Civil de 1916 inspirou-se fortemente numa exacerbada (e hoje inconcebível) hipervalorização dos direitos individuais, assim afirmados em face à atuação do Estado." GUERRA, Alexandre. **Princípio da conservação dos negócios jurídicos – a eficácia jurídico-social como critério de superação das invalidades negociais.** São Paulo: Almedina, 2016, p. 74

[7] "Essa querela, que já era visível no último quartel do século XIX, tornou-se evidente no século XX e foi um dos pontos de reexame do fenômeno e da técnica jurídica, já à luz do que se logrou denominar de *crise do direito*. Isto porque se vislumbrou que aquele modelo de liberdade privada absoluta, no âmbito das relações privadas, celebrado no *Code Napoléon*, continha em sua estrutura um sem número de falhas geradas pela maneira exagerada com que tratou os sujeitos de direito diante de sua pretensa (mas não efetiva) igualdade." NERY, Rosa Maria de Andrade; NERY JUNIOR, Nelson. **Instituições de direito civil: teoria geral do direito privado.** v I, t I. São Paulo: Editora Revista dos Tribunais, 2014, p. 288

[8] "Il Contratto é morto, ma chissá se il vento di primavera non possa inopinatamente portarne la resurrezione?" GILMORE, Grant. **La morte del contratto.** Tradução: Andrea Fusaro. Milano: Dott. a Giuffrè editore, 2001, p. 92.

CONTEXTUALIZAÇÃO DA TEMÁTICA E DELIMITAÇÃO DO OBJETO DE ESTUDO

dos contratos, para adequá-lo à realidade da sociedade contemporânea, porém sem cometer os exageros dos movimentos pendulares, onde, em determinado momento há uma excessiva proteção ao individualismo com extrema valia ao *pacta sunt servanda* sucedido por um segundo momento de excessiva aplicação da função social em detrimento ao que foi livremente pactuado entre as partes com a exaltação do dirigismo contratual[9]. Conforme nos lembram Rosa Maria de Andrade Nery e Nelson Nery Junior:

> O contrato não morreu nem tende a desaparecer. A sociedade é que mudou, tanto do ponto de vista social, como do modo de conceber o tráfico (*sic*) econômico e, consequentemente, do modo de conceber a experiência jurídica. É preciso que o direito não fique alheio a essa mudança, aguardando estático que a realidade social e econômica de hoje se adapte aos vetustos institutos com o perfil que herdamos dos romanos, atualizado na fase das codificações do século passado.[10]

O excessivo ativismo judicial, muitas vezes deixando de observar o equilíbrio entre a base objetiva e subjetiva do negócio jurídico, resulta em uma insegurança e uma instabilidade no sistema jurídico contratual, trazendo sérias consequências econômicas às partes integrantes da relação contratual e possivelmente à nação.

Tais situações podem ser facilmente constatadas na elevação de preços de determinado serviço (*v.g.* plano de saúde particular) em decorrência da intervenção judicial que determina a inclusão de outros serviços não inte-

---

[9] Aplica-se ao presente estudo, o entendimento de dirigismo contratual destacado por Rosa Maria de Andrade Nery e Nelson Nery Junior para quem "E é nesses períodos de grande comoção econômica, aliada às vicissitudes políticas e sociais, que surge o fenômeno do *dirigismo contratual*, como uma espécie de elemento mitigador da autonomia privada, fazendo presente a influência do direito público no direito privado pela interferência estatal na liberdade de contratar. [...] Mas com certeza podemos afirmar que há uma tendência de equilíbrio entre o direito público e o direito privado, que não mais se sustentaria se prevalecesse o liberalismo exagerado do século passado. O estado passou a interferir na liberdade de contratar, sem, contudo, extinguir o perfil civil da figura do contrato. [...] O dirigismo contratual não se dá em qualquer situação, mas apenas nas relações jurídicas consideradas como merecedoras de controle estatal, para que seja mantido o desejado equilíbrio entre as partes contratantes." NERY, Rosa Maria de Andrade; NERY Junior, Nelson. **Instituições de direito civil: contratos**, v. III, São Paulo: Editora Revista dos Tribunais, 2016, pp. 164-165

[10] NERY, Rosa Maria de Andrade; NERY Junior, Nelson. **Instituições de direito civil: contratos**, v. III, São Paulo: Editora Revista dos Tribunais, 2016, pp. 166-167

AUTONOMIA PRIVADA E A ANÁLISE ECONÔMICA DO CONTRATO

grantes do objeto inicial do contrato e do risco originalmente assumido por cada parte. Como exemplo do que está sendo aqui apontado, é a redução do número de beneficiários de planos de saúde ao longo dos anos de 2014 a junho de 2016, com a exclusão de aproximadamente dois milhões de pessoas do sistema de saúde privada no Brasil.[11]

A intervenção judicial em um determinado contrato sem a devida análise econômica e análise das consequências, se verificadas em todo o sistema, representa um desequilíbrio econômico do contrato e das bases objetiva e subjetiva de determinado negócio jurídico[12-13], sendo o valor de eventual redução de lucros e/ou de eventuais prejuízos repassados aos demais contratantes já existentes, ou ainda, aos novos contratantes; em última análise, haverá um repasse do acréscimo dos custos à toda sociedade.

Os impactos econômicos podem também ser facilmente constatados na redução de investimentos em determinados segmentos ou em determinado país, uma vez que, se aquele que pretende aplicar um capital não possuir um mínimo de segurança jurídica de que os contratos serão honrados tal como originalmente pactuados e estruturados (base objetiva do negócio jurídico), certamente evitará a realização de tal investimento. Se

---

[11] Disponível em: http://www.ans.gov.br/perfil-do-setor/dados-gerais. Acesso em 01.out.2016. Cumpre esclarecer que não ignoramos o fato de que parte das pessoas que foram excluídas do sistema de saúde privada representa uma consequência do crescente número de desempregados no Brasil ao longo dos anos de 2014 a 2016.

[12] "[...] La finalidad objetivamente expressada en el contrato, el sentido de éste y su carácter general, p. ej., como contrato de intercamio (es decir, carácter típico o 'finalidad essencial') son las circunstancias de las que en cada caso concreto se deducirá qué es lo que integra dicha base objetiva, y sobre ellas la tarea del juez no es otra que la que le corresponde en el supuesto de la ilamada interpretación integradora del contrato (§ 157). De aquella base han de ser eliminados los fines puramente subjetivos que las partes persigan y que no han ilegado a formar contenido del contrato, aunque la outra parte los conociese." LARENZ, Karl. **Derecho de obligaciones.** Tradução: Jaime Santos Briz. Tomo I. Madrid: Editorial Revista de Derecho Privado, 1958, p. 316

[13] "[...] a estrutura contratual pressupõe, para que possa exercer com normalidade a sua função de troca, uma relação estreita com a realidade econômica subjacente. [...] A 'base objetiva do negócio jurídico' decorre de uma 'tensão' ou 'polaridade' entre os aspectos voluntaristas do contrato – aspecto subjetivo – e o seu meio econômico – aspecto institucional – o que relativisa, nas situações mais dramáticas, a aludida vontade, para permitir a adaptação do contrato à realidade subjacente." SILVA, Clóvis do Couto e. A teoria da base do negócio jurídico no direito brasileiro. *In* **Doutrinas Essenciais – Obrigações e Contratos.** v. 4. TEPEDINO, Gustavo; FACHIN, Luiz Edson. (Org.) São Paulo: Editora Revista dos Tribunais, 2011, pp. 529-534

optar em dar sequência ao investimento planejado, é muito provável que haja um incremento ao valor praticado no serviço ou na comercialização de determinado bem, realizando o apreçamento do serviço ou da mercadoria, acrescido dos custos financeiros e dos custos de transação, seja durante a fase pré-contratual ou ainda durante a fase de execução do contrato, face a latente possibilidade de revisões contratuais pleiteadas pelas partes contratantes ou determinadas pelo Poder Judiciário.

Conforme será melhor abordado no Capítulo 2.5, a teoria do custo de transação foi devidamente analisada e desenvolvida pelo prêmio Nobel de Economia Ronald Harry Coase, resultando no que passou a ser denominado de Teorema de Coase, sendo relevante destacar o seguinte trecho do seu clássico texto *The Problem of Social Cost*[14] originalmente publicado no *Journal of Law and Economics* vol. 3, outubro de 1960 e traduzido no Brasil no ano de 2016.

> Uma vez que se levam em conta os custos de realização de transações de mercado, é claro que essa realocação dos direitos só ocorrerá se o aumento do valor da produção como consequência do rearranjo for maior do que os custos incorridos para implementá-lo. Quando tal aumento for menor do que os custos, a concessão de uma ordem judicial (ou o conhecimento de que seria concedida), ou a obrigação de pagar pelos danos, podem ter como resultado o encerramento de uma atividade (ou podem impedir que seja iniciada) que seria empreendida se as transações de mercado ocorressem sem custo. Nessas condições, a delimitação inicial de direitos tem sim efeitos sobre a eficiência com que o sistema econômico opera. Um determinado arranjo de direitos pode propiciar um valor de produção maior do que qualquer outro. Mas, a menos que este seja o arranjo de direitos estabelecido pelo sistema jurídico, os custos para atingir os mesmos resultados através da alteração e combinação de direitos por meio do mercado podem ser tão elevados que este arranjo ótimo dos direitos, bem como o maior valor de produção que ele traria, pode nunca ser alcançado.[15]

---

[14] COASE, R. H. **The Firm, The Market and The Law.** Chicago: The University of Chigaco Press. 1988, pp. 95-156

[15] COASE, Ronald Harry. **A firma, o mercado e o direito.** Tradução: Heloisa Gonçalves Barbosa. Revisão da tradução: Francisco Niclós Negrão. Estudo Introdutório: Antonio Carlos Ferreira e Patrícia Cândido Alves Ferreira. Rio de Janeiro: Forense Universitária, 2016, p. 115

Esse posicionamento de um Poder Judiciário muito ativo na revisão dos contratos é frontalmente contrário ao que é desejado pela classe dos empresários, os quais possuem total capacidade financeira de contratarem bons assessores (jurídicos, técnicos, financeiros, contábeis entre outros técnicos potencialmente necessários no ato de formação do vínculo obrigacional), além de frustrarem as justas expectativas projetadas pelas partes quando da realização de determinado negócio jurídico, resultando no denominado risco moral decorrente da assimetria de informações. [16-17]

No mesmo sentido é o posicionamento de Erich Danz, ao definir que as partes almejam determinados resultados econômicos na realização de seus negócios jurídicos, manifestando livremente a sua vontade e intenção de contratar nos limites e nos termos da lei. Nessas situações, deve o juiz "conhecer o verdadeiro fim económico pretendido, pois se assim não fizer, correrá o perigo de estabelecer efeitos jurídicos falsos e considerar produzidas obrigações jurídicas que, na realidade, não se produziram."[18]

---

[16] "Todas as transações econômicas são realizadas, de uma forma ou de outra, por meio de contratos. Isso é verdade para operações de empréstimo, aluguéis, relações de trabalho etc. Um contrato, seja formal ou informal, tem como objetivo garantir que a transação ocorra de forma que os benefícios esperados sejam usufruídos por ambas as partes contratantes. Existem situações, entretanto, em que, numa relação contratual, uma das partes possui informação privilegiada, ou seja, não observada pela outra parte, a não ser mediante custo e tempo, sendo essa informação importante para o resultado da transação. [..] As implicações acerca da existência de assimetria de informação são inúmeras. No mercado de crédito, por exemplo, os contratantes passam a exigir garantias reais, penalizando devedores que não possuem tais garantias. De forma geral, podemos afirmar que os problemas de assimetria de informação geram custos adicionais às transações (custo de transação) a ponto de, em alguns casos, inviabilizá-las." VASCONCELLOS, Marco Antonio Sandoval de. **Economia – micro e macro**. 5 ed., São Paulo: Atlas, 2011, pp. 182-183

[17] "Outro efeito que pode tornar um mercado ineficiente é a assimetria de informações, que ocorre quando uma das partes de uma transação possui mais informações do que a outra. Há dois problemas específicos que podem ser causados pela assimetria de informações: (i) seleção adversa; (ii) risco moral. [...] O risco moral, por sua vez, significa que uma parte tem incentivos para alterar seu comportamento de forma prejudicial à outra parte, sem que esta possa saber ou impedir essa alteração. O exemplo clássico é o da pessoa que, após contratar um seguro para seu carro, perde incentivos para tomar cuidados, como trancar sempre a porta, estacionar em locais seguros etc. As seguradoras estão conscientes dessa alteração de incentivos do segurado e, em consequência, exigem garantias que isso não ocorrerá, introduzem prêmios ou simplesmente aumentam os seus preços. Isso então faz com que haja menos transações do que a quantidade eficiente." TIMM, Luciano Benetti. **Direito Contratual Brasileiro – críticas e alternativas ao solidarismo jurídico**. 2 ed. São Paulo: Atlas, 2015, pp. 188-189

[18] DANZ, Erich. **A interpretação dos negócios jurídicos**. Tradução: Fernando de Miranda. São Paulo: Livraria Acadêmica Saraiva, 1941, p. 123

CONTEXTUALIZAÇÃO DA TEMÁTICA E DELIMITAÇÃO DO OBJETO DE ESTUDO

Tal como brevemente destacado acima em relação aos reflexos econômicos nos planos de saúde privados, decorrentes das constantes revisões judiciais ou de inúmeras liminares concedidas em todo o território nacional em sentido contrário ao que foi livremente pactuado entre as partes (violação do equilíbrio e proporcionalidade entre base subjetiva e base objetiva do negócio jurídico), são as elevadas taxas de juros para empréstimos bancários destinados ao desenvolvimento do segmento de serviços, da indústria e do comércio, uma vez que, as instituições financeiras prevendo a possibilidade de questionamentos judiciais, acrescida da dificuldade em cobrar os valores empregados na atividade empresarial (custos de transação), embutem no apreçamento do valor e da respectiva taxa de juros praticada, o custo da possível inadimplência ou da dificuldade na sua cobrança.

Vale observar que não se ignora os crescentes lucros das instituições financeiras, os quais acabam cumprindo a sua função em relação aos investidores, acionistas e funcionários, porém, são de questionáveis consequências em relação a sociedade tomadora do crédito e ao mercado em geral se observarmos a cláusula geral da função social do contrato. Deve existir a constante busca por um equilíbrio e proporcionalidade, evitando-se os abusos de lado-a-lado tal como prega a doutrina voltada ao capitalismo consciente[19], com seus quatro pilares: propósito elevado, liderança consciente, cultura consciente e orientação para os *stakeholders*. Tais pilares serão melhor analisados ao longo do Capítulo 2.5.3. abaixo.

Outro exemplo clássico de violação à autonomia privada, entre tantos, é o excessivo ativismo regulatório e respectivo dirigismo contratual por meio de atos normativos do PROCON[20] que se verifica na exigência quanto ao preço final cobrado do consumidor que se utiliza do meio *car-*

---

[19] MACKEY, John; SISODIA, Raj. **Capitalismos consciente: como libertar o espírito heroico dos negócios.** Tradução Rosemarie Ziegelmaier, 1 ed., 4 impressão, São Paulo: HSM Editora, 2013

[20] Destaque-se no mesmo sentido, recente decisão do PROCON objetivando interferir no livre mercado e regular até mesmo o preço e a forma de cobrança das pizzas. Objetivo este que entendemos ser abusivo e equivocado, uma vez que fatalmente resultará na elevação do custo das pizzas para a universalidade de consumidores, os quais, ao invés de terem um benefício, novamente serão prejudicados. (Conforme matéria jornalística veiculada no caderno de economia do portal UOL. Disponível em: http://economia.uol.com.br/noticias/redacao/2016/11/11/procon-fortaleza-cobrar-pizza-de-dois-sabores-pelo-maior-valor-e-abusivo. htm. Acesso em 12.nov.2016).

tão de crédito ou *cartão de débito* ser o mesmo preço cobrado daqueles que pagam em dinheiro ou cheque[21]. Ignora-se por completo a equação econômica, pois é sabido que as administradoras de cartão de crédito ou de débito cobram uma taxa de administração[22], além do fato que o pagamento

[21] Cumpre observar que às vésperas do depósito da presente tese de doutoramento, foi publicado em 27 de dezembro de 2016, com republicação em 28 de dezembro de 2016, a Medida Provisória nº 764/2016 posteriormente convertida na Lei 13.455 de 26.06.17 a qual acaba por corrigir tal situação determinando em seus Artigo 1º que "Fica autorizada a diferenciação de preços de bens e serviços oferecidos ao público, em função do prazo ou do instrumento de pagamento utilizado." e em seu parágrafo único, ainda declara ser nula qualquer disposição contratual em sentido contrário, conforme consta da sua redação: "É nula a cláusula contratual, estabelecida no âmbito de arranjos de pagamento ou de outros acordos para prestação de serviço de pagamento, que proíba ou restrinja a diferenciação de preços facultada no caput deste artigo.". Por se tratar de matéria veiculada em Medida Provisória e que depende da sua análise e aprovação pelo Congresso Nacional, optou-se por manter a análise aqui realizada, até mesmo pelo motivo que a Medida Provisória 764/2016 nada mais faz do que confirmar o disposto na presente tese, já que se trata de uma, entre inúmeras outras, medidas que estão sendo tomadas para recuperar a atividade produtiva do País, buscar a redução das taxas de juros, aumentar a concorrência e respectiva redução da intervenção estatal no Mercado, permitindo que os diversos concorrentes encontrem o melhor equilíbrio do mercado em benefício de todos. Da exposição de motivos da Medida Provisória 764/16 pode-se observar que: "A possibilidade de diferenciação de preços constitui mecanismo importante para a melhor aferição do valor econômico de produtos e serviços e traz benefícios relevantes para a relação com os consumidores, entre os quais se destacam: i) permitir que os estabelecimentos tenham a liberdade de sinalizar, por meio de seus preços, os custos de cada instrumento de pagamento, promovendo maior eficiência econômica – a impossibilidade de diferenciar preços tende a distorcer a natureza da contestabilidade entre os diversos instrumentos de pagamento, dificultando a escolha do instrumento menos oneroso na relação de consumo; ii) alterar o equilíbrio de forças entre os agentes do mercado – o fato de os estabelecimentos terem a possibilidade de praticar preços diferenciados pode promover um maior equilíbrio no processo de negociação entres os agentes de mercado com benefícios para o consumidor; e iii) minimizar a existência de subsídio cruzado dos consumidores que não utilizam cartão (majoritariamente população de menor renda) para os consumidores que utilizam esse instrumento de pagamento (majoritariamente população de maior renda)." Disponível em: <http://www.planalto.gov.br/ccivil_03/_Ato2015-2018/2016/Exm/Exm-MP-764-16.pdf> Acesso em 29.dez.2016

[22] Não será objeto da análise proposta no presente estudo o abuso na cobrança das taxas de administração por parte das administradoras de cartão de crédito e instituição bancárias, nem tão pouco a ausência de proporcionalidade nas extorsivas taxas de juros por tais agentes financeiros, os quais, no ano de 2016 superaram qualquer recorde histórico de cobrança de taxa de juros durante o período de uma moeda estável, chegando a superar o importe de 450% (quatrocentos e cinquenta por cento) ao ano em uma economia em recessão e com inflação anual estimada para 7% no mesmo exercício civil. (*Disponível em:* http://www1.folha.uol.com.br/mercado/2016/09/1812421-taxa-media-de-

CONTEXTUALIZAÇÃO DA TEMÁTICA E DELIMITAÇÃO DO OBJETO DE ESTUDO

com cartão de crédito não resulta no recebimento automático e imediato do preço pelo comerciante.

Para esclarecer a situação, imaginemos que: (i) a taxa de administração seja equivalente a 8% sobre o preço de um produto; (ii) o preço do produto seja de R$ 100,00; (iii) o tempo médio de pagamento do cartão de crédito seja de 30 dias; e, (iv) a inflação mensal seja equivalente a 1%. Nesta situação, o comerciante receberá o preço do produto comercializado no 31º dia após a data da venda, recebendo efetivamente em seu caixa o valor de R$ 91,00, pois R$ 1,00 será perdido com a inflação e R$ 8,00 serão retidos pela administradora de cartão de crédito. Já, se o pagamento fosse realizado em dinheiro ou cheque, o comerciante teria à sua disposição no seu caixa, no ato da compra (em dinheiro) ou na data de compensação do pagamento (cheque ou transferência bancária) o valor de R$ 100,00. O comerciante, sabendo do seu custo de transação e considerando a norma do PROCON de vedação de cobrança de preços diferentes, terá apenas duas saídas, (a) absorver o prejuízo de R$ 9,00 para cada unidade vendida do produto, ou (b) cobrar o preço de R$ 110,00 de todos os consumidores indistintamente e independe da forma de pagamento. Em resumo, todos os consumidores pagarão um valor maior pelo mesmo produto. Tal consequência decorre da reclamação de alguns poucos consumidores que gerou a normativa do

-juros-no-cartao-de-credito-supera-em-agosto-451-ao-ano.shtml Acesso em 15.nov.2016). Ainda quanto as elevadas taxas de juros praticadas pelos cartões de crédito, destacamos recente estudo divulgado pelo Governo Federal (Poder Executivo) o qual aponta uma média anual nacional de juros equivalente a 436% ao passo que o segundo colocado no estudo (Peru) pratica uma taxa equivalente a 43,7% e o último colocado (México) uma taxa média de 23%. Disponível em: <https://www.brasil.gov.br/economia-e-emprego/2016/12/brasil-e-campeao-em-juros-do-cartao-de-credito> Acesso em 27.dez.2016. O mercado de cartões de crédito e débito representa mais de R$ 550 bilhões de reais em transações por ano e aproximadamente 6 bilhões de transações por ano (média de R$ 92,00 por operação), além de dispor de mais de 4,4 milhões de terminais de captura/leitura de dados de cartão de crédito ou débito (maquininhas/POS) ocupando o 4º lugar no ranking mundial de dispositivos de leitura de cartões. (*Disponível em: http://www.abecs.org. br/app/webroot/files/media/a/a/1/8774339b672089aafc8a8e6dfbb8c.pdf. Acesso em 15.nov.2016).* Pelos dados aqui apresentados já se mostra claro, pelo menos em nosso entendimento, que as atividades do PROCON que resultam no dirigismo contratual estão focadas nos polos econômicos mais frágeis do vínculo contratual (comerciantes e consumidores) quando, na verdade, deveriam direcionar os trabalhos para analisar os dados públicos indicados aqui para combater eventuais abusos e desrespeito aos princípios da proporcionalidade, função social e boa-fé objetiva pelas administradoras de cartão de crédito e instituição financeiras.

AUTONOMIA PRIVADA E A ANÁLISE ECONÔMICA DO CONTRATO

PROCON, já que o mercado irá automaticamente transferir o custo de transação ao consumidor.

Os exemplos acima apontados, servem de base para demonstrar que o movimento pendular entre o excessivo liberalismo da força vinculante do contrato e do princípio da autonomia privada[23] frente ao atual ativismo judicial e dirigismo contratual, em prejuízo do necessário equilíbrio entre a base objetiva e a base subjetiva do negócio jurídico, resultam em claros prejuízos à sociedade, especialmente quando analisados sob a ótica da análise econômica do direito. Em outras palavras, se analisarmos apenas uma situação isolada e apenas um contrato isolado das demais consequências sociais e econômicas, o dirigismo contratual e o ativismo judicial parecem não produzir prejuízos, mas sim, benefícios. No entanto, quando ampliamos o espectro da análise, podemos observar danos sociais e prejuízos econômicos para toda a sociedade, tal como, no exemplo acima, ocorre no caso da elevação do preço do produto (de R$ 100,00 para R$ 110,00) para toda a sociedade, independente da forma de pagamento ser em dinheiro ou por meio de cartão de crédito.

O referido movimento pendular entre a plena aplicação da autonomia privada e a intervenção estatal restringindo a livre negociação entre as partes, é devidamente retratado no escólio de Rosa Maria de Andrade Nery e Nelson Nery Junior que assim se manifestam sobre o tema:

> Um dos pontos nevrálgicos do Direito Privado na polêmica atual é a crescente confusão medrada no seio de sua hermenêutica, que polariza a discussão em dois lados da análise científica do fenômeno jurídico no âmbito das

---

[23] Embora não exista consenso na doutrina quanto a distinção entre *autonomia da vontade* e *autonomia privada*, para efeito dessa tese será considerada como *autonomia da vontade* a plena liberdade que as partes têm para firmar contratos e negócios jurídicos em geral, tendo o livre exercício de direito para manifestar sua vontade e se vincular a qualquer obrigação. Já a *autonomia privada* representa a liberdade quanto ao exercício de direito em relação às obrigações que constarão em determinado contrato (conteúdo contratual), trata-se de uma liberdade mitigada de contratar pelos princípios da função social, da boa-fé objetiva e dos aspectos econômico-social-jurídico. "Todos têm autonomia para declarar sua vontade e agir. Ou seja, é próprio do ser livre a autonomia da vontade, fruto do princípio da dignidade da pessoa humana (CF 1º, III). Não se confunde a autonomia da vontade (princípio geral de direito), que respeita a correlação existente entre o querer do sujeito e a sua manifestação exterior (declaração, ato), com a autonomia privada, princípio de direito privado que corresponde, como visto, ao poder do sujeito de criar e submeter-se as regras particulares." NERY JUNIOR, Nelson; NERY, Rosa Maria de Andrade. **Código Civil Comentado.** 10 ed., São Paulo: Revista dos Tribunais, 2013, p. 631

CONTEXTUALIZAÇÃO DA TEMÁTICA E DELIMITAÇÃO DO OBJETO DE ESTUDO

relações privadas. De um lado, vê-se o valor prezado pelo Direito Privado, relativo à liberdade do sujeito, de querer e de gerar regras particulares no ordenamento jurídico, ponto fundamental da estrutura sistêmica do Direito Privado. De outro, vê-se o crescente intervencionismo estatal no conteúdo jurígeno da vontade de contratar, limitando pretensões e adequando de forma compulsória, e até por determinação judicial, aspectos da vida privada.[24]

Em relação aos riscos do excessivo intervencionismo estatal no conteúdo jurígeno, San Tiago Dantas apontou em clássico artigo sobre a evolução contemporânea do direito contratual publicado em janeiro de 1952, relevante opinião quanto ao dirigismo contratual que já se destacava em alguns países e que, segundo o autor, "afetam o interesse geral e põem em crise, sob certo aspecto, o direito dos contratos"[25].

Dado o momento político e histórico em que foi publicado o artigo, aproximadamente sete anos após a Segunda Guerra Mundial, em um momento de evolução dos ideais econômicos socialistas em determinados países e com a evolução da chamada guerra fria, San Tiago Dantas chega a afirmar que o excessivo intervencionismo estatal sobre a atividade econômico-contratual e a atuação direta do Estado no desenvolvimento de organizações empresárias são fatos tipicamente observados no sistema de contratos do direito soviético, com o risco da sua influência direta sobre os demais sistemas de direito não socialistas, uma vez que o Estado assumia a complexa função de distribuição de riquezas em busca do equilíbrio contratual, do bem comum e da justiça contratual.[26-27]

---

[24] NERY, Rosa Maria de Andrade; NERY JUNIOR, Nelson. **Instituições de direito civil: teoria geral do direito privado.** v I, t I. São Paulo: Editora Revista dos Tribunais, 2014, p. 288

[25] SAN TIAGO DANTAS, Francisco Clementino de. Evolução contemporânea do direito contratual – dirigismo, imprevisão. RT, Jan/1952. *In* **Doutrinas Essenciais Obrigações e Contratos.** v. III. TEPEDINO, Gustavo; FACHIN Luiz Edson (Org.), São Paulo: Revista dos Tribunais, 2011, p. 421

[26] "Quando a intervenção do Estado tem por fim traçar normas e limites à atividade econômica dos particulares, as normas legais, que dele emanam, assumem a forma, já anteriormente examinada, de restrições à liberdade contratual pela aplicação da esfera do interesse público. Quando, porém, é o próprio Estado que toma a si o desempenho de tais atividades, surgem problemas de outra natureza, que afetam o interesse geral e põem em crise, sob certo aspecto o direito dos contratos. Êsses problemas são, por ora, particularmente sensíveis nos países de economia socialista, desempenhando papel de relevo na formação do sistema dos contratos do direito soviético. Mas é inegável que pertencem a todo sistema jurídico, em que o Estado assuma funções complexas na produção e na distribuição de riquezas, organizando empresas ou unidades

Por certo o autor referenciado não ignorava a distinção jusfilosófica entre o princípio da socialidade e do socialismo, os quais não se confundem. Vale destacar, desde já, que o princípio da *socialidade*, superando a posição individualista das codificações oitocentistas[28] "como sistemas rígidos e fechados, impermeáveis às modificações econômicas e sociais, não têm mais lugar na sociedade hodierna"[29], resultando em uma nova aplicação do direito privado que busca a relativização do interesse individual para privilegiar o interesse coletivo, o dever de colaboração e o bem comum.

Nesse sentido já defendemos, com fundamento em Francisco Amaral[30] e nas lições de Miguel Reale[31], que o princípio da socialidade tem o objetivo

autônomas, que cooperam e contratam entre si. Sendo independentes quanto ao objetio e quanto à administração, essas emprêsas estão habilitadas não só a contratar como particulares, mas também a contratar com outras emprêsas estatais congêneres, de cujos serviços ou fornecimentos necessitam. Sucede, então que se uma emprêsa estatal deixa de cumprir as obrigações assumidas para com outra emprêsa estatal a sanção oferecida, pela teoria clássica das obrigações – a execução dos bens do devedor inadimplente – deixa de ter cabimento, pois seus efeitos se voltariam contra o próprio credor, cujo patrimônio se confunde com o do devedor através da comum dependência de um mesmo proprietário." SAN TIAGO DANTAS, Francisco Clementino de. Evolução contemporânea do direito contratual – dirigismo, imprevisão. RT, Jan/1952. *In* **Doutrinas Essenciais Obrigações e Contratos.** v. III. TEPEDINO, Gustavo; FACHIN Luiz Edson (Org.), São Paulo: Revista dos Tribunais, 2011. pp. 421-422

[27] No mesmo sentido Werner Flume: "El principio de la autonomía privada se materializa con un alcance dierso en los distintos Ordenamientos jurídicos. Lá autonomía privada también ha tenido diversa vigencia en la evolución histórica de cada Ordenamiente jurídico. No existe ningún Ordenamiento jurídico que no reconozca la autonomía privada. Pero en un Ordenamiente socialista la autonomía privada está reducida a un ámbito limtidado. Pues en la medida en que no existan relaciones jurídicas privadas, tampoco existe para el particular posibilidad de configuración jurídica en uso de su autodeterminación." FLUME, Werner. **El Negocio Juridico – parte general del Derecho civil.** Tradução: José María Miquel González. Esther Gómez Calle. Madrid: Fundación Cultural del Notariado. 1998, p. 23

[28] V. ARRUDA ALVIM, José Manuel. **Comentários ao Código Civil Brasileiro, Livro Introdutório ao Direito das Coisas e o Direito Civil.** cap. 1.2., 2009. Rio de Janeiro: Forense, p. 35. "A propriedade colocava-se como condição da liberdade e o clima de liberdade, ou de *absoluta liberdade, tal como era ela afirmada*, significa – *ao menos no plano da pregação ideológica do liberalismo* –, a melhor forma de o homem atingir, até mesmo, a própria felicidade." (itálicos do original)

[29] NERY, Rosa Maria de Andrade; NERY JUNIOR, Nelson. **Instituições de direito civil: teoria geral do direito privado.** v I, t I. São Paulo: Editora Revista dos Tribunais, 2014, p. 452

[30] AMARAL, Francisco. **Direito Civil Introdução.** 7 ed., Rio de Janeiro: Renovar, 2008, pp. 67-68

[31] REALE, Miguel. História do Novo Código Civil. **Estudos em homenagem ao Prof. Miguel Reale;** v. 1. São Paulo: Editora Revista dos Tribunais, 2005, pp. 37-42

CONTEXTUALIZAÇÃO DA TEMÁTICA E DELIMITAÇÃO DO OBJETO DE ESTUDO

de superar a interpretação individualista do código de 1916, para orientar o aplicador da norma a uma supremacia dos interesses coletivos em relação aos individuais, sem que, com isso, seja afastada a segurança jurídica e os valores da pessoa humana tal como se verifica na função social do contrato (CC, art. 421) e da propriedade (CC, art. 1228 *caput* e seus §§ 2º, 4º e 5º). A socialidade tem por objetivo garantir a justa aplicação da norma (o justo meio de Aristóteles) para assegurar o bem comum e a justiça social (contratual e da propriedade) sem que haja prejuízo a terceiros.[32]

Os princípios norteadores do Código Civil, em especial a eticidade e a socialidade, buscam privilegiar o bem comum em detrimento aos interesses puramente individuais, tendo a sua origem no pensamento jusfilosófico da Constituição Mexicana de 1917 e da Constituição Alemã de Weimar de 1919. Vale observar que tais princípios (*eticidade, operabilidade* e *socialidade*) que serão objeto de uma análise mais detalhada no tópico 2.1. abaixo, são diretamente vinculados a teoria tridimensional do direito de Miguel Reale[33], podendo ser assim representados:

---

[32] REBOUÇAS, Rodrigo Fernandes. Princípios, cláusulas gerais e interpretação da parte geral do Código Civil de 2002. *In* **Os princípios e os institutos de direito civil**, Rio de Janeiro: Lumen Juris, 2015, pp. 76-77

[33] "Uma análise em profundidade dos diversos sentidos da palavra Direito veio demonstrar que eles correspondem a três aspectos básicos, discerníveis em todo e qualquer momento da vida jurídica: um aspecto normativo (o Direito como ordenamento e sua respectiva ciência); um aspecto fático (o Direito como fato, ou em sua efetividade social e histórica) e um aspecto axiológico (o Direito como valor de Justiça). [...] a) onde quer que haja um fenômeno jurídico, há, sempre e necessariamente, um fato subjacente (fato econômico, geográfico, demográfico, de ordem técnica etc.); um valor, que confere determinada significação a esse fato, inclinando ou determinando a ação dos homens no sentido de atingir ou preservar certa finalidade ou objetivo; e, finalmente, uma regra ou norma, que representa a relação ou medida que integra um daqueles elementos ao outro, o fato ao valor; b) tais elementos ou fatores (fato, valor e norma) não existem separados um dos outros, mas coexistem numa unidade concreta; c) mais ainda, esses elementos ou fatores não só se exigem reciprocamente, mas atuam como elos de um processo (já vimos que o Direito é uma realidade histórico-cultural) de tal modo que a vida do Direito resulta da interação dinâmica e dialética dos três elementos que a integram. [...] Como se vê, um fato econômico liga-se a um valor de garantia para se expressar através de uma norma legal que atende às relações que devem existir entre aqueles dois elementos. [...] Segundo a dialética de implicação-polaridade, aplicada à experiência jurídica, o fato e o valor nesta se correlacionam de tal modo que cada um deles se mantém irredutível ao outro (polaridade) mas se exigindo mutuamente (implicação) o que dá origem à estrutura normativa como momento de realização do Direito." REALE, Miguel. **Lições preliminares de direito.** 20 ed., São Paulo: Saraiva, 1993, pp. 64-67

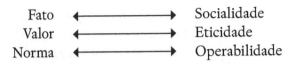

Portanto, o sistema do Código Civil é regido por uma tríade de princípios norteadores (socialidade, eticidade e operabilidade) diretamente relacionados à teoria tridimensional do direito (fato, valor e norma), acrescido de um sistema dinâmico, semiaberto e impregnado de cláusulas abertas e conceitos legais indeterminados, os quais implicam na possibilidade de se falar em uma gradação da aplicação do princípio da autonomia privada dos contratos e da respectiva força vinculante do contrato. Para determinados fatos (empresariais ou de consumo) há a subsunção da norma para a proteção da socialidade evitando abusos do direito, bem como, a respectiva valoração por seu intérprete conforme a boa-fé objetiva e os usos e costumes locais (eticidade). A gradação na aplicação do princípio da autonomia privada não está vinculada apenas aos sujeitos de direito que estejam envolvidos na relação contratual (*v.g.* empresário ou consumidores e a vontade declarada – base subjetiva do negócio jurídico), mas também ao comportamento das partes durante a dinâmica do processo obrigacional além das circunstâncias consideradas pelas partes para a formação de um certo contrato (base objetiva do negócio jurídico).

A tarefa de interpretar é um árduo trabalho para o operador do direito que deverá enfrentar o "problema da hermenêutica: saber como é possível este processo e como tornar objectivas as descrições de sentido subjectivamente intencional, tendo em conta o facto de passarem pela subjetividade do próprio intérprete."[34], ou como já alertava Miguel Reale, "como se vê, o primeiro cuidado do hermeneuta contemporâneo consiste em saber qual a finalidade social da lei, no seu todo, pois é o fim que possibilita penetrar na estrutura de suas significações particulares. O que se quer atingir é uma correlação coerente entre 'o todo da lei' e as 'partes' representadas por seus artigos e preceitos, à luz dos objetivos visados."[35]

Frente à problematização apontada nesta contextualização, será proposto na presente tese o abandono da análise puramente binária entre *pacta sunt servanda versus* ativismo judicial e dirigismo contratual, para imple-

---

[34] BLEICHER, Josef. **Hermenêutica Contemporânea.** Lisboa: Edições 70, 2002, p. 13
[35] REALE, Miguel. **Lições Preliminares de Direito.** 20 ed., São Paulo, Saraiva, 1993, p. 285

CONTEXTUALIZAÇÃO DA TEMÁTICA E DELIMITAÇÃO DO OBJETO DE ESTUDO

mentar a aplicação de uma gradação do poder da autonomia privada[36] conforme os interesses econômicos envolvidos, os poderes de decisão, a forma da contratação, as circunstâncias negociais, entre outros aspectos socioeconômicos; objetiva-se analisar que, em determinados modelos contratuais (Contratos Internacionais Privados, Contratos Empresariais etc.) haja uma maior tendência de respeito a força vinculante do contrato com o mínimo de ativismo judicial e aplicação máxima da autonomia privada. Já para os contratos com maior necessidade de tutela estatal (Contratos envolvendo mercado regulado, direito administrativo e contratos de consumo), haja uma tendência pela manutenção de uma maior intervenção do Poder Judiciário, porém, com a devida observância da análise econômica do direito. Diz-se que "haja uma maior tendência" pois tal proposta de gradação é diretamente vinculada às circunstâncias contratuais, ao comportamento das partes e ao necessário equilíbrio entre a dicotomia da base objetiva e a base subjetiva do negócio jurídico.

A proposta de uma gradação quanto à aplicação do poder de autonomia privada e respectiva força jurígena dos efeitos do contrato, seguirá semelhante divisão proposta por Alcides Tomasetti Junior[37] que, ao defender a sua tese de doutoramento da Faculdade de Direito da Universidade de São Paulo sob o título "Execução do Contrato Preliminar", apresentou uma divisão quanto aos possíveis graus de preliminariedade de um contrato, passando a ser adotado e reconhecido o conceito de preliminariedade mínima, média e máxima[38] quanto a força vinculante dos contratos preliminares e suas consequências advindas da classificação proposta.

---

[36] Conforme Luigi Ferri "[...] Ésta se funda, como se há visto, en una atribución de poder normativo a los indivíduos, hecha por una norma superior, y presupone una autolimitación de los poderes normativos supraordinados. Autonomía es, en este aspecto, espacio reservado al poder normativo de los indivíduos, pero no de cada individuo en particular (y aquí está la chave), sino de los indivíduos indeterminadamente. No hay tantas autonomías privadas como indivíduos, sino una única autonomía privada. Cada individuo tiene, en cambio, una legitimación suya propria, que puede definirse como la cantidad de autonomía privada que cada uno puede ejercitar sin danar los derechos de otros indivíduos o personas privadas." FERRI, Luigi. **La autonomía privada.** Tradução: Luis Sancho Mendizábal. Granada: Editorial Comares. 2001, pp. 81-82

[37] TOMASETTI Jr. Alcides. **Execução do Contrato Preliminar.** 1982. Tese de Doutoramento, FDUSP

[38] "Quando o contrato preliminar já contém todos os elementos do contrato definitivo, sem necessidade de qualquer outra consideração, diz-se que tem conteúdo de preliminariedade

No mesmo sentido adotaremos a nomenclatura de gradação da aplicação da autonomia privada em mínima, média e máxima, de forma que em um contrato vinculado a um segmento do mercado regulamentado pelo Estado e na forma de contrato por adesão de uma empresa pública ou privada detentora de um determinado monopólio (*v.g.* exploração de petróleo) haverá a inequívoca autonomia privada mínima, até alcançar uma relação puramente empresarial de um possível contrato de direito internacional privado em uma relação paritária e sinalagmática, onde devemos admitir uma autonomia privada máxima e com a mínima interferência Estatal.

Com esta proposta, será defendida a possibilidade da consideração de uma escala de gradação quanto aos critérios de aplicação da autonomia privada, diretamente vinculados a um maior ou menor ativismo judicial, sendo observado pela matriz proposta na Figura 1, onde autonomia privada mínima será valorada como 1, autonomia privada média como 2 e autonomia privada máxima como 3. Também serão considerados os critérios de hipossuficiência, vulnerabilidade, contratos por adesão e contratos paritários, ficando assim representados:

máxima: compromisso de compra e venda quitado, no qual consta obrigação do compromissário vendedor de alienar a coisa em virtude de já haver recebido a integralidade do preço. O contrato tem preliminariedade média quando há necessidade de ser concluído um segundo contrato, para que se produzam os efeitos queridos pelas partes: cônjuges, proprietários de imóvel, que prometem dá-lo em hipoteca, tão logo o bem a ser onerado seja liberado de determinado vínculo (Tomasetti. Contr.prelim., §4º, p. 24) Existe a preliminariedade mínima quando fixada, 'no primeiro contrato, a base do regramento negocial cuja introdução é diferida; subsistem, todavia, em aberto pontos negociais que carecem de 'acordos residuais ulteriores', em virtude da complexidade ou da determinação *in fieri* do conteúdo do segundo contrato, 'no momento' em que se dá a conclusão do preliminar' (Tomasetti. Contr.prelim., §4º, pp 24/25). Exemplo desse contrato preliminar, que contém preliminariedade mínima: empesa de supermercados estipula, em 'contrato preliminar de compra e venda de ações', por exemplo, a seguinte cláusula: 'Os imóveis de propriedade dos acionistas que estão ocupados atualmente pela empresa serão objeto de novos contratos de locação comercial, fixando-se, desde logo, o prazo de dez anos, e, como valor do aluguel, a porcentagem de 1,5% (um e meio por cento) sobre as vendas das lojas existentes nos aludidos imóveis, *com um aluguel mínimo a ser estipulado*' (RTJ 92/250)" Nery Junior, Nelson; Nery, Rosa Maria de Andrade. **Código Civil Comentado.** 11 ed. São Paulo: Editora Revista dos Tribunais, 2014, p. 857

CONTEXTUALIZAÇÃO DA TEMÁTICA E DELIMITAÇÃO DO OBJETO DE ESTUDO

Figura 1

	Direito Regulatório	Direito Administrativo	Direito do Consumidor	Direito do Consumidor e Civil	Direito Civil	Direito Civil e Empresarial	Direito Empresarial	Direito Internacional Privado
Totais	4	6	7	9	10	11	12	12
Hipossuficiência	1	1	2	2	2	2	3	3
Vulnerabilidade	1	2	2	2	2	3	3	3
Por adesão	1	1	1	2	3	3	3	3
Paritários	1	2	2	3	3	3	3	3

Graficamente, a matriz acima proposta é representada pela Figura 2, onde propomos que para cada grau de autonomia privada (mínima, média e máxima), haja uma faixa de variação de valores, de forma que para cada realidade poderá ser ajustado o grau da força jurígena de aplicação do princípio da autonomia privada.

Figura 2

Autonomia privada mínima	4 a 7
Autonomia privada média	7 a 10
Autonomia privada máxima	10 a 12

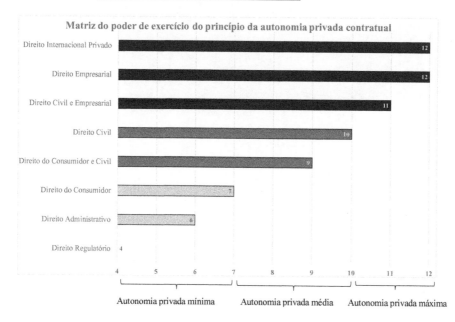

No exemplo traçado acima, se for considerado um contrato de Direito Empresarial onde há uma manifesta hipossuficiência[39] de uma das partes pela dependência econômica (*v.g.* a pessoa jurídica representante de um fundo de comércio de um posto de combustíveis frente à distribuidora multinacional e com contrato de exclusividade), teremos a alteração do valor do respectivo índice para o quesito "hipossuficiência" de 3 para 1, de forma que neste contrato específico (concretude e comportamento das partes), a autonomia privada será reduzida para o grau médio, permitindo uma maior interferência do Estado sobre esse contrato e a respectiva possibilidade de sua revisão judicial, na busca de uma retomada do equilíbrio e proporcionalidade entre o binômio base objetiva e base subjetiva do negócio jurídico.

Portanto, o critério não é binário, muito pelo contrário, é dinâmico e deve ser observado no caso concerto conforme o processo obrigacional durante a formação e execução do contrato, bem como, deverá ser observado o comportamento das partes ao longo do referido processo obrigacional como forma de ser identificada uma maior ou menor gradação do princípio da autonomia privada e da respectiva força vinculante do contrato.

---

[39] Para os institutos de *hipossuficiência* e *vulnerabilidade* será adotado ao longo do presente estudo a seguinte distinção. *Hipossuficiência* critério vinculado ao aspecto de capacidade financeira e ao aspecto instrumental e processual do sujeito de direito quanto a sua capacidade financeira para mover um processo em relação ao fornecedor. *Vulnerabilidade* "[...] é mais um estado da pessoa, um estado inerente de risco ou um sinal de confrontação excessiva de interesses identificado no mercado, é uma situação permanente ou provisória, individual ou coletiva, que fragiliza, enfraquece o sujeito de direitos, desequilibrando a relação [...] existem quatro tipos de vulnerabilidade: a técnica, a jurídica, a fática e a informacional." MARQUES, Cláudia Lima. **Contratos no Código de Defesa do Consumidor: novo regime das relações contratuais**. 5 ed., São Paulo: Editora Revista dos Tribunais, 2006, p. 320

Capítulo 2
O Negócio Jurídico Contratual e seus Princípios

Desde tempos muito remotos, como no início das primeiras civilizações gregas, romanas e hindus, os contratos tinham por base a própria religião como forma de estruturação da lei e como forma de reger a licitude e o trato dos vínculos contratuais conforme regras do que era social e eticamente praticado, limitando-se o contrato aos modelos expressamente previstos na lei; as demais obrigações e contratos que modernamente são reconhecidos como fontes das obrigações, não eram tratados como contratos, mas, apenas, como pactos não vinculantes.[40]-[41]

---

[40] FUSTEL DE COULANGES, Numa Denis. **A cidade antiga – estudos sobre o culto, o direito, as instituições da Grécia e de Roma.** Tradução: Jonas Camargo Leite e Eduardo Fonseca. São Paulo: Hemus, 1975, p. 150-154

[41] "Até os fins do século passado, os romanistas julgavam que, durante tôda a evolução do direito romano – do período pré-clássico ao justinianeu –, o conceito de iobligatio *se mantivera o mesmo que o resultante da interpretação* (que vem dos autores medievais) dêsses textos do *Corpus Iuris Civilis*: o de a obrigação ser um vínculo jurídico em virtude do qual o devedor é compelido a realizar uma prestação de conteúdo econômico em favor de outrem. Ao devedor, portanto, incumbiria um dever jurídico – a obligatio. Essa concepção, porém, foi abalada por duas teses que revolucionaram os estudos sôbre a *obrigatio* romana: a de Brinz, que veio à luz em 1874 e a de Perozzi, publicada em 1903. Brinz negou à *obligatio* o caráter de dever jurídico, salientando que ela não consistia no dever de realizar uma prestação (dever êsse que seria o *debitum; Schuld,* em alemão), mas, sim, na responsabilidade (*obligatio; Haftung,* em alemão) em que se incorria pelo inadimplemento dêsse dever; por isso, o objeto da obrigação, ao invés de ser a prestação (isto é, um dar, um fazer ou não fazer algo) seria, primitivamente, o próprio corpo do devedor, e, mais tarde, o devedor como sujeito de um patrimônio, ou seja, como *pessoa econômica.* Perozzi não negou que a *obligatio* fosse um dever jurídico; o que êle negou foi que o dever jurídico *obligatio* se distinguia dos demais deveres jurídicos, que, tradicionalmente, não se incluíam entre

AUTONOMIA PRIVADA E A ANÁLISE ECONÔMICA DO CONTRATO

Modernamente, o negócio jurídico contratual é o instrumento por excelência do acordo de vontades entre duas ou mais partes como forma de preservação das garantias constitucionais da livre iniciativa e da autonomia privada, objetivando a livre circulação e geração de riquezas,[42] observados

as *obligationes*; para Perozzi, essa distinção não se poderia fazer dogmàticamente, mas apenas, històricamente – a *obligatio* seria um conceito meramente histórico, surgido (com o caráter de *sujeição* do devedor ao credor) e desaparecido no dirieto romano, mas que se conservar até nossos dias pela fôrça estática da tradição: a *obligatio* dormiria o sono da morte, encerrada em seu sarcófago romano. [...] com referência aos direitos pós-classico e justineianeu, há a fusão das relações jurídicas *obligatio* e *debitum* (e isso em virtude do desaparecimento da distinção entre o *ius civile* e o *ius honorarium*) numa só, denominada genèricamente *obligatio*; em face disso, ao invés de se conhecerem – como no direito clássico – apenas algumas *obligationes*, passou-se a conceber, nos períodos pós-clássico e justineaneu, um conceito genérico de *obligatio*: relação jurídica pela qual alguém deve realizar uma prestação, de conteúdo econômico, em favor de outrem. [...] No direito moderno, o contrato – que é uma categoria geral e abstrata – é o acôrdo de vontade de duas ou mais pessoas que visa a constituir, a regular, ou a extinguir uma relação jurídica. Portanto, não apenas no campo do direito das obrigações encontramos a figura do contrato, mas, sim, em todo os setores do direito privado (como, por exemplo, no direito público interno e internacional). [...] O mesmo não ocorre no direito romano, onde a noção de contrato (*contractus*) é mais restrita: a) primeiro, porque, durante tôda a evolução do direito romano, só se enquadram entre os contratos os acordos de vontade que se destinam a criar relações jurídicas obrigacionais (e, não como no direito moderno, a criar, regular ou extinguir relações jurídicas em geral); e, b) segundo, porque, em Roma, nem todo acordo de vontade lícito gera obrigações: contrato (*contractus*) e pacto (*pactum, conventio*) eram acôrdos de vontade, mas, ao passo que aquêle produzia obrigações, êste, em regra, não. Portanto, o direito romano sòmente conheceu os *contratos obrigatórios* que geram obrigações, e não acolheu – pelo menos até o direito do tempo de Justiniano – o princípio, existente no direito moderno, de que todo acôrdo de vontade lícitio, ainda que não se amolde a um dos tipos de contrato descritos na lei, pode produzir relações jurídicas obrigacionais." MOREIRA ALVES, José Carlos. **Direito Romano.** v. II, 2 ed. Rio de Janeiro: Forense, 1972, p. 111-117

[42] "Contratto, anche nel linguaggio corrente, è sinônimo di affere economico; il contratto è appunto un affare tra privati, per regolare interessi privati; i singoli, nel concludere contratti, si avvalgono della loro autonomia negoziale. [...] Il Codice considera il contratto quale 'fonte di obbligazioni' (art. 1173); disciplina il contratto indicando le modalità di conclusione, gli elementi, essenziali e accidentali, gli effetti, l'esecuzione, la sua mancata esecuzione ed i rimedi applicabili; gli effetti, l'esecuzione, la sua mancata esescuzione ed i rimedi applicabili; la validatà del contratto. [...] Da punto di vista economico il contratto si considera come una unica operazione economica (cui si riferisce una 'veste giuridica') in cui le parti operano razionalmente, dispongono di tutte le informazioni necessarie, regolano tutti gli aspetti rilevanti e tengono conto di tutte le evenienze successive; esse hanno egual potere contattuale e agiscono secondo buona fede. In tal modo il contratto soddisfa l'ottimo paretiano, perché aumenta il benessere coletivo aumentando l'utilità di ciascuna parte." ALPA, Guido. **Corso di diritto contrattuale.** Milani: CEDAM – Casa Editrice Dott. Antonio Milani, 2006, p. 3-17

O NEGÓCIO JURÍDICO CONTRATUAL E SEUS PRINCÍPIOS

os limites da ordem pública e os princípios gerais da boa-fé objetiva e da função social do pacto contratual frente toda a sociedade. Nesse sentido Rosa Maria de Andrade Nery e Nelson Nery Junior:

> O contrato é instituto emblemático de liberdade privada, voltado para a finalidade de fazer circular riquezas. Bem por isso, a Constituição Federal e o Código Civil garantem às pessoas o exercício da autonomia privada, concedendo às partes o direito de contratar com liberdade, apenas impondo como limites da disposição privada a ordem pública e a função social do contrato. [...]
>
> O contrato, bem por isso, é expressão de liberdade operosa e de realização efetiva dessa liberdade, para o bem particular e em respeito ao interesse público, com o qual essa vontade livre sempre deve buscar se harmonizar, sendo essa sua função social. [...]
>
> Assim, circular riquezas, observada a função social desse especial acordo de vontades, com força normativa, com observância da boa-fé objetiva, da função sócial da empresa e da função social e ambiental da propriedade [...], desenha a funcionalidade moderna do instituto, que nem por isso deixa de ser expressão extraordinária de autonomia privada, de liberdade individual e de forte presença da sociedade civil no comando da circulação social de riquezas.[43]

Conforme observa Enzo Roppo o direito contratual é a veste jurídica de uma operação econômico-social "[...] através da fórmula da relatividade do contrato (como, aliás, de todos os outros institutos jurídicos): o contrato muda a sua disciplina, as suas funções e a sua própria estrutura segundo o contexto económico-social em que está inserido."[44]

Na evolução de suas reflexões, o citado autor conclui que o contrato na sociedade de economia de massa não está em crise, mas sim, deve ser reestudado conforme a nova realidade que acaba por ser mais complexa e particularmente diversa da antiga análise individual de cada relação contratual, tornando a sua análise mais objetiva em prejuízo da análise subjetiva da vontade individual. Praticamente não há mais espaço para a formalização de contratos individualizados, mas sim, contratos padroni-

---

[43] NERY, Rosa Maria de Andrade; NERY Junior, Nelson. **Instituições de direito civil: contratos**, v. III, São Paulo: Editora Revista dos Tribunais, 2016, pp. 34-37

[44] ROPPO, Enzo. **O Contrato**. Tradução: Ana Coimbra e M. Januário C. Gomes. Coimbra: Almedina, 2009, pp. 7-24

AUTONOMIA PRIVADA E A ANÁLISE ECONÔMICA DO CONTRATO

zados e por adesão, sem que isso signifique qualquer perecimento do contrato[45], mas apenas uma nova realidade como fonte de criação de normas de auto regulação do interesse privado.

La riflessione sui rapporti fra contratto e fonti del diritto si sviluppa, tendenzialmente, intorno a due assi: il contratto como fonte, e le fonti del contratto. Il primo asse organizza un dibattito che ha natura prevalentemente concettuale, teorica.

Lo comanda una questione: se, e in che senso, il contratto possa riguardarsi come fattore di produzione di norme giuridiche, dunque como fonte del diritto esso stesso. [...]

Ed è sempre l'idea del contratto como norma a sostonere quella teoria precettiva che identifica l'essenza del fenomeno contrattuale (e negoziale)

---

[45] "As transformações que descrevemos caracterizam-se por um elemento comum (a que já se fez referência), que constitui a sua razão unificante. Todas elas são funcionalizadas à exigência de garantir ao máximo a estabilidade e a continuidade das relações contratuais, e portanto, das relações econômicas, e, por esta via, de assegurar-lhes aquele dinamismo que é postulado pelos modos de funcionamento das modernas economias de massa. Para que um tal objetivo seja conseguido, o contrato não pode mais configurar-se como o reino da vontade individual, a expressão directa da personalidade do seu autor, exposto, por isso, a sofrer, de forma imediata, os reflexos de tudo quanto pertence à esfera daquela personalidade e daquela vontade; para servir o sistema da produção e da distribuição de massa, o contrato deve, antes, tornar-se, tanto quanto possível, autónomo da esfera psicológica e subjectiva em geral do seu autor, insensível ao que nesta se manifesta e sensível sobre tudo ao que se manifesta no ambiente social, nas condições objetivas de mercado: o contrato deve transformar-se em instrumento objetivo e impessoal, para adequar-se à objectividade e impessoalidade do moderno sistema de relações econômicas. [...] O contrato, portanto, transforma-se, para adequar-se ao tipo de mercado, ao tipo de organização econômica em cada época prevalecente. Mas justamente, transformando-se e adequando-se de modo que se disse, o contrato pode continuar a desempenhar aquela que é – e continua a ser – a sua função fundamental no âmbio das economias capitalistas de mercado: isto é, a função de instrumento da liberdade de iniciativa econômica. Está agora claro que as transformações do instituto contratual, que designámos em termos de sua objectivação, não contrariam, mas antes secundam, o princípio da autonomia privada, desde que se queira ter deste princípio uma noção realista e correcta: autonomia privada, portanto não como sinónimo de autonomia da vontade individual, mas como forma jurídica e legitimação da liberdade económica, da liberdade de prosseguir o lucro ou, então, de actuar segundo as conveniências de mercado – nos modos ou como as técnicas adequadas ao tipo de mercado historicamente determinado. Por outras palavras, as tendências objectivistas do direito moderno não vão necessariamente contra o princípio da autonomia privada, porque este – como já se tinha advertido – não se identifica com o 'dogma da vontade'." *Op cit.* p. 309-311

O NEGÓCIO JURÍDICO CONTRATUAL E SEUS PRINCÍPIOS

nell'auto-regolamentazione degli interessi privati. Ed è sempre l'idea del contratto como norma a sostonere quella teoria precettiva che identifica l'essenza del fenomeno contrattuale (e negoziale) nell'auto-regolamentazione degli interessi privati.[46]

Portanto, o contrato é o mais importante meio de formalização das operações econômicas conforme regras previamente estruturadas no Código Civil de 2002 e demais normas extravagantes, compondo um sistema misto[47] com amplas cláusulas gerais e conceitos legais indeterminados[48] que viabilizam a adaptabilidade do sistema legal[49] às evoluções da

[46] ROPPO, Vincenzo. **Il contrato del duemila.** 3 ed. Torino: G. Giappichelli Editore, 2011, pp. 1-2

[47] "Em pleno século XXI não seria mais admissível legislar-se por textos normativos que definissem precisamente certos pressupostos e indicassem, também de forma precisa, suas consequências, formando uma espécie de sistema fechado. A técnica legislativa moderna se faz por meio de conceitos legais indeterminados e cláusulas gerais, que dão mobilidade ao sistema, flexibilizando a rigidez dos institutos jurídicos e dos regramentos de direito positivo. Como um Código Civil, pela sua magnitude, não pode se fundar apenas em cláusulas gerais, o método casuístico também foi bastante utilizado, notadamente no direito das obrigações, de modo que podemos afirmar que o CC seguiu técnica legislativa mista, com base nos métodos da casuística, dos conceitos legais indeterminados e das cláusulas gerais. Foi essa técnica legislativa a que foi adotada pelo nosso Código Civil de 2002." NERY, Rosa Maria de Andrade; NERY JUNIOR, Nelson. **Instituições de direito civil: teoria geral do direito privado.** v I, t I. São Paulo: Editora Revista dos Tribunais, 2014, p. 454

[48] "Preferimos a expressão 'conceitos legais indeterminados' àqueloutra 'conceitos 'jurídicos' indeterminados', muito difundida entre nós, porque a indeterminação está no texto normativo e não na forma. A indeterminação é, por outro lado, também das expressões de que se compões o conceito legal." NERY, Rosa Maria de Andrade; NERY Junior, Nelson. **Instituições de direito civil: contratos**, v. III, São Paulo: Editora Revista dos Tribunais, 2016, p. 17

[49] "Sobre o conceito geral de sistema deveria dominar – com múltiplas divergências em aspectos específicos – no fundamental, uma concordância extensa: é ainda determinante a definição clássica de Kant, que caracterizou o sistema como 'a unidade, sob uma ideia, de conhecimentos variados' ou, também, como 'um conjunto de conhecimentos ordenado segundo princípios'. [...] Há duas características que emergiram em todas as definições: a ordenação e a da unidade [...] garante-se que a 'ordem' do Direito não se dispersa numa multiplicidade de valores singulares desconexos, antes se deixando reconduzir a critérios gerais relativamente pouco numerosos. [...] Longe de ser uma aberração, como pretendem os críticos do pensamento sistemático, a ideia do sistema jurídico justifica-se a parti de um dos mais elevadores valores do Direito, nomeadamente do princípio da justiça e das suas concretizações no princípio da igualdade e na tendência para a generalização." CANARIS, Claus-Wilhelm. **Pensamento Sistemático e Conceito de Sistema na Ciência do Direito.** Tradução: A. Menezes Cordeiro. 4 ed. Lisboa: Fundação Calouste Gulbenkian, 2008, p. 9-22

sociedade (princípio da concretude ou operabilidade), especialmente no atual movimento capitalista da economia de massa.[50]

A importância das denominadas cláusulas gerais é, "dotar o sistema interno do Código Civil de mobilidade, mitigando as regras mais rígidas, além de atuar de forma a concretizar o que se encontra previsto nos princípios gerais de direito e nos conceitos legais indeterminados. [...] Para tanto, as cláusulas gerais passam, necessariamente, pelos conceitos determinados pela função."[51]

Estes últimos – conceitos determinados pela função – representam a aplicação prática de seu reconhecimento ao caso concreto, em outras palavras, é a representação prática de como o juiz irá reconhecer a boa-fé, a função social e a real incidência às circunstâncias fáticas de cada caso, ou seja, dar concreção ao conceito.[52]

Já os "conceitos legais indeterminados são palavras ou expressões indicadas na lei, de conteúdo e extensão altamente vagos, imprecisos e genéricos, e por isso mesmo esse conceito é abstrato e lacunoso. Sempre se relacionam com a hipótese de fato posta em causa. Cabe ao juiz preencher os claros e dizer se o texto normativo atua ou não no caso concreto. [...] A lei enuncia o conceito indeterminado e dá as consequências dele advindas"[53]

Observando tais requisitos no direito contratual moderno, em especial pela aplicação dos princípios norteadores do Código Civil combinados com a sistemática legislativa de conceitos legais indeterminados e cláusulas gerais, é correto afirmar que o operador do direito está adstrito ao princípio da concretude e a uma interpretação integrativa do contrato conforme os usos e costumes locais (princípios gerais de direito), sem deixar de reconhecer a tríade função da teoria geral dos contratos, qual seja, econômico-social-jurídico.

---

[50] Em sentido semelhante é a posição de WIEACKER, Franz. **História do direito privado moderno.** Tradução: António Manuel Botelho Hespanha. 2 ed., Lisboa: Fundação Calouste Gulbenkian, 1993. §25, III. 3. pp. 545-547

[51] NERY JUNIOR, Nelson. **Contratos no Código Civil: Apontamentos gerais** *in* FRANCIULLI NETTO, Domingos; MENDES FERREIRA, Gilmar; MARTINS FILHO, Ives Gandra da Silva (Coord.). **O Novo Código Civil – Homenagem ao Prof. Miguel Reale.** 2 ed. São Paulo: LTr, 2005, p. 429

[52] NERY, Rosa Maria de Andrade; NERY Junior, Nelson. **Instituições de direito civil: contratos,** v. III, São Paulo: Editora Revista dos Tribunais, 2016, p. 19

[53] NERY, Rosa Maria de Andrade; NERY Junior, Nelson. **Instituições de direito civil: contratos,** v. III, São Paulo: Editora Revista dos Tribunais, 2016, pp. 17-18

O NEGÓCIO JURÍDICO CONTRATUAL E SEUS PRINCÍPIOS

A dinâmica própria do Código Civil, vista em especial para o direito dos contratos, em conjunto com a análise econômica do direito (AED), é solidamente observável pela irradiação dos efeitos derivados dos princípios norteadores do Código Civil, quais sejam da eticidade, da operabilidade e da socialidade, os quais acabam por servir como forma de interpretação dos próprios princípios contratuais da autonomia privada, da boa-fé objetiva, da função social e da teoria econômica do contrato.

Não mais é admissível uma análise isolada da norma jurídica sem a necessária análise conforme as circunstâncias negociais, a da realidade de cada mercado, da boa-fé objetiva e da sua função social. Em outras palavras, e conforme será objeto de análise nesta tese, em regra não há que se falar em vulnerabilidade técnica ou informacional na contratação direta entre duas empresas que buscam o lucro. Qualquer uma das contratantes poderia ter suprido eventual vulnerabilidade no ato da contratação por meio de consultas aos seus próprios profissionais ou ainda, pela utilização de pessoas ou empresas (*lato sensu*) especializadas no objeto da contratação.

Para exemplificar o que se está sustentando, tome-se por base uma empresa da indústria têxtil que busca a contratação de um software de gestão empresarial para o controle de sua produção, estoque e atividades administrativas (contratos com fornecedores e clientes, controle contábil, fiscal, recursos humanos etc.). Em princípio, poderia se sustentar que a fornecedora do software detém a expertise da solução tecnológica que está ofertando, ao passo que a empresa da indústria têxtil é tecnicamente vulnerável em relação à fornecedora do software e, como tal, em tese, merece a devida proteção do Estado Juiz na interpretação ou na revisão do contrato formalizado entre as partes.

No entanto, dada a dinâmica de mercado, a realidade econômico-social, a boa-fé objetiva e a função social do contrato, a empresa têxtil deveria ter se socorrido no ato da contratação com a análise do contrato por sua equipe interna de Tecnologia da Informação (TI), ou ainda com o suporte de uma consultoria especializada no assessoramento de tal contratação, não sendo admitido alegar qualquer vulnerabilidade técnica, uma vez que declinou dessa opção.

Admitir o contrário significaria dar uma indevida proteção legal à pessoa jurídica capaz de ter suprido tal deficiência, além de representar uma transferência de responsabilidade do ente privado para o ente público (Poder Judiciário) que iria, em última análise, interpretar o referido contrato. Haveria uma indevida transferência do custo de transação da referida operação contratual para toda a sociedade.

Salvo melhor juízo, esse não é o fim almejado pelos princípios gerais dos contratos e pela própria lógica sistêmica do Direito Comercial conforme expressa a respeitada doutrina:

> Ainda que, em princípio, não se possa distinguir, por exemplo, um contrato civil de venda de outro, comercial, com o mesmo objeto; ainda assim, para que se faça a identificação efetiva da natureza jurídica desses contratos, se civil ou comercial, a eles se aplicarão as regras do Código Civil, com os temperamentos particulares de cada disciplina específica. Isto porque o Código Civil propiciou a unificação da parte obrigacional das relações civis e comerciais e, bem por isso, os contratos mercantis são regidos pelo novo sistema.
>
> Nada obstante tenha havido a unificação legislativa do direito obrigacional privado civil e comercial, a principiologia das duas disciplinas tem as suas peculiaridades. Mantém-se, portanto a autonomia dogmática do Direito Comercial em face do Direito Civil, tal como ocorre na Itália, onde, em 1943, houve igualmente a unificação legislativa de todo o direito privado (Civil, Comercial, do Trabalho) num único Código Civil.[54]

Realizados os esclarecimentos acima, passemos a tratar diretamente dos principais influxos dos princípios norteadores do CC sobre a teoria geral dos contratos, em especial quanto às consequências da interpretação dos contratos conforme a moderna visão do direito contratual conjugado com a AED.

2.1. Princípios norteadores do Código Civil e seus influxos à teoria geral dos contratos

O Código Civil de 2002 representa uma verdadeira mudança na forma de regular as relações privadas, não mais admitindo a visão individualista e atomista típica das codificações oitocentistas, para passar a proteger a ética, a função social e o reconhecimento dinâmico no trato das relações obrigacionais. É justamente nesse sentido que Miguel Reale nos apresenta o Código Civil de 2002:

---

[54] NERY, Rosa Maria de Andrade; NERY Junior, Nelson. **Instituições de direito civil: contratos**, v. III, São Paulo: Editora Revista dos Tribunais, 2016, pp. 35-36

O NEGÓCIO JURÍDICO CONTRATUAL E SEUS PRINCÍPIOS

Quando entrar em vigor o novo Código Civil, [...] perceber-se-á logo a diferença entre o código atual, elaborado para um País predominantemente rural, e o que foi projetado para uma sociedade, na qual prevalece o sentido da vida urbana. Haverá uma passagem do individualismo e do formalismo do primeiro para o sentido socializante do segundo, mais atento às mutações sociais, numa composição equitativa de liberdade e igualdade.

Além disso, é superado o apego a soluções estritamente jurídicas, reconhecendo-se o papel que na sociedade contemporânea voltam a desempenhar os valores éticos, a fim de que possa haver real concreção jurídica. Socialidade e eticidade condicionam os preceitos do novo Código Civil, atendendo-se às exigências de boa-fé e probidade em um ordenamento constituído por normas abertas, suscetíveis de permanente atualização.[55]

Com as palavras acima, inicia Miguel Reale o seu breve artigo sobre o Sentido do Código Civil, ressaltando a premente importância dos três princípios norteadores do Código Civil (eticidade, solidariedade e operabilidade), princípios esses que refletem os seus efeitos sobre todo o Código Civil, em especial, no moderno direito dos contratos que não admite mais uma visão individualista, formalista, isolada da realidade social, dos usos e costumes locais e da necessária análise social-econômica-financeira.

Como destaca Renan Lotufo, "[...] em face do avanço da teoria geral do direito privado, não é surpresa que a Parte Geral do Código Civil brasileiro tenha trazido vários princípios ausentes no Código de 1916, posto que são princípios que pouco a pouco se consolidaram e se estratificaram pela teoria geral."[56]

Torna-se fundamental abordar a necessária sistemática hermenêutica que deverá ser observada na interpretação contratual frente aos princípios norteadores do CC (a socialidade, a eticidade e a operabilidade) e os princípios fundamentais do direito dos contratos como forma de fundamentar o que se propõe abaixo, quanto à gradação na aplicação da autonomia privada nos contratos.[57]

---

[55] REALE, Miguel. **Sentido do Novo Código Civil.** Disponível em: http://www.miguelreale.com.br/. Acesso em 03.out.2016

[56] LOTUFO, Renan. **Código Civil Comentado.** v. I, 2 ed., São Paulo: Saraiva, 2004, p. 5

[57] BETTI, Emilio. **Interpretação da lei e dos atos jurídicos.** São Paulo: Martins Fontes, 2007, p. 207, "Desse modo, o que de relevante sobrevive à formulação das normas e ilumina sua *vis* preceptiva é a orientação da sua disciplina, o critério de avaliação normativa, imanente ao seu

Esse é o árduo trabalho do operador do direito, onde "[...] o primeiro cuidado do hermeneuta contemporâneo consiste em saber qual a finalidade social da lei, no seu todo, pois é o fim que possibilita penetrar na estrutura de suas significações particulares. O que se quer atingir é uma correlação coerente entre 'o todo da lei' e as 'partes' representadas por seus artigos e preceitos, à luz dos objetivos visados."[58] É dever do operador identificar o fim almejado e as circunstâncias concretas dos contratos e seus possíveis reflexos econômico-sociais frente à sociedade, não sendo mais admissível a análise de um contrato de forma abstrata como se não produzisse efeitos diretos frente à toda a sociedade.

O princípio da socialidade busca superar a visão individualista predominante das codificações oitocentistas[59], resultando em uma nova visão do direito privado que busca a superação do interesse individual para privilegiar o interesse coletivo pelo hermeneuta do direito.

Francisco Amaral esclarece que o princípio da socialidade tem o objetivo de superar a interpretação individualista do código de 1916, para orientar o aplicador da norma para uma supremacia dos interesses coletivos em relação aos individuais, sem que com isso seja afastada a segurança jurídica e os valores da pessoa humana tal como se verifica na função social do contrato (CC, art. 421) e da propriedade (CC, art. 1228 *caput* e seus §§ 2º, 4º e 5º). A socialidade tem por objetivo garantir a justa aplicação da norma (o justo meio de Aristóteles) para assegurar o bem comum e a justiça social (contratual e da propriedade) sem que haja prejuízo a terceiros.[60]

O princípio da socialidade é tão relevante, em especial[61] em relação aos negócios jurídicos contratuais e ao direito de propriedade, a ponto do CC

---

preceito: orientação e critério que muito impropriamente são designados como uma 'vontade' em sentido objetivo e, na verdade, constituem a *ratio iuris* da norma."

[58] REALE, Miguel. **Lições Preliminares de Direito.** 20 ed., São Paulo: Saraiva, 1993, p. 285

[59] V. ARRUDA ALVIM, **Comentários ao Código Civil Brasileiro, Livro Introdutório ao Direito das Coisas e o Direito Civil**, Rio de Janeiro: Editora Forense, 2009, cap. 1.2., p. 35, que ao tratar da ideologia de liberdade entendida como o pleno direito individual à propriedade, assim se expressou: "A propriedade colocava-se como condição da liberdade e o clima de liberdade, ou de *absoluta liberdade, tal como era ela afirmada*, significa – *ao menos no plano da pregação ideológica do liberalismo* –, a melhor forma de o homem atingir, até mesmo, a própria felicidade." (itálicos do original)

[60] AMARAL, Francisco. **Direito Civil Introdução.** 7 ed., 2008, Rio de Janeiro: Renovar, p. 67-68

[61] Diz-se em "em especial" uma vez que a norma do parágrafo único é genérica quanto a aplicação às normas de ordem pública, sendo a função social da propriedade e contrato, me-

O NEGÓCIO JURÍDICO CONTRATUAL E SEUS PRINCÍPIOS

expressar no parágrafo único do artigo 2.035 que "nenhuma convenção prevalecerá se contrariar preceitos de ordem pública, tais como, os estabelecidos por este Código para assegurar a função social da propriedade e dos contratos".

A função social dos contratos, derivada do princípio da socialidade e que guarda nítida relação com o fato social da teoria tridimensional do direito[62], serve como justa medida em um sistema de freios e contrapesos da autonomia privada das partes contratantes, bem como nos seus impactos sobre toda a sociedade com base na proteção da ordem pública (proteção da pessoa humana, da livre iniciativa, do meio ambiente etc.) e dos seus impactos econômicos. Vale dizer, nas contratações paritárias entre empresas com plena capacidade[63] de firmarem as regras de seus respectivos contratos, onde cada qual conhece, ou pelo menos deveria conhecer o seu custo de transação[64], a socialidade operará como limitador de abusos indevidos do direito ou agressões à ordem pública.

ramente exemplificativa, onde devem ser incluídas também a boa-fé objetiva e demais normas de ordem pública que serão identificadas em cada caso concreto. Nesse sentido: "Enfatize-se que a menção do legislador à função social da propriedade e do contrato é meramente enunciativa. Não significa a exclusão de outros preceitos de ordem pública. O autor do Código Civil apenas quis explicitar que ditames pertinentes à ordem social, à segurança jurídica da sociedade, são insuscetíveis de sacrifício decorrente da vontade particular. Para exemplificar, mencionou a função social da propriedade e a função social do contrato." NALINI, José Renato. **Comentários ao novo Código Civil – v. XXII**, TEIXEIRA, Sálvio de Figueiredo (Coord.). Rio de Janeiro: Editora Forense, 2007, p. 76

[62] "[...] a) onde quer que haja um fenômeno jurídico, há, sempre e necessariamente, um fato subjacente (fato econômico, geográfico, demográfico, de ordem técnica etc.); um valor, que confere determinada significação a esse fato, inclinando ou determinando a ação dos homens no sentido de atingir ou preservar certa finalidade ou objetivo; e, finalmente, uma regra ou norma, que representa a relação ou medida que integra um daqueles elementos ao outro, o fato ao valor; b) tais elementos ou fatores (fato, valor e norma) não existem separados um dos outros, mas coexistem numa unidade concreta; c) mais ainda, esses elementos ou fatores não só se exigem reciprocamente, mas atuam como elos de um processo (já vimos que o Direito é uma realidade histórico-cultural) de tal modo que a vida do Direito resulta da interação dinâmica e dialética dos três elementos que a integram. [...] Como se vê, um fato econômico liga-se a um valor de garantia para se expressar através de uma norma legal que atende às relações que devem existir entre aqueles dois elementos." REALE, Miguel. **Lições preliminares de direito**. 20 ed., São Paulo: Saraiva, 1993, pp. 64-67

[63] Não se está utilizando o termo "capacidade" no sentido técnico jurídico, mas como substantivo na acepção de habilidade e potencial de contratar.

[64] "A fim de efetuar uma transação no mercado, é necessário descobrir com quem se deseja fazer a transação, informar às pessoas que se quer fazer a transação e em que termos, con-

AUTONOMIA PRIVADA E A ANÁLISE ECONÔMICA DO CONTRATO

Porém nas contratações por adesão entre um consumidor e um fornecedor privado detentor de determinada concessão pública (*v.g.* fornecimento de energia elétrica residencial), não há o que se falar em potencialidade de análise do custo da transação, muito pelo contrário, o consumidor não possui transação alternativa e nenhum poder quanto à sua autonomia privada, devendo ter um maior grau de tutela do Estado-Juiz, com consequente redução de poder às partes quanto a plena atuação de sua liberdade, de sua autonomia privada e do maior grau de interferência judicial.

O princípio da eticidade "privilegia os critérios ético-jurídicos em detrimento dos critérios lógico-formais no processo de realização do direito, a chamada concreção jurídica."[65] A incidência do princípio da eticidade em relação aos contratos, resulta de um maior comprometimento com o outro e com o bem comum. Não se admite mais o denominado *dolus bônus*[66] devendo ser compreendida a aplicação do direito pela necessária influência das cláusulas abertas como forma de criar uma veste para a situação jurídico-econômica conforme expressa Enzo Roppo[67].

Pela aplicação concreta da eticidade é possível afirmar que há um rompimento com o excessivo rigor e formalismo jurídico. "O significado do princípio da eticidade é, porém, mais extenso, não se limitando à crítica da sistematicidade lógico-formal típica do positivismo. Ele fundamenta, ainda, a crença de que o equilíbrio econômico dos contratos é a base ética de todo o direito obrigacional, e que o aproxima do princípio da boa-fé, no seu sentido ético, objetivo."[68] No mesmo sentido é o escólio de Miguel Reale a tratar sobre o princípio da concretude no Código Civil de 2002:

---

duzir negociações que levam a um acordo, redigir o contrato, realizar a inspeção necessária para assegurar que os termos do contrato estão sendo cumpridos, e assim por diante. Com frequência, estas operações são extremamente dispendiosas, ou, de qualquer modo, custosas o suficiente para inviabilizar muitas operação que seriam realizada em um mundo no qual o sistema de determinação de preços funcionasse sem custos." COASE, Ronald Harry. **A firma, o mercado e o direito.**. Tradução: Heloisa Gonçalves Barbosa. Revisão da tradução: Francisco Niclós Negrão. Estudo Introdutório: Antonio Carlos Ferreira e Patrícia Cândido Alves Ferreira. Rio de Janeiro: Forense Universitária, 2016, p. 114

[65] AMARAL, Francisco. **Direito Civil Introdução.** 7 ed., 2008, Rio de Janeiro: Renovar, p. 68

[66] "Dolo bom. Cuja finalidade é de relevante valor social ou moral." CARLETTI, Amilcare. **Dicionário de latim forense.** 6 ed., São Paulo: LEUD – Livraria e Editora Universitária de Direito, 1995, p. 88

[67] ROPPO, Enzo. **O Contrato,** 2009, Coimbra: Almedina, p. 23

[68] AMARAL, Francisco. **Direito Civil Introdução.** 7 ed., 2008, Rio de Janeiro: Renovar, p. 69

O NEGÓCIO JURÍDICO CONTRATUAL E SEUS PRINCÍPIOS

[...] daí a opção, muitas vezes, por normas genéricas ou clausulas gerais, sem a preocupação de excessivo rigorismo conceitual, a fim de possibilitar a criação de modelos jurídicos hermenêuticos, quer pelos advogados, quer pelos juízes, para contínua atualização dos preceitos legais.[69]

Já o princípio da operabilidade ou princípio da concretude, representa uma nova visão da metodologia de aplicação da norma jurídica, abandonando-se a posição individualista e predominante das codificações anteriores – analise exclusiva do sentido e da extensão de determinada norma jurídica. Pela aplicação do princípio norteador da operabilidade é necessário buscar a adequação e a aplicação da norma jurídica ao caso concreto e às circunstâncias negociais. Procura-se assim, pela busca e adequação do plano econômico-social, a aplicação da base objetiva do negócio jurídico consubstanciado na realidade de cada tipo negocial.

Ora a forma sob a qual o Direito adquire um significado determinante do nosso viver consiste em ele dizer-nos algo sobre o modo como *in concreto* nós devemos conduzir [...] é-nos sem mais possível imaginar que a questão sobre o concreto dever-ser jurídico seja respondida através de um costume ou uso tradicional.[70]

Assim, o que se busca é a integração entre a norma abstrata e um determinado contrato objetivado, considerando as circunstâncias do negócio e a sua harmônica coexistência com o interesse coletivo, de forma que não faz mais sentido a aplicação binária da força vinculante do contrato (ter ou não ter) e respectiva autonomia privada (permitida ou não permitida) tal como uma pura lógica cartesiana.

A sistemática do Código Civil, não admite mais a análise do direito posto e individualista, mas busca um direito adaptável à cada caso concreto[71], tal como demonstrado acima, em especial pela influência do prin-

---

[69] REALE, Miguel. **História do Novo Código Civil. Biblioteca de direito civil. Estudos em homenagem ao Professor Miguel Reale**, v. 1, 2005, São Paulo: Editora Revista dos Tribunais, p. 37

[70] ENGISCH, Karl. **Introdução ao Pensamento Jurídico.** Tradução: J. Baptista Machado. 10 ed., Lisboa: Fundação Calouste Gulbenkian, 2008, p. 76

[71] "São previstas, em sua, as hipóteses, por assim dizer, de 'indeterminação do preceito', cuja aplicação in concreto caberá ao juiz decidir, em cada caso, à luz das circunstâncias ocorrentes [...] Como se vê, o que se objetiva alcançar é o Direito em sua concreção, ou seja, em razão

cípio da função social do contrato e da boa-fé objetiva. "As regras jurídicas são enunciados gerais, a partir dos quais deve o intérprete construir uma norma-de-cisão *concreta e específica* para o caso em tela, considerando-se o ser humano *in concreto*, circunstanciado, não o sujeito de direito *in abstrato*, o que era próprio do direito anterior."[72]

Franz Wieacker em sua obra *História do direito privado moderno*, retrata muito bem essa mudança quanto à aplicação da norma de direito privado, dando maior prevalência as circunstâncias fáticas e a adaptação aos "valores jurídicos absolutos". Vejamos:

> O impulso fundamental no sentido da consideração de princípios fundamentais supra-legais, ou, pura e simplesmente, vigentes no plano supra-legal foi constituído pela reação contra os anti-jurídicos positivismos finalistas e legalistas do período anterior, pela necessidade de uma fundamentação da situação constitucional do estado de direito mais capaz de resistir do que o mostrou ser o relativismo do tempo de Weimar e, em não menor grau, pela crescente independência da aplicação jurisprudencial do direito no moderno estado social, com o seu crescente poder de conformação social a partir dos meios de actuação que lhes são criados para uma legislação limitada a grandes princípios, incluindo amplas cláusulas gerais e conceitos jurídicos indeterminados. Sob estas condições tornou-se hoje dominante, apesar de todos os compromissos, descontos e incoerências inevitáveis, a convicção social de que a criação e a aplicação do direito pelo estado se encontra vinculado às normas fundamentais de uma justiça material e de que a aplicação judicial do direito deve realizar não apenas os fins particulares da legislação, mas também valores jurídicos absolutos.[73]

Vê-se, portanto, que ao operador do direito foi concedido um grande poder de interpretação e adaptabilidade do negócio jurídico contratual por meio das cláusulas gerais e dos conceitos legais indeterminados, como

---

dos elementos de fato e de valor que devem ser sempre levados em conta na enunciação e na aplicação da norma." REALE, Miguel. **História do Novo Código Civil. Biblioteca de direito civil. Estudos em homenagem ao Professor Miguel Reale**, v. 1, São Paulo: Editora Revista dos Tribunais, 2005, p. 41

[72] AMARAL, Francisco. **Direito Civil Introdução.** 7 ed., 2008, Rio de Janeiro: Renovar, pp. 69-70

[73] WIEACKER, Franz. **História do direito privado moderno.** Tradução: António Manuel Botelho Hespanha. 2 ed., Lisboa: Fundação Calouste Gulbenkian, 1993, p. 699

O NEGÓCIO JURÍDICO CONTRATUAL E SEUS PRINCÍPIOS

base estruturante do princípio da operabilidade. No entanto, mesmo para os "novos" princípios jurídicos, é dever do operador do direito se valer da experiência do passado, dos ensinamentos que marcaram nossos séculos de história e da própria jurisprudência pretérita, ou na expressão de Maria Helena Diniz:

> [...] o magistrado, a todo instante, ao aplicar a norma ao caso *sub judice*, a interpreta, pesquisando o seu significado. Isto é assim porque a letra da norma permanece, mas seu sentido se adapta a mudanças que a evolução e o progresso operam na visa social. Interpretar é, portanto, explicar, esclarecer; dar o verdadeiro significado do vocábulo; extrair, da norma, tudo o que nela se contém, revelando seu sentido apropriado para a vida real e conducente a uma decisão. [...] O aplicador, nas palavras de Henri de Page, não deverá quedar-se surdo às exigências da vida, porque o fim da norma não deve ser a imobilização ou a cristalização da vida, e, sim, manter contato íntimo com ela, segui-la em sua evolução e a ela adaptar-se. Daí resulta, continua ele, que a norma se destina a um fim social, de que o magistrado deve participar ao interpretar o preceito normativo.[74]

Podemos também concluir que a conjugação dos princípios acima resultará na aplicação de forma dinâmica da Teoria Tridimensional do Direito[75] de Miguel Reale, que em resumo é a concretização de um negócio jurídico

---

[74] DINIZ, Maria Helena. **Lei de Introdução ao Código Civil Brasileiro Interpretada.** 2 Ed., 1996, São Paulo: Saraiva, p. 142-155

[75] "Uma análise em profundidade dos diversos sentidos da palavra Direito veio demonstrar que eles correspondem a três aspectos básicos, discerníveis em todo e qualquer momento da vida jurídica: um aspecto normativo (o Direito como ordenamento e sua respectiva ciência); um aspecto fático (o Direito como fato, ou em sua efetividade social e histórica) e um aspecto axiológico (o Direito como valor de Justiça). Nas últimas quatro décadas o problema da tridimensionalidade do Direito tem sido objeto de estudos sistemáticos, até culminar numa teoria, à qual penso ter dado uma feição nova, sobretudo pela demonstração de que: a) onde quer que haja um fenômeno jurídico, há, sempre e necessariamente, um fato subjacente (fato econômico, geográfico, demográfico, de ordem técnica etc.); um valor, que confere determinada significação a esse fato, inclinando ou determinando a ação dos homens no sentido de atingir ou preservar certa finalidade ou objetivo; e, finalmente, uma regra ou norma, que representa a relação ou medida que integra um daqueles elementos ao outro, o fato ou valor; b) tais elementos ou fatores (fato, valor e norma) não existem separados um dos outros, mas coexistem numa unidade concreta; c) mais ainda, esses elementos ou fatores não só se exigem reciprocamente, mas atuam como elos de um processo (já vimos que o Direito é uma realidade histórico-cultural) de tal modo que a

AUTONOMIA PRIVADA E A ANÁLISE ECONÔMICA DO CONTRATO

e a busca da base objetiva dos negócios jurídicos tal como desejados pelas partes com o objetivo de alcançar um determinado fim, que em última análise é a razão de ser do contrato originalmente firmado.[76]

Tal análise deve igualmente ser conjugada com a análise econômica do direito[77] e a teoria dos jogos e o Equilíbrio de Nash[78] conforme será abordado no ponto 2.5.1 abaixo.

Nestes termos, tal como defendido na presente obra, para uma adequada aplicação do princípio da autonomia privada, conforme critérios da AED e do Capitalismos Consciente[79], mostra-se mais do que necessário a análise em pelo menos três graus de vinculação contratual e respectiva autonomia privada, vale dizer, uma autonomia privada máxima (interferência estatal mínima), *v.g.* para as relações contratuais puramente

---

vida do Direito resulta da interação dinâmica e dialética dos três elementos que a integram." *in* MIGUEL, Reale. **Lições Preliminares de Direito.** 20 ed., 1993, São Paulo: Saraiva, p. 64-65

[76] "[...] o fenômeno jurídico manifesta-se ou existe porque o homem se propõe fins. Não é possível que se realize, por exemplo, um contrato, sem que algo mova os homens à ação. Quem contrata é impelido pela satisfação de um valor ou de um interesse, por um objetivo a atingir, por um fim qualquer que constitui o ato, dando-lhe vida e significado como razão de seu dever ser. [...] Quando, com efeito, consideramos algo como sendo um fim, com esta palavra estamos indicando e precisando algo de valioso a ser atingido, e cuidamos de proporcionar meios idôneos à consecução do resultado posto racionalmente como objetivo da ação." REALE, Miguel. **Filosofia do Direito,** 19 ed, 2 Tiragem, 2000, São Paulo: Saraiva, p. 544-545

[77] "Análise econômica do direito nada mais é que a aplicação do instrumental analítico e empírico da economia, em especial da microeconomia e da economia do bem-estar social, para se tentar compreender, explicar e prever as implicações fáticas do ordenamento jurídico, bem como da lógica (racionalidade) do próprio ordenamento jurídico. Em outras palavras, a AED é a utilização da abordagem econômica para tentar compreender o direito no mundo e o mundo no direito." GICO Jr., Ivo. Introdução ao direito e economia. *In* TIMM, Luciano Benetti (Org.). **Direito e economia no Brasil**. 2 ed. São Paulo: Atlas, 2014, p. 14

[78] "O objetivo da análise de um jogo é prever o seu resultado, ou seja, quais serão as estratégias adotadas pelos jogadores e os payoffs resultantes. Para identificar os 'resultados prováveis' de um jogo, utiliza-se o conceito de Equilíbrio de Nash. Em um equilíbrio de Nash, cada jogador escolhe uma estratégia que dá o maior payoff possível, dadas as estratégias escolhidas pelos outros jogadores. Em um equilíbrio de Nash, cada jogador está satisfeito com sua escolha estratégica, dado o que os outros jogadores escolheram. Em outras palavras, em um equilíbrio de Nash nenhum jogador gostaria de mudar sua estratégia quando souber o que seus rivais fizeram." HILBRECHT, Ronald O. Uma introdução à teoria dos jogos. *In* TIMM, Luciano Benetti (Org.). **Direito e economia no Brasil**. 2 ed. São Paulo: Atlas, 2014, p. 120

[79] Ambos os institutos (AED e Capitalismos Consciente) será melhor abordados no capítulo 2.5 abaixo.

O NEGÓCIO JURÍDICO CONTRATUAL E SEUS PRINCÍPIOS

comerciais, uma autonomia privada média (interferência estatal média), *v.g.* para as relações contratuais puramente civis, e finalmente, uma autonomia privada mínima, *v.g.* para as relações contratuais puramente de consumo (interferência estatal elevada).

2.2. Do *"pacta sunt servanda"* ao ativismo judicial – movimento pendular

Washington de Barros Monteiro, na vigência do Código Civil de 1916, defendia em seu Curso de Direito Civil que as obrigações decorrentes dos contratos são, em última análise, obrigações decorrentes da lei, uma vez que, a lei reconhece e regula a disciplina contratual. Destacava como os três princípios fundamentais do contrato a autonomia da vontade, a supremacia da ordem pública e o princípio da obrigatoriedade da convenção, limitado apenas pelo caso fortuito e força maior.[80].

A autonomia da vontade era entendida como verdadeira criadora de norma jurídica entre as partes contratantes, já que o contrato representava lei entre as partes, devendo ser respeitada e observada (imutabilidade). O único limitador da autonomia da vontade eram os próprios preceitos de ordem pública, tais como, contrários à moral, aos bons costumes ou aos atos ilícitos. Já em relação a obrigatoriedade de observância do vínculo jurídico, dizia o autor, "aquilo que as partes, de comum acordo, estipularam e aceitaram, deverá ser fielmente cumprido"[81].

Trata-se do conhecimento do princípio do *pacta sunt servanda*[82], onde o princípio da intangibilidade ou da imutabilidade contratual deve ser mantido e respeitado. No mesmo sentido Adreas von Tuhr:

> En lo tocante al contenido de los contratos que son fuente de obligaciones, la ley consagra el principio de la libertad contratual, disponiendo que

---

[80] MONTEIRO, Washington de Barros. **Curso de Direito Civil – das obrigações** 2ª parte. 27 ed. São Paulo: Saraiva, 1994, p. 3-10

[81] Op cit., p. 9

[82] "O princípio da confiança (*pacta sunt servanda*) explica, por sua vez, a força vinculativa do contrato, a doutrina valida em matéria de interpretação e integração dos contratos e a regra de imodificabilidade do contrato por vontade (unilateral) de um dos contraentes: *quod prius est libertatis postea fit necessitatis*. É, com efeito, a proteção da legítima expectativa criada pelo recebimento da proposta contratual no espírito do destinatário que explica a irrevogabilidade dela pelo proponente durante o período razoavelmente reservado à reflexão e decisão deste." VARELA, João de Matos Antunes. **Das obrigações em geral**. v. I, 10 ed., Coimbra: Almedina, 2008, p. 227

las partes podrán establecer todos los pactos que crean convenientes, dentro de los límites trazados por la ley. [83]

Conforme evolução do direito privado, o antigo princípio da autonomia da vontade foi mitigado, sendo atualmente considerado apenas como poder que a parte tem de firmar e aceitar a formação de um determinado vínculo contratual. Quanto ao conteúdo do contrato; quais serão as obrigações e direitos assumidos, atualmente diz-se autonomia privada, sendo esta última, o resultado da mitigação da antiga teoria da vontade à nova realidade social, além de sua adequação de sentido para abordar o conteúdo do contrato ou da obrigação contratual. Na expressão de Karl Larenz[84], a autonomia da vontade é denominada de liberdade de conclusão do negócio jurídico – *la libertad de conclusión* –, ao passo que a autonomia privada é didaticamente denominada de liberdade quanto à definição da configuração interna do negócio jurídico – *la libertad de configuración interna*.

Em relação a flexibilidade do sistema obrigacional do Código Civil de 2002 em relação ao sistema legal anterior, Rosa Maria de Andrade Nery e Nelson Nery Junior, apresentam o seguinte posicionamento quanto as regras de interpretação contratual:

> Como os negócios jurídicos (de que os contratos são espécie) fazem lei entre as partes, a interpretação dos contratos sempre foi tema de pouquíssima elasticidade, pois qualquer interpretação do contrato esbarrava em sua força obrigatória, não dando ocasião para que o intérprete dessa 'norma particular' pudesse questionar algo que não estivesse posto entre as partes, com esse sentido de perfeição (negócio jurídico celebrado = ato jurídico perfeito).
>
> O sistema jurídico moderno, entretanto, já não contém a mesma inflexibilidade antes. Há no sistema mecanismos de controle de cláusulas gerais que podem gerar a intervenção do juiz (por exemplo) naquilo que as partes convencionaram livremente, evidentemente, se as partes de um negócio jurídico atritarem sobre o sentido daquilo que declararam. O juiz não sai à caça de negócios jurídicos celebrados para perscrutar-lhes a estrutura e a função,

[83] TUHR, Andreas von. **Tratado de las obligaciones**. Tradução: W. Roces. 1 ed., Madrid: Editorial Reus, 1934, p. 174

[84] LARENZ, Karl. **Derecho Civil – parte general. Tratado de Derecho Civil Alemán.** Tradução: Miguel Izquierdo y Macías-Picavea. Madrid: Editoriales de Derecho Reunidas, 1978, p. 65-82

O NEGÓCIO JURÍDICO CONTRATUAL E SEUS PRINCÍPIOS

mas intervém quando chamado a soluções de problemas que se criaram por causa dessa experiência jurídica das partes.

É esse o momento, então, em que o ordenamento jurídico se vê diante de um fenômeno novo que, de certa maneira, põe em risco a denominada 'certeza do direito'.[85]

Por sua vez, Luigi Ferri[86] aponta as distinções entre autonomia da vontade, autonomia privada e iniciativa privada. Esta última se limita "al aspecto económico del fenómeno sin ocuparse del problema jurídico"[87]. Já a autonomia da vontade é diretamente relacionada a vontade real ou psicológica das posições jurídicas ativas e passivas quanto a formação, ou não, de um determinado negócio jurídico contratual. É a relação entre a vontade e a declaração de agir ou de contratar, ou ainda, de não agir ou não contratar. Vincula-se a autonomia da vontade os denominados vícios do consentimento (erro ou ignorância, dolo, coação, lesão etc.).[88] Já a autonomia privada é um princípio do direito privado vinculado ao poder das posições jurídicas ativas e passivas do negócio jurídico contratual em estabelecer e criar normas jurídicas particulares que deverão vincular as partes e reger os seus respectivos direitos, obrigações, garantias, não direitos, sujeição, imunidades e demais correlativos jurídicos.[89] "El fenómeno de la autonomia privada está visto así en su aspecto de limitación o autolimitación de

---

[85] NERY, Rosa Maria de Andrade; NERY JUNIOR, Nelson. **Instituições de direito civil: teoria geral do direito privado.** v I, t I. São Paulo: Editora Revista dos Tribunais, 2014, pp. 261-262

[86] FERRI, Luigi. **La autonomía privada.** Tradução: Luis Sancho Mendizábal. Granada: Editorial Comares. 2001, pp. 3-11

[87] FERRI, Luigi. **La autonomía privada.** Tradução: Luis Sancho Mendizábal. Granada: Editorial Comares. 2001, p. 6

[88] Quanto ao estudo dos vícios do consentimento, recomenda-se: RODRIGUES, Silvio. **Dos Vícios do Consentimento.** 3 ed., São Paulo: Saraiva, 1989, 345 p. RODRIGUES, Silvio. **Dos Defeitos dos Atos Jurídicos.** São Paulo: Max Limonad, 1959, 277 p. e PEREIRA, Caio Mário da Silva. **Lesão nos Contratos.** 6 ed. Rio de Janeiro: Forense, 2001, 227p.

[89] "A grande importância prática do pensamento rigoroso e da expressão exacta no que respeita às ideias jurídicas básicas e à sua incorporação numa terminologia não calculada para induzir em erro nem sempre é completamente assimilada – especialmente pelo estudante ainda não muito avançado no seu trabalho jurídico; e é mesmo verdade que muitos juristas experientes têm presumido, demasiado irrreflectidamente, que aquelas matérias normalmente consideradas em trabalhos da chamada 'teoria do direito' (jursiprudence) têm uma natureza meramente 'académica' e são desprovidas de utilidade substancial para o advogado ou para o juiz." HOHFELD, Wesley Newcomb. **Os Conceitos Jurídicos Fundamentais Aplicados**

la ordenación estatal, que desea espacios en los que puede insertarse la actividad normativa de los particulares."[90]

Traçando um paralelo com as definições trazidas na clássica obra de Washington de Barros Monteiro acima apontada, com a doutrina contemporânea de Rosa Maria de Andrade Nery e Nelson Nery Junior, podemos afirmar que houve uma expansão dos preceitos de ordem pública como mitigadores da vontade das partes, passando a ser diretamente vinculada à observância da ética, da função social, da boa-fé objetiva, do equilíbrio contratual e dos fins econômicos-sociais dos vínculos obrigacionais, todos derivados dos princípios norteadores do Código Civil de 2002 (eticidade, socialidade e operabilidade), resultando em certo "risco a denominada 'certeza do direito'"[91].

Como exemplo dessa brusca mudança de visão, é o próprio uso da propriedade. Nas codificações oitocentistas, em que, havia a predominância do interesse individual, dizia-se que o direito de usar, gozar e dispor da coisa era absoluto, tendo o seu proprietário o pleno poder de fazer o que bem lhe conviesse com a sua propriedade, inclusive, deixar uma extensa propriedade rural sem uso. Atualmente, essa interpretação é inadmissível, seja por força da própria lei determinar o "fim útil" da propriedade, como também pela função social da propriedade conforme expresso comando do artigo 1.228 e seus parágrafos, do Código Civil. Qualquer uso abusivo da propriedade será rejeitado pela comunidade e pelo sistema legal.

Já em relação aos contratos, para os quais antes (Séc. XIX) tínhamos a primazia da vontade das partes (individualismo) sobre o interesse social, hoje, em verdadeiro movimento pendular, há uma direta limitação do interesse individual em relação a função social do contrato, da boa-fé objetiva como um *standard* de conduta obrigatório, bem como, o interesse econômico-social. Todos os elementos limitadores da vontade individual são necessariamente tratados como preceitos de ordem pública, seja por representarem verdadeiros princípios gerais de direito, ou ainda, pelo expresso comando do parágrafo único do artigo 2.035 do Código Civil de 2002.

---

na **Argumentação Judicial.** Tradução: Margarida Lima Rego. Lisboa: Fundação Calouste Gulbenkian, 2008, p. 88

[90] FERRI, Luigi. **La autonomía privada.** Tradução: Luis Sancho Mendizábal. Granada: Editorial Comares. 2001, p. 9

[91] NERY, Rosa Maria de Andrade; NERY JUNIOR, Nelson. **Instituições de direito civil: teoria geral do direito privado.** v I, t I. São Paulo: Editora Revista dos Tribunais, 2014, p. 262

O NEGÓCIO JURÍDICO CONTRATUAL E SEUS PRINCÍPIOS

Mas não se está aqui afirmando que o *pacta sunt servanda* foi eliminado ou deixou de ter importância para o direito privado, em especial, para o direito dos contratos. Muito pelo contrário, busca-se demonstrar que, ao invés do atual movimento pendular e dicotômico de que em determinado momento há a prevalência do contrato como verdadeira lei entre as partes (*pacta sunt servanda*) e, no segundo momento há um excessivo ativismo judicial e de interferência estatal (dirigismo contratual); se deve buscar uma gradação no exercício de poder da autonomia privada das partes e a respectiva gradação da força vinculante do contrato (autonomia privada mínima, média e máxima). Vejamos o posicionamento da respeitada doutrina pátria:

> O liberalismo acentuado que informou toda a construção legislativa do início do século XIX ensejou a dogmatização da teoria geral do contrato, fundada na autonomia privada, fazendo do contrato o mais importante e relevante dos negócios jurídicos celebrados entre pessoas. O princípio do *pact sunt servanda* foi elevado às suas consequências máximas, nada obstante poder significar, em alguns casos, descompasso entre o conteúdo do contrato e a realidade fática e circunstancial que envolve a relação jurídica entre os contratantes. [...] E é nesse período de grande comoção econômica, aliada às vicissitudes políticas e sociais, que surge o fenômeno do dirigismo contratual, como uma espécie de elemento mitigador da autonomia privada, fazendo presente a influência do direito público no direito privado pela interferência estatal na liberdade de contratar. [...] Mas com certeza podemos afirmar que há uma tendência de equilíbrio entre o direito público e o direito privado, que não mais se sustentaria se prevalecesse o liberalismo exagerado do século passado. O Estado passou a interferir na liberdade de contratar, sem, contudo, extinguir o perfil civil da figura do contrato. [...] O dirigismo contratual não se dá em qualquer situação, mas apenas nas relações jurídicas consideradas como merecedoras de controle estatal, para que seja mantido o desejado equilíbrio entre as partes contratantes.[92]

Ora, se dado a momento social-econômico vivenciado no pós Primeira Guerra Mundial houve o necessário movimento de relativização dos efeitos dos contratos, por meio de uma interferência do direito público sobre

[92] NERY, Rosa Maria de Andrade; NERY Junior, Nelson. **Instituições de direito civil: contratos**, v. III, São Paulo: Editora Revista dos Tribunais, 2016, p. 163-165

AUTONOMIA PRIVADA E A ANÁLISE ECONÔMICA DO CONTRATO

o privado, ou melhor, com a interferência estatal sobre o interesse individual privado, gerando o que aqui se está chamando de movimento pendular entre o excessivo predomínio da vontade privada, com o posterior predomínio da relativização dos efeitos dos contratos (planos da validade e da eficácia do negócio jurídico) e do dirigismo contratual, é mais do que oportuno o momento de repensar esse movimento pendular para se buscar uma solução intermediária, uma solução mais próxima da realidade do século XXI, especialmente se considerarmos já ter passado um século após o início de tal movimento.

A economia de mercado exige o mínimo de segurança jurídica na manutenção dos contratos tal como foram firmados, porém, com a devida observância da ordem pública representada pela ética, função social, boa-fé objetiva, proporcionalidade e equidade, além da função econômico-social do contrato. "Ora, se a função do Direito é o equilíbrio, a razão de ser do Direito também é o equilíbrio, porque é isso que o Direito melhor sabe proporcionar."[93]

Sem qualquer dúvida, podemos afirmar que ao longo do último século, a humanidade vivenciou uma evolução em todos os campos do conhecimento sem qualquer precedente na história. Saímos da Revolução Industrial para alcançarmos a Sociedade da Informação. Atualmente, é impensável a produção de um determinado equipamento de alta-tecnologia por uma única indústria situada em um único país.

Desde os primórdios da Revolução Industrial até a segunda parte do Século XX era correto afirmar que uma determinada indústria em um único País seria praticamente capaz de ser responsável por toda a produção de um equipamento, seja ele de tecnologia ou de simples utilização doméstica. O próprio Brasil agiu dessa exata forma durante décadas, até que no início dos anos 90, houve a abertura de mercado (para o setor privado), resultando em uma verdadeira revolução em toda a indústria nacional e até mesmo no fechamento de fábricas que não estavam preparadas para essa nova forma de pensar a economia globalizada. O mesmo movimento se verificou na Alemanha Oriental pós queda do Muro de Berlim, ou, ainda, em qualquer outro País que tivesse uma abrupta abertura de mercado, podendo ser previsto que o próximo País a ser beneficiado, ou,

---

[93] NERY, Rosa Maria de Andrade; NERY JUNIOR, Nelson. **Instituições de direito civil: teoria geral do direito privado.** v I, t I. São Paulo: Editora Revista dos Tribunais, 2014, p. 290

O NEGÓCIO JURÍDICO CONTRATUAL E SEUS PRINCÍPIOS

sofrer, com esse movimento de abertura de mercado, deverá ser Cuba, que após mais de meio século sendo um mercado fechado e com atraso no seu desenvolvimento, inicia um processo de abertura de mercado e retomada de atividade capitalista.

Para os Países que vivenciaram a abertura de mercados e o movimento de globalização de mercado a partir de 1980[94], a produção de praticamente qualquer equipamento passou a envolver uma série de indústrias espalhadas por todo o globo terrestre (produção distribuída entre pelo menos dois ou três continentes) com uma verdadeira interdependência em busca dos melhores resultados e do menor custo de transação, respeitados os preceitos de ordem pública, tal como a função social e a boa-fé objetiva.

O extraordinário desenvolvimento dos transportes e das comunicações, que ocorreu após a última Guerra Mundial, ensejou um substancial aumento do comércio internacional de bens, serviços e tecnologias e uma progressão geométrica dos investimentos realizados no exterior, implicando a importância crescente atribuída aos contratos internacionais, que veio a ensejar a criação de um direito próprio, que alguns autores chegaram a denominar *lex mercatoria*. Por outro lado, o progresso tecnológico e a necessidade de maiores recursos para os grandes empreendimentos, inclusive no campo da pesquisa, fizeram com que houvesse, em todos os países, maior concentração empresarial, constituindo-se verdadeiras megaempresas de caráter e atuação multinacional. Essas sociedades passaram a ter a estrutura e as dimensões de verdadeiros Estados, exercendo um papel cada vez mais importante na economia mundial, com reflexos no direito.[95]

---

[94] "A partir de 1980 consolidou-se, no mundo inteiro, um movimento no sentido de privatização da economia, redefinindo-se a posição do Estado e atribuindo-lhe tão-somente as funções que não podem ser exercidas pela iniciativa privada. Na realidade, houve, nas décadas anteriores, um superdimensionamento ou uma hipertrofia do Estado, que passou a aturar em todos os campos da economia, não somente como regulador, mas também como operador, onerando os cofres públicos com uma gestão que sem sempre foi a mais econômica. Assim, inicialmente e países como a França, a Inglaterra, a Alemanha e o Japão, as grandes empresas estatais foram privatizadas, generalizando-se esse movimento após a queda do Muro de Berlim e alcançado os antigos países comunistas" WALD, Arnoldo. **Direito Civil – direito das obrigações e teoria geral dos contratos.** v. 2, 18 ed., São Paulo: Saraiva, 2009, p. 218-219

[95] WALD, Arnoldo. **Direito Civil – direito das obrigações e teoria geral dos contratos.** v. 2, 18 ed., São Paulo: Saraiva, 2009, p. 219

Frente a todo esse movimento de globalização das economias de mercado vivenciados desde a segunda parte do Século XX e já consolidado no início deste Século XXI, é chegado o momento de se defender o fim do referido movimento pendular da força obrigatória dos contratos e da autonomia privada, para se reconhecer a necessidade de sua adequação à realidade posta, de forma a preservar uma ampla autonomia privada, respeitado os preceitos de ordem pública, às relações empresariais ou comerciais, uma autonomia privada média para as relações civis, e finalmente, uma autonomia privada mínima para as relações de consumo e aos mercados regulados pelo Poder Público em busca do benefício coletivo e econômico. Em última análise, busca-se o ótimo de Pareto[96] e o Equilíbrio de Nash. Em sentido semelhante, é o posicionamento de Luciano Benetti Timm, ao defender a AED na interpretação e na aplicação dos contratos, conforme é possível observar da seguinte passagem:

> [...] os contratos geram riqueza na sociedade, na medida em que levam os bens para aqueles que mais os valorizam. No jargão da ciência econômica, os contratos levam a melhorias de Pareto. Isso significa que, dada uma alocação inicial de bens entre um grupo de indivíduos, somente ocorrerão mudanças de alocação que satisfaçam dois requisitos: (i) deixem pelo menos um indivíduo em melhor situação; e (ii) não deixem nenhum indivíduo em pior situação. O ótimo de Pareto caracteriza-se quando se chega a uma situação em que nenhuma outra melhoria de Pareto é possível.[97]

Ainda é possível afirmar que a gradação na aplicação da autonomia privada (dinâmica da autonomia privada máxima, média e mínima), frente à análise econômica do direito, é um instituto diretamente vinculada ao plano da eficácia do negócio jurídico contratual. "De fato, muitos negócios, para a

---

[96] "A outra espécie de eficiência, chamada eficiência de Pareto, em homenagem a seu criador ou, às vezes, designada como eficiência alocativa, diz respeito à satisfação de preferências pessoais. Diz-se que uma determinada situação é Pareto eficiente ou alocativamente eficiente se é impossível mudá-la de modo a deixar pelo menos uma pessoa em situação melhor (na opinião dela própria) sem deixar outra pessoa em situação pior (mais uma vez, em sua própria opinião)." COOTER, Robert; ULEN, Thomas. **Direito & Economia.** Tradução: Luis Marcos Sander e Francisco Araújo da Costa. Revisão Técnica Luciano Benetti Timm et al. 5 ed. Porto Alegre: Bookman, 2010, p. 38

[97] TIMM, Luciano Benetti. **Direito Contratual Brasileiro – críticas e alternativas ao solidarismo jurídico.** 2 ed., São Paulo: Atlas, 2015, p. 185

O NEGÓCIO JURÍDICO CONTRATUAL E SEUS PRINCÍPIOS

produção de seus efeitos necessitam de fatores de eficácia, entendida a palavra fatores como algo extrínseco ao negócio, algo que dele não participa, que não o integra, mas contribui para a obtenção do resultado visado."[98]

Por obvio não ignoramos a importância dos planos da existência e da validade do negócio jurídico, os quais poderão igualmente ser impactados por uma gradação na aplicação da autonomia privada, tal como se verifica da aplicação do artigo 51 do Código de Defesa do Consumidor, ao prever uma proteção ao consumidor contra as cláusulas contratuais consideradas abusivas, as quais são nulas de pleno direito.

Embora os planos do negócio jurídico consistam fatos jurídicos extrínsecos aos negócios em si, são fatores que contribuem para o resultado dos efeitos manifestados[99] e pretendidos pelas partes contratantes.[100]

---

[98] AZEVEDO, Antonio Junqueira de. **Negócio Jurídico: Existência, Validade e Eficácia.** 4 ed. São Paulo: Saraiva, 2007, p. 49-55

[99] Especificamente quanto a manifestação de vontade apresentada em um contrato, oportuno destacar o escólio de Renan Lotufo em seus comentários ao Código Civil, Volume III, obra no prelo, porém transcrito em artigo científico de autoria do próprio autor referenciado, o qual vem a demonstrar a necessidade de se adotada a concepção objetiva quanto a declaração de vontade, fato este que ganha maior relevância quanto tratamos da eficácia nos contratos eletrônicos como forma de se afastar os inesgotáveis debates quanto a vontade subjetiva das partes contratantes e respectivo debate quanto a autoria da declaração. Vejamos o que nos aponta o referido autor: "O contrato há que ser visto como um acordo bilateral pelo qual as partes autorregulam seus comportamentos numa relação jurídica, geralmente patrimonial. Assim, atende-se às concepções subjetiva e objetiva, pois o acordo é uma expressão de vontade, que leva ao enquadramento na concepção subjetiva, enquanto o autorregulamento conduz à concepção objetiva, desenvolvida pelas teorias da declaração e pela preceptiva. [...] No direito positivo contemporâneo o dogma da vontade, como fundamento supremo, está superado, sem que com isso se diga que a vontade não tenha relevância no plano contratual. O contrato não é entendido como expressão do âmbito interno das pessoas, mas como um fato social, onde se identifica uma decisão tomada pela parte perante a ordem jurídica, de sorte que se inexistir qualquer vontade, não se estará frente a contrato, mas a identificação, repete-se, decorre do que objetivamente se compreende como expressão da vontade. [...] Com esta característica objetiva se tem que o comportamento em iter da celebração do contrato já leva à autorresponsabilidade, razão pela qual foi desenvolvido o estudo quanto ao negócio jurídico, evidenciando que a confiança do receptor da declaração não pode ser afetada por subjetivismo do declarante, se objetivamente o que foi entendido é o que levou à confiança." LOTUFO, Renan. **Teoria Geral dos Contratos** in Teoria Geral dos Contratos. LOTUFO, Renan; NANNI, Giovanni Ettore (Coord.). 2011, São Paulo: Altlas e IDP – Instituto de Direito Privado, p. 15

[100] "No direito alemão, quando o negócio é nulo, porque feito sem seriedade (§118 do BGB), o ato produzirá o efeito de obrigar a parte que o realizou e pediu sua nulidade a indenizar

Havendo o reconhecimento de uma aplicação gradual da autonomia privada, de forma a privilegiar a manutenção dos contratos comerciais (autonomia privada máxima) observados os requisitos da ética, da função social e da proporcionalidade das prestações[101] e ao mesmo tempo proteger partes hipossuficientes ou vulneráveis nas relações de consumo (autonomia privada mínima), buscaremos a máxima eficácia dos efeitos contratuais, previsibilidade aos contratantes e a segurança jurídica buscada pelos investidores em uma economia de mercado globalizada.

No sentido contrário, quando o Poder Judiciário produz reiteradas decisões conflitantes entre os inúmeros Estados da Federação, tais como, deter-

---

quem, sem culpa, confiou na declaração (§122 do BGB); a indenização consiste no chamado 'interesse de confiança' ou 'interesse negativo' (despesas de escritura, de registro e outras, que, porém, nunca poderão ser superiores às que o beneficiário do interesse negativo obteria com a validade do negócio). [...] Sem descer a maiores minúcias, a ineficácia pode ser dividida em duas modalidades principais: a) a ineficácia simples, ou pendente, ou negócio incompleto; b) a ineficácia relativa. Ocorre ineficácia pendente ou simples quando falta um elemento integrativo à plena eficácia dum negócio em formação, quer se trata dum elemento acessório exigido pela vontade das partes (negócio sob condição suspensiva), quer de elemento estranho àquela vontade [...]. Ocorre ineficácia relativa, ou inoponibilidade, se o contrato válido entre as partes, não é oponível a terceiro." AZEVEDO, Antonio Junqueira de. **Negócio Jurídico: Existência, Validade e Eficácia.** 4 ed. São Paulo: Saraiva, 2007, p. 51-53

[101] "O sistema da intangibilidade da autonomia privada (*pacta sunt servanda*) mostrou-se, numerosas vezes, em diferentes lugares da história, mecanismo de contradição do espírito do sistema jurídico, por ser causa de desproporção de prestações e de aviltamento da pessoa humana. Deve por isso sofrer temperamento. Quando se quebram os princípios, quando as regras do direito natural são conspurcadas, voltamos à barbárie e nasce para o ofendido o direito à resistência, *ius resistendi*. Porque ordem e a liberdade são complementares e o direito é o mecanismo garantidor desses anseios. [...] Princípios jurídicos que informavam as relações mercantis (como o da boa-fé objetiva) ou que informavam de maneira incisiva as denominadas relações negociais de massa (como o de controle de cláusulas abusivas) passam a interferir diretamente em todo o sistema de Direito Privado, informando-o num outro ritmo lógico, principiológico e sistêmico. A decantada liberdade de contratar passa a receber temperamentos e interpretações moderadas, deixando de lado a liberdade absoluta e que se convencionou denominar de *pacta sunt servanda*. [...] É nesse quadro que se indaga se é consentânea com o Direito Privado a intervenção judicial na vontade de contratar: a redução de cláusulas pelos juízes; a anulação de negócios, a coibição de pretensões, à guisa de mecanismo de recuperação de equilíbrio do negócio. Isto porque a certeza do direito é algo que diz de perto a todos nós, porque respeita à segurança de nossa casa, à nossa dignidade de homens, à nossa liberdade individual." NERY, Rosa Maria de Andrade; NERY JUNIOR, Nelson. **Instituições de direito civil – teoria geral do direito privado.** v I, t I. São Paulo: Editora Revista dos Tribunais, 2014, p. 291-293

O NEGÓCIO JURÍDICO CONTRATUAL E SEUS PRINCÍPIOS

minar a aplicação do Código de Defesa do Consumidor para as relações comerciais frente às teorias maximalista e finalista na definição do consumidor, mesmo já tendo decorrido mais de 25 anos de vigência deste microssistema, temos um sério ponto de incerteza jurídica e eventual ineficácia contratual. O que aparentemente é um problema restrito à intepretação legislativa, na verdade, causa sérios e profundos desequilíbrios contratuais e elevados custos de transação.

Ademais, no exemplo acima apontado (relação empresarial com indevido reconhecimento judicial de uma relação de consumo), é interessante observar, segundo a experiência profissional dos operadores do direito, que se verifica com regular frequência a situação em que duas sociedades empresárias que estejam negociando um contrato, raramente os seus interlocutores buscam negociações com base na legislação consumerista. Invariavelmente os debates consistem em relação a definição de objeto, preço, forma e condições de pagamento, direitos e obrigações das partes e respectivas garantias contratuais. Há toda uma lógica da base objetiva do negócio jurídico almejado pelas duas ou mais partes contratantes, as quais, buscam a potencialização de suas respectivas competências e a maximização da eficiência econômica da relação contratual que está sendo formada.

No entanto, quando estas mesmas duas ou mais sociedades observam que o contrato não está sendo cumprido da forma almejada, ou, por qualquer outro motivo, se vêm na iminência de buscar uma interferência do Poder Judiciário, automaticamente surgem as mais diversas alegações quanto à hipossuficiência ou aos critérios de vulnerabilidade para ter reconhecida uma indevida relação de consumo. Tal busca é frequentemente realizada em decorrência da presumida inversão do ônus da prova prevista do Código de Defesa do Consumidor como facilitação dos meios de defesa, entre outras garantias definidas no referido microssistema que podem resultar em um maior benefício à tese de uma das partes em detrimento da outra parte. Repita-se, na fase pré-contratual e no ato da formalização do contrato e, muitas vezes, até mesmo durante a fase de execução do objeto do contrato, nenhuma das partes envolvidas na relação contratual aventou a possibilidade de ser reconhecida uma relação de consumo tutelada pelo CDC.

Resta a pergunta, a prática de tais formas de agir dos operadores do direito, seja em relação aos advogados que buscam a aplicação do CDC apenas quando é benéfico aos seus clientes sem qualquer critério e sem qualquer vínculo à real estrutura do negócio jurídico formalizado entre as partes, ou ainda, seja em relação aos magistrados que decidem pela aplicação de teorias elásticas para a incidência de determinado microssistema (CDC) e sem uma análise mais aprofundada da própria economia e das reais consequência frente ao sistema legal e à sociedade, com eventual ampliação exponencial dos custos de transação, não estaria sendo agredido o próprio critério da boa-fé objetiva e da função social do contrato?

Essa e outras perguntas serão objeto de análise nos pontos que se seguem.

2.3. A cláusula geral da boa-fé objetiva como norteadora do negócio jurídico contratual

> Há muito tempo que o mundo se queixa da fragilidade das leis sem os costumes, mas tem igualmente que se queixar da fragilidade da regra moral que a lei não faz respeitar. Todas as vezes que a regra moral consegue fazer-se reconhecer pelo legislador ou pelo juiz, torna--se regra jurídica, graças à sanção que lhe concede, e ela faz reinar na sociedade política a ordem mais própria para assegurar o aperfeiçoamento moral da humanidade.[102]

A autonomia privada em relação ao negócio jurídico contratual, embora represente o ápice da liberdade para a circulação de riquezas representada por contratos livremente pactuados[103] pelos sujeitos de direito, possui como sua contramedida os limites estabelecidos pelas normas de direito público e privado, além dos princípios e normas da teoria geral do direito, entre eles, a ética[104], a boa-fé objetiva, a função social e a proporcionali-

---

[102] RIPERT, Georges. **A regra moral nas obrigações civis** Tradução: Osório de Oliveira.. São Paulo: Saraiva & Cia., 1937, p. 16

[103] "El negocio jurídico es el médio para la realización de la 'autonomía privada' presupuesta em principio por el Código civil." LARENZ, Karl. **Derecho Civil – parte general. Tratado de Derecho Civil Alemán.** Tradução: Miguel Izquierdo y Macías-Picavea. Madrid: Editoriales de Derecho Reunidas, 1978, p. 422

[104] "Nos contratos, portanto, os requisitos éticos vêm de antes do estabelecimento da relação contratual e se projetam para depois de seu adimplemento. Assim os deveres de lealdade, de informação, evidentes na fase prévia e de concretização da relação e que permanecem na fase de execução, ao depois são seguidos dos deveres de sigilo, de garantia etc." LOTUFO, Renan. **Código Civil comentado – contratos em geral até doação (arts. 421 a 564).** v. 3, t. I, São Paulo: Saraiva, 2016, p. 32

O NEGÓCIO JURÍDICO CONTRATUAL E SEUS PRINCÍPIOS

dade.[105] "Portanto, a conformação autónomo-privada de relações jurídicas apenas pode fazer-se mediante actos cujos tipos negociais são reconhecidos pela ordem jurídica [...] a liberdade contratual não pode contrariar os princípios da boa fé, a ordem pública ou os bons costumes, nem pode traduzir-se num abuso [...]"[106]

O negócio jurídico contratual deve ser norteado pelo *standard* de conduta da boa-fé objetiva[107] e em respeito aos bons costumes e a ética[108]; "[...]

---

[105] "Por conseguinte, a conformação autónoma de relações jurídicas é determinada, quanto à forma e ao conteúdo possível do negócio, pela ordem jurídica. O indivíduo pode decidir, dentro do âmbito da autonomia privada, se quer estabelecer relações jurídicas e a respeito de que pessoas ou acerca de que objetos e com que finalidade ele o pretende fazer. Mas apenas pode estabelecer as suas relações jurídicas por meio daqueles actos que, como tipos negociais, a ordem jurídica admite e apenas pode conformar estas relações nos moldes reconhecidos por ela. Em contrapartida, a ordem jurídica aceita e protege os resultados assim obtidos, exatamente em virtude do facto de ter assumido como seu o princípio fundamental da autonomia privada." HÖRSTER, Heinrich Ewald. **A parte geral do Código Civil Português – teoria geral do direito civil.** 5ª reimpressão, Coimbra: Almedina, 2009, pp. 53-54

[106] HÖRSTER, Heinrich Ewald. **A parte geral do Código Civil Português – teoria geral do direito civil.** 5ª reimpressão, Coimbra: Almedina, 2009, pp. 53-61

[107] "Numa perspectiva subjectiva, decide-se da boa ou má fé em que se encontra certa pessoa perante uma situação jurídica própria. Assim se refere o possuidor de boa fé, ou o adquirente de boa fé, ou o portador de boa fé, como aquele que, ao possuir ou ao adquirir certa coisa, ignorava que lesava interesses de outrem. Na perspectiva subjectiva da boa fé tem grande importância o conhecimento ou o desconhecimento subjectivos por parte do agente de uma vicissitude ou de um vício da situação jurídica em questão. [...] Numa perspectiva objectiva, a boa fé constitui critério de acção correcta, de ortonomia. Trata-se já não tanto de aferir da boa ou má fé com que alguém está ou foi investido numa situação jurídica determinada, mas antes de julgar da conformidade de uma certa actuação com as regras da boa fé. A boa fé surge aqui como portadora de critérios de actuação honesta e honrada, como padrão ou *'standard'* jurídico. [...] A boa fé subjectiva e objectiva não são duas realidades distintas, mas antes e apenas duas perspectivas distintas, ou dois diferentes pontos de partida, para submeter as condutas jurídicas a um juízo de honestidade, de honradez e de decência. [...] O conteúdo valorativo concreto destas coordenadas axiológicas, corresponde a padrões ou *'standards'* de comportamento considerado moralmente correcto, ou pelo menos aceitável, naquelas circunstâncias concretas. O juízo de boa fé é sempre profundamente moral e a sua realização enfrenta as mesmas dificuldades de concretização de todos os juízos éticos. O seu critério material é um dado extrajurídico que o Direito vai buscar no campo da Ética. Constitui uma das janelas do sistema." VASCONCELOS, Pedro Pais de. **Teoria geral do direito civil.** 5 ed., Coimbra: Almedina, 2008, pp. 22-24

[108] "Uma vez que respeitem as leis e os bons costumes, os contratantes teem o direito de pugnar pelo seus interêsses. [...] Consagrar a liberdade de contratar sob pretexto de que nem o objeto nem a causa da obrigação são ilícitas, seria na realidade, permitir a exploração

a ordem social deve fazer frente à ameaça sempre iminente dos comportamentos desviantes que podem, a todo momento, turbá-la e, até mesmo, destruí-la; por isso a necessidade de instrumentos aptos a garantir uma certa uniformidade conduta e a reduzir, e possivelmente eliminar, os comportamentos desviantes."[109]

Conforme esclarece Menezes Cordeiro a boa-fé objetiva (*Treu und Glauben*) representa um *standard* de conduta exigido em relação a todos os *stakeholders*, proveniente de uma tradição jurídica germânica, devendo coexistir a autonomia privada (art. 421, CC)[110], a boa-fé subjetiva (arts. 112 e 113, CC)[111] e a boa-fé objetiva (art. 422, CC). Trata-se de regra de conduta que consiste no dever de agir de acordo com os padrões socialmente reconhecidos de lisura e lealdade, projetado durante toda a fase do processo obrigacional[112], ou seja, no plano horizontal representado pelas fases pré-contratual, de execução do contratual e do pós-contratual, e no plano vertical representado pela própria dinâmica da relação obrigacional que regula e que deriva da execução de toda a relação jurídica contratual.

do homem, o que a moral reprova. Para o impedir, a lei civil procurou, assegurar por diferentes meios a lealdade do contrato. Há regras para êsse jôgo de interêsses. A proteção dos contratantes é garantida pela exclusão daqueles que um estado permanente físico ou moral revela fora das condições de lutar utilmente e pela assistência que lhe é prestada." RIPERT, Georges. **A regra moral nas obrigações civis**. Tradução: Osório de Oliveira. São Paulo: Saraiva & Cia., 1937, pp. 81-82

[109] LUMIA, Giuseppe. **Elementos de teoria e ideologia do direito**. Tradução: Denise Agostinetti. São Paulo: Martins Fontes, 2003, p. 33

[110] "A posição do BGB perante a boa fé é exemplar do sentido juscultural duma codificação. [...] O pré-entendimento jurídico, porque jurídico, tem natureza cultural. A cultura dominante na feitura do BGB era a pandectística, assente, de modo periférico, no Direito romano. Deste vector advinha apenas a referência aos bonae fidei iudicia que, desinseridos do seu contexto significativo verdadeiro, pouco mais traduziam do que um alargamento do officium iudicis. Mas a pandectística, na lógica da terceira sistemática, compreendia ainda um nível central, rico em postulados significativo-ideológicos. Destes, com raízes jusracionalistas claras e com uma projecção límpida no domínio do pensar liberal, sobressai a boa fé como fator de fortalecimento e de materialização do contrato ou seja: a boa fé como necessidade de cumprimento efectivo dos deveres contratuais assumidos, por oposição a cumprimentos formais, que não tenham em conta o seu conteúdo verdadeiro." MENEZES CORDEIRO, António Manuel da Rocha e. **Da boa-fé no direito civil**. 3 reimpressão, Coimbra: Almedina, 2007, p. 328-330

[111] "Nos contratos, a interpretação conforme os usos é importante a tal ponto que é norma jurídica de hermenêutica" NERY JUNIOR, Nelson. **Soluções Práticas de Direito**. v. II, São Paulo: Revista dos Tribunais, 2010, p. 688

[112] SILVA, Clóvis V. do Couto e. **A obrigação como processo**. Rio de Janeiro: FGV Editora, 2007

O NEGÓCIO JURÍDICO CONTRATUAL E SEUS PRINCÍPIOS

A concepção exposta pelos autores germânicos desde a segunda metade do século XX também permitiu compreender, paralelamente à *complexidade* do 'todo' formado pela relação, o *dinamismo* da relação obrigacional. A expressão traduz a ideia de a relação de obrigação no transcorrer de sua existência, e de seu percurso em direção ao adimplemento poder gerar outros direitos e deveres que não os expressados na relação de subsunção entre a situação fática e a hipótese legal; ou, ainda, poderes e deveres não indicados no título (contrato), ou ainda, poderes formativos geradores, modificativos ou extintivos, e os correlatos estudos de sujeição não vislumbrados na relação original; pode, por igual, importar na criação de ônus jurídicos e deveres laterais ('deveres de proteção') correspondentes a interesses de proteção que convivem *a latere* do interesse a prestação. [...] A perspectiva da totalidade dinâmica leva a considerar que, em qualquer situação, os elementos presentes nos vínculos se interligam. O todo é concretizado por vários elementos, que se encadeiam processualmente em atenção a uma finalidade. [...] Como efeitos da apreensão da totalidade concreta da relação obrigacional, percebe-se ser a mesma um *vínculo dinâmico* pois se movimenta em vista de uma finalidade, desenvolvendo--se em fases distintas, a do nascimento do vínculo, do seu desenvolvimento e adimplemento. [...] Subjaz à noção deste encadear entre fases de relação uma bem definida perspectiva, a da obrigação como processo.[113]

No mesmo sentido é a manifestação de Giovanni Uda citado por Rosa Maria de Andrade Nery e Nelson Nery Junior, que assim esclarece a aplicação da boa-fé objetiva "la buona fede oggettiva fa riferimento ad um modelo sociale di comportamento, ricavabile da valugtazioni di ordine giuridico, econômico e sociale, al quale il soggetto si deve attenere"[114]

Como se vê, a boa-fé não constitui um imperativo ético abstrato, mas sim uma norma que condiciona e legitima toda a experiência jurídica, desde a interpretação dos mandamentos legais e das cláusulas contratuais até as suas últimas conseqüências. [...] a boa-fé objetiva apresenta-se como uma exigência de lealdade, modelo objetivo de conduta, arquétipo social pelo qual impõe

---

[113] MARTINS-COSTA, Judith. **Boa-Fé no Direito Privado – critérios para a sua aplicação.** São Paulo: Marcial Pons, 2015, pp. 213-214
[114] UDA, Giovanni Maria. **La buona fede nell'esecuzione del contrato.** Torino: G. Giappichelli, 2000, p. 20 *Apud* NERY, Rosa Maria de Andrade; NERY JUNIOR, Nelson. **Instituições de direito civil: teoria geral do direito privado.** v I, t I. São Paulo Editora Revista dos Tribunais, 2014, p. 570

AUTONOMIA PRIVADA E A ANÁLISE ECONÔMICA DO CONTRATO

o poder-dever de que cada pessoa ajuste a própria conduta a esse arquétipo, obrando como obraria uma pessoa honesta, proba e leal. [...] podemos afirmar que a boa-fé objetiva se qualifica como normativa de comportamento leal. A conduta, segundo a boa-fé objetiva, é assim entendida como noção sinônima de 'honestidade pública'. [...] Com isso quero dizer que a adoção da boa-fé como condição matriz do comportamento humano põe a exigência de uma 'hermenêutica jurídica estrutural', a qual se distingue pelo exame da totalidade das normas pertinentes a determinada matéria. Nada mais incompatível com a idéia de boa-fé do que a interpretação atômica das regras jurídicas, ou seja, destacadas de seu contexto. [115]

A doutrina reconhece três funções[116] que são desempenhadas pela norma da cláusula geral[117] da boa-fé objetiva nas relações contratuais:[118] (i) a função interpretativa consiste na própria função de interpretar o con-

---

[115] REALE, Miguel. **História do Novo Código Civil.** Biblioteca de Direito Civil – estudos em homenagem ao Professor Miguel Reale. Miguel Reale. Judith Martins-Costa (Coord.). v. 1, São Paulo: Editora Revista dos Tribunais, 2005, p. 248-249

[116] *Et al.* NERY, Rosa Maria de Andrade. **Introdução ao pensamento jurídico e à teoria geral do direito privado.** São Paulo: Editora Revista dos Tribunais, 2008, pp. 253-261

[117] "As cláusulas gerais são formulações contidas na lei, de caráter significativamente genérico e abstrato, cujos valores devem ser preenchidos pelo juiz, autorizado para assim agir em decorrência da formulação legal da própria cláusula geral, que tem natureza de diretriz. Distinguem-se dos conceitos legais indeterminados pela finalidade e eficácia, pois aqueles, uma vez diagnosticados pelo juiz no caso concreto, já têm sua solução preestabelecida na lei, cabendo ao juiz aplicar referida solução. [...] O juiz exerce papel de suma importância no exercício dos poderes que derivam das cláusulas gerais, porque ele instrumentaliza, preenchendo com valores, o que se encontra abstratamente contido nas referidas cláusulas gerais. Como as cláusula gerais têm função instrumentalizadora, porque vivificam o que se encontra contido, abstrata e genericamente, nos princípios gerais de direito e nos conceitos legais indeterminados, têm as cláusulas gerais natureza mais concreta e efetiva do que esses dois institutos. *A cláusula geral não é princípio, tampouco regra de interpretação; é norma jurídica, isto é, fonte criadora de direitos e de obrigações.*" (destacamos) NERY, Rosa Maria de Andrade; NERY JUNIOR, Nelson. **Instituições de direito civil: direito das obrigações.** v II. São Paulo: Editora Revista dos Tribunais, 2015, pp. 122-123

[118] Nesse sentido: NORONHA, Fernando. **O direito dos contratos e seus princípios fundamentais: autonomia privada, boa-fé, justiça contratual.** São Paulo: Saraiva, 1994, p. 151. MARTINS-COSTA, Judith. **Boa-Fé no Direito Privado – sistema e tópica no processo obrigacional.** São Paulo: Editora Revistas dos Tribunais, 1999. MARTINS-COSTA, Judith. **Boa-Fé no Direito Privado – critérios para a sua aplicação.** São Paulo: Marcial Pons, 2015. MENEZES CORDEIRO, Antônio Manuel da Rocha e. **Da Boa Fé no Direito Civil.** Coimbra: Almedina, 2007

O NEGÓCIO JURÍDICO CONTRATUAL E SEUS PRINCÍPIOS

trato à luz da boa-fé objetiva nos termos do artigo 422 do Código Civil; (ii) a função supletiva ou integrativa (integração) que tem por objetivo suprimir a existência de lacunas e impõe o surgimento dos chamados deveres anexos ou laterais[119] (dever de informar, dever de esclarecer, dever de manter sigilo sobre as negociações); e, (iii) a função corretora (controle), a qual serve, por muitas vezes, como um controle judicial das manifestações de vontades contratuais (autonomia privada) em relação, *v.g.* às cláusulas contratuais abusivas, restaurando o dever de proporcionalidade e o equilíbrio econômico-financeiro do contrato conforme se verifica na situação do abuso do direito previsto no artigo 187 do CC[120] e nas chamadas sentenças determinativas[121] do processo civil. Analisemos brevemente cada uma das funções da cláusula geral da boa-fé objetiva[122] circunstanciada no objeto do estudo, qual seja, a proposta de uma gradação na aplicação do princípio da autonomia privada e da força vinculante do contrato.

---

[119] "Em virtude do princípio da boa-fé, positivada no art. 422 do novo Código Civil, a violação dos deveres anexos constitui hipótese de inadimplemento, independente de culpa." Enunciado nº 24 da I Jornada de Direito Civil do Superior Tribunal de Justiça

[120] "Ao fazer referência à boa-fé, aos bons costumes e à função econômica e social do direito, o artigo 187 elegeu e positivou esses como sendo os limites dentro dos quais o exercício do direito, para ser legítimo (e, portanto, lícito), de se dar. Ou seja, a regra do artigo 187, na realidade exclui que o titular de um direito (qualquer que seja ele) possa, no exercício do direito, adotar uma certa conduta por ela discriminada como ilícita. Convém observar, desde logo que o artigo utiliza-se da palavra 'ou' para estabelecer que basta que se exceda *qualquer um* dos limites (ainda que apenas um deles) para que o exercício do direito seja reprovado. Tais limites são verdadeiros *condicionantes* do exercício legítimo de qualquer direito, liberdade, faculdade etc., ou seja, o exercício só será legítimo e isentará o titular das sanções potencialmente advindas da configuração de um ato ilícito se tal ato se der dentro desses limites impostos pelo ordenamento jurídico, que são, precisamente, aqueles mencionados no artigo 187 do Código Civil." (destaques do original) BOULOS, Daniel Martins. **Abuso do direito no novo Código Civil.** São Paulo: Editora Método, 2006, pp. 178-179 (Coleção Prof. Arruda Alvim).

[121] Sobre o tema: NERY, Carmen Lígia. **Decisão judicial e discricionariedade: a sentença determinativa no processo civil.** São Paulo: Editora Revista dos Tribunais, 2014, 221 p.

[122] "[...] a 'boa-fé objetiva, que se constitui em uma norma jurídica, ou melhor, em um princípio geral do Direito, segundo o qual todos devem comportar-se de boa-fé nas relações recíprocas. A inter-relação humana deve pautar-se por um padrão ético de confiança e lealdade, indispensável ao próprio desenvolvimento normal da convivência social. A expectativa de um comportamento adequado por parte do outro é um componente indissociável da vida de relação, sem o qual ela mesma seria inviável." AGUIAR JÚNIOR, Ruy Rosado de. **Extinção dos contratos por incumprimento do devedor – resolução de acordo com o novo Código Civil.** 2 ed., Rio de Janeiro: Editora AIDE, 2003, p. 244

A *função interpretativa* da boa-fé objetiva representa um dos critérios hermenêuticos que deve ser observado na interpretação do contrato, seja na sua fase de formação, na fase de execução dos fins almejados pelas partes, ou ainda, na fase pós-contratual. Conforme ensina Judith Martins-Costa, serve para "[...] direcionar o intérprete, na avaliação do contrato (considerados o texto contratual e conduta contratual), ao sentido contextualmente mais coerente com a utilidade que seria possível esperar daquele contrato particularmente considerado, em vista de sua finalidade econômico-social."[123]

Tendo a *função interpretativa* como principal finalidade "direcionar o intérprete" a análise do texto contratual observando os limites e realidade concreta de cada operação contratual, não há o que se falar em uma aplicação abstrata e dissociada das circunstâncias negociais e da realidade de cada contrato em espécie, pois, conforme observa Francisco Amaral[124], as partes são quem melhor sabem de seus interesses e necessidades e melhor podem disciplinar o seu vínculo contratual com direitos e deveres.[125] Em sentido semelhante é a posição de Ruy Rosado de Aguiar Junior:

> Depois de formada a relação obrigacional, a boa-fé atua na fase de execução, desenvolvimento e extinção da relação, orientando as partes. Nesse momento, o princípio tem função interpretativa, pois com ele serão interpretadas as disposições obrigacionais a fim de garantir a realização do seu fim, de acordo com padrão ético de lealdade e confiança. [...] O princípio da boa-fé complementa o laço obrigacional, impondo às partes os deveres secundários de cooperação, de lealdade, de informação e de proteção, tudo devendo ser feito à base da confiança, recíproca, a fim de garantir a mútua satisfação de seus interesses. Exige-se sinceridade, no momento da negociação solidariedade e fidelidade na interpretação.[126]

---

[123] MARTINS-COSTA, Judith. **Boa-Fé no Direito Privado – critérios para a sua aplicação.** São Paulo: Marcial Pons, 2015, p 507

[124] AMARAL, Francisco. **Direito civil – introdução.** 7 ed., Rio de Janeiro: Renovar, 2008

[125] "Credor e devedor devem proceder de boa fé, ou seja, com lealdade e correcção, o primeiro no exercício do seu direito, o segundo no cumprimento do seu dever." TELLES, Inocêncio Galvão. **Direito das Obrigações.** 7 ed. Reimpressão, Coimbra: Wolters Kluwer Portugal e Coimbra Editora, 2010, p. 15

[126] AGUIAR JUNIOR, Ruy Rosado de. **Comentários ao Novo Código Civil – da extinção dos contratos arts. 472 a 480.** TEIXEIRA, Sálvio de Figueiredo (Coord.). v. VI, t. II, Rio de Janeiro: Forense, 2011, pp. 89-90

Conforme visto acima, a interpretação do contrato é diretamente vinculada ao princípio norteador do Código Civil da concretude, de forma que, não há o que se falar em uma aplicação linear e padronizada da boa-fé como regra de interpretação. Deve o operador do direito ater-se a cada uma das realidades especificas de cada contrato e identificar os objetivos traçados pelas partes e a função econômico-social almejada.

Para uma adequada interpretação conforme a realidade econômica-social almejada pelas partes é fundamental que a redação do contrato seja a mais clara quanto possível, além da necessária prestação adequada das informações (dever de informação) atinentes ao negócio jurídico almejado. "Con terminologia moderna si fa riferimento ala chiarezza e comprensibilità del contratto quando si parla di sua trasparenza. Mai l termine è polisenso, perché si riferisce anche alle modalità di conclusione del contratto, ala documentazione necessaria per dare ala controparte le informazioni adeguate, alle informazioni che si debbono dare daruante la esecuzione del contratto."[127]

Dada a necessidade de se interpretar cada contrato conforme a sua realidade econômico-social, suas circunstâncias, os usos e costumes locais e o comportamento das partes, é necessário que a interpretação conforme a boa-fé objetiva, tenha uma atuação distinta para os ditos contratos empresariais, cíveis e de consumo. Nesse sentido Judith Martins-Costa:

> Podemos assim dizer que, conforme o espaço jurídico no qual atua, a boa-fé apresentará diferentes *feições*, às quais correspondem, semelhantemente, diversas funções. [...] Conquanto a influência do Direito do Consumidor sobre o sistema jurídico possa ser benéfica, a questão está em determinar se uma idêntica chave de leitura da boa-fé objetiva será adequada para o tratamento das relações obrigacionais que não apresentam em seu substrato uma tal assimetria de poderes sociais, tal qual ocorrer nas relações de direito comum 'paritárias' e as relações interempresariais.[128] (grifos do original)

---

[127] ALPA, Guido. **Corso di diritto contrattuale.** Milani: CEDAM – Casa Editrice Dott. Antonio Milani, 2006, p. 93

[128] MARTINS-COSTA, Judith. Os campos normativos da boa-fé objetiva: as três perspectivas do direito privado brasileiro. *In* **Princípios no novo Código Civil Brasileiro e outros temas: homenagem a Tullio Ascarelli.** AZEVEDO, Antonio Junqueira de. TÔRRES, Heleno Taveira. CARBONE, Paolo (Coord.). São Paulo: Quartier Latin, 2008, pp. 389-397

Não há que se negar que as partes envolvidas em um negócio jurídico contratual empresarial em relação a um negócio jurídico contratual de consumo, possuem maior poder de negociação, facilidade de acesso à informação e respectivo apoio técnico para a análise e formação de um determinado vínculo contratual, sendo raras as situações em que, tendo as partes agido com diligência no trato de seus negócios, possa existir qualquer situação de vulnerabilidade.[129]

Se os representantes de uma determinada empresa (*lato sensu*) optam por formalizar um contrato sem contar com o mínimo necessário de um apoio técnico (jurídico, contábil, tecnológico, engenharia e demais áreas potencialmente envolvidas em cada negócio jurídico), agem de forma temerária com a gestão de seus negócios, não sendo justificável, em um momento posterior a formação do contrato (seja na fase de execução ou pós-contratual), pleitear a tutela estatal como se fossem verdadeiras vítimas do evento para o qual eles mesmos podem ter sido omissos ou negligentes.

Muito embora a boa-fé objetiva seja norma de ordem pública e, portanto, de aplicação *ex officio* pelo juiz e de obrigatória observância pelas partes, o fato é que a conduta das partes também deve ser considerada no momento da interpretação conforme a boa-fé; na situação hipotética acima apontada, haveria a negligência de uma das partes, de forma que, ressalvadas as situações extremas (*v.g.* abuso do direito, omissão dolosa de informações, vícios do consentimento, simulação e demais vícios de ordem pública que podem prejudicar a validade do negócio jurídico), não há o que se falar em eventual revisão do negócio jurídico contratual interempresarial em face

---

[129] "O exame da boa-fé pelo viés funcional demonstra que as funções que lhe são atribuídas não são um 'dado', mas um *construído*, não existem 'em si', mas correspondem a desígnios práticos de uma sociedade hiper-complexa inclusive nas formas de desigualdade entre os seus múltiplos campos sociais. Nessa construção fundamental é ter em mente a perspectiva da *dogmática da boa-fé*, cuja utilidade será tanto maior quanto maior for a consciência dos seus fins e funções, do seu desenvolvimento e do contexto nos quais é destinada a preencher sua tarefa. A construção de uma dogmática por meio da consciente e responsável atividade do intérprete no *fazer soar a voz* da boa-fé objetiva, na sua atenção aos demais princípios e regras também atuantes nos diversos campos jurídicos nos quais é a boa-fé destinada a atuar, constitui a única segurança contra um chamamento à boa-fé fundado na 'pura intuição casuística', passaporte ao perigoso 'impressionismo eqüitativo'." MARTINS-COSTA, Judith. Os campos normativos da boa-fé objetiva: as três perspectivas do direito privado brasileiro. *In* **Princípios no novo Código Civil Brasileiro e outros temas: homenagem a Tullio Ascarelli.** AZEVEDO, Antonio Junqueira de. TÔRRES, Heleno Taveira. CARBONE, Paolo (Coord.). São Paulo: Quartier Latin, 2008, pp. 420-421

de omissão de uma das partes em cumprir com a sua própria obrigação de agir com boa-fé (objetiva e subjetiva).

A afirmação realizada no parágrafo anterior é diretamente relacionada a teoria de culpa exclusiva da vítima (fato da vítima) como causa excludente ou de repartição proporcional dos prejuízos decorrentes da responsabilidade civil e amplamente reconhecida pela doutrina e jurisprudência.[130] Tratar-se-ia da aplicação do princípio da autonomia privada e da força vinculante do contrato em sua máxima expressão (dinâmica da autonomia privada máxima conforme tópico 3.5.1 *infra*)[131]. Vale observar que tal análise deve ser realizada em conjunto com a observância das circunstâncias negociais e do comportamento exercido pelas partes contratantes, de forma que temos uma verdadeira dinâmica de um processo obrigacional complexo. Não se pode avaliar a formação do contrato de forma estática e atomista, é fundamental a avaliação dinâmico-comportamental das partes.[132]

---

[130] PEREIRA, Caio Mário da Silva. Atualizador TEPEDINO, Gustavo. **Responsabilidade civil.** 11 ed., Rio de Janeiro: Forense, 2016, pp. 388-390

[131] "O discurso, ou que mova o direito em direção à economia ou que volte desta em direção àquele, sempre se entrelaça à decisão política, à tomada de posições sobre os interesses em jogo. A escolha dos interesses merecedores de proteção, e dos interesses destinados ao sacrifício, não se confia a critérios objetivos ou a leis naturalísticas, mas ao querer humano. Quando os "liberistas da cátedra" invocam as leis naturais da economia, ou a neutralidade do mercado, e pretendem que o direito a elas se adeque e conforme; não sabem (ou sabem muito bem) estar exercitando a nua e pura política, amiga ou inimiga de outras visões da vida e da sociedade. Fora da política ninguém pode sair, nem mesmo quem professe a antipolítica do tecnicismo e das competências profissionais. À famosa frase de Walther Rathenau, ser hoje o destino não mais a política mas a economia, Carl Schmitt se opôs com perspicaz sutileza: "Seria mais correto dizer que, agora como antes, o destino continua a ser representado pela política, mas que, no entanto, somente aconteceu que a economia se tornou algo 'político' e, entrementes ela também se tornou 'destino'". Não é por isso que se deve entender que ao pan-economicismo (ao qual igualmente se reconduzem a ideologia de mercado e a filosofia de Marx) se contraponha uma espécie fria de panjuridicismo: mas mais do que tudo, a um e ao outro, a séria vontade da política, a qual, expressando-se em normas de direito, determina as históricas e mutáveis formas da economia." IRTI, Natalino. Direito e economia. **Revista de Direito Privado,** v. 62, pp. 13-20, Abr-Jun/2015. Disponível em: <http://revistadostribunais. com.br/maf/app/resultList/document?&src=rl&srguid=i0ad6adc500000158c4b9f4e28cf44 c96&docguid=I9d334120197811e5a9d8010000000000&hitguid=I9d334120197811e5a9d80 10000000000&spos=2&epos=2&td=4&context=6&crumb-action=append&crumb-label= Documento&isDocFG=false&isFromMultiSumm=&startChunk=1&endChunk=1> Acesso em: 01.dez.2016. (Paginação da versão eletrônica difere da versão impressa)

[132] "Com efeito, insistindo na formulação de uma teoria geral que aborde o contrato como um fenômeno monolítico, a crítica ao modelo clássico não consegue libertar-se de uma das mais

No entanto, quando temos uma relação puramente civil, e utilizando da mesma situação hipotética acima apontada, a análise deve ser realizada com maior cautela e proteção a parte econômica ou tecnicamente mais fraca. Ao analisar o comportamento das partes, é possível chegar à conclusão de que a necessária aplicação do princípio da proporcionalidade pode suplantar a eventual omissão de uma das partes na adequada análise de viabilidade do negócio jurídico contratual. Tratar-se-ia da aplicação do princípio da autonomia privada e da força vinculante do contrato em sua mediana expressão (dinâmica da autonomia privada média conforme tópico 3.5.2 *infra*).

Finalmente, ao analisarmos as situações contratuais de relação de consumo, e utilizando-se da mesma situação hipotética acima apontada, porém considerando o reconhecimento de uma relação de consumo, a análise deve ser realizada com total cautela e proteção à parte econômica ou tecnicamente mais fraca. Igualmente deve ser observada a aplicação do princípio da proporcionalidade como forma de superar a omissão de uma das partes na adequação da análise de viabilidade do negócio jurídico contratual.

No entanto, especificamente quanto às relações de consumo, deve-se destacar que as cláusulas contratuais serão, em regra, interpretadas em benefício do consumidor[133], justamente por ser presumivelmente considerado como parte vulnerável. Não é diferente o posicionamento da respeitada doutrina de Judith Martins-Costa, vejamos:

> Porém, é preciso ter presente que as funcionalidades específicas que a boa-fé adquiriu no domínio das relações de consumo advêm da conexão com pressupostos, presunções e princípios do CDC (nomeadamente, o pressuposto da vulnerabilidade e os princípios do equilíbrio contratual e da interpretação *pro consumidor*), bem como da própria razão de ser da legislação consumerista: esta não faria sentido se não fosse a efetiva e real *assimetria de poderes sociais* existentes entre consumidores e fornecedores no mercado de consumo. [...] É verdade que em algumas decisões a boa-fé foi direcionada *contra* a pretensão

importantes marcas daquele modelo: a concepção abstrata e só por isso unitária do contrato. A questão é falsa, pois tanto os autores que postulam a existência de um novo paradigma como aqueles que a rejeitam podem estar ambos cheios de razão, a depender do tipo de contrato em mira." NEGREIROS, Teresa. **Teoria do Contrato: novos paradigmas.** 2 ed. Rio de Janeiro: Renovar, 2006, pp. 300-301

133 CDC 47 "As cláusulas contratuais serão interpretadas de maneira mais favorável ao consumidor".

O NEGÓCIO JURÍDICO CONTRATUAL E SEUS PRINCÍPIOS

deduzida em juízo pelo consumidor que agiria deslealmente, entendendo--se, de modo correto, que o princípio impõe a *ambos* os partícipes da relação jurídica obrigacional os deveres de lealdade e correção de condutas.[134]

Tratando-se de sistema legal nitidamente protetivo, especialmente em face da "assimetria de poderes sociais", contido na relação de consumo, e afastadas as hipóteses de "deslealdade" ou "abuso do direito" do próprio consumidor, deve-se interpretar tais relações contratuais com moderação e cuidado quanto a parte considerada vulnerável. Para esta hipótese, teremos a necessária aplicação do princípio da autonomia privada e da força vinculante do contrato em sua mínima expressão (dinâmica da autonomia privada mínima conforme tópico 3.5.3 *infra*).

Igualmente a análise econômica do direito deve ser considerada, não podendo ser desprezadas as consequências econômicas e finalistas quanto a regra de interpretação e seus reflexos perante toda a sociedade, contextualizados por alguns exemplos apresentados ao longo da presente tese.[135]

Como destaca Fernando Araújo, a análise econômica do contrato, tanto nos países de *Civil Law* como de *Common Law*, não mais desprezam a cláusula geral da boa-fé dada a importância e a relevância da temática perante a sociedade, a cultura e a sua necessária observância[136]. Essa evolução que resulta na aplicação conjunta da análise econômica e da boa-fé objetiva, ambas devem ser compreendidas e avaliadas com equilíbrio e interdependência compondo um sistema de pesos e contrapesos. O mesmo autor propõe que a análise econômica do contrato seja avaliada tanto no *plano do cumprimento*, como no *plano da tutela* jurídica do contrato conforme segue:

---

[134] MARTINS-COSTA, Judith. Os campos normativos da boa-fé objetiva: as três perspectivas do direito privado brasileiro. *In* **Princípios no novo Código Civil Brasileiro e outros temas: homenagem a Tullio Ascarelli.** AZEVEDO, Antonio Junqueira de. TÔRRES, Heleno Taveira. CARBONE, Paolo (Coord.). São Paulo: Quartier Latin, 2008, pp. 396-397

[135] Na contextualização da temática foi demonstrado que toda a sociedade acaba pagamento um valor superior por litro de gasolina em decorrência do dirigismo contratual imposto pelo PROCON ao determinar que a cobrança com cartão de crédito seja no mesmo valor que o pagamento em dinheiro ou cheques. Em igual sentido é a atual situação dos sistemas de saúde privada que nos últimos anos acabou por excluir mais de dois milhões de pessoas do sistema privado de saúde em decorrência da elevação dos valores e interrupção dos planos de saúde individual, fatores estes que tem direta relação com a intervenção do Poder Judiciário ao determinar a inclusão de procedimentos não previstos inicialmente nos cálculos atuariais.

[136] ARAÚJO, Fernando. **Teoria económica do contrato.** Coimbra: Almedina, 2007, pp. 570-583

A análise económica evidenciou durante muito tempo uma quase completa indiferença pelo tema da boa fé contratual, espelhando aliás, fielmente uma insensibilidade ao assunto muito característica da família de '*Common Law*'; isso deixou de ser assim quando no seio do '*Common Law*' o tema começou a ganhar importância, a ponto de haver já quem o considera um dos pilares dos sistemas jurídicos anglo-saxónicos, ou pelo menos aponte para a sua consagração em instrumentos normativos de âmbito mais amplo. [...] De seguro, há por ora apenas o reconhecimento consensual de que a boa fé contratual pode desempenhar funções de '*excluder*', de barreira contra condutas que possam considerar-se de má fé, funções 'expressivas' de consolidação de práticas de 'honestidade' e de 'razoabilidade' – como se julga ser alcançável através do reconhecimento generalizado do '*implied covenant of good faith*' –, ou ainda funções de resguardo contra intervenções externas que pudessem pôr em causa benefícios legitimamente alcançados pelas partes. Dada a proeminência dos valores da eficiência, compreende-se que, da perspectiva económica, o recurso ao princípio da boa fé reclame uma distinção entre o plano do *cumprimento* do contrato e o plano da *tutela jurídica* do contrato: o plano do *cumprimento* centrando-se nos benefícios esperados pela parte credora em troca do seu investimento no contrato (o seu 'interesse contratual positivo' ou 'interesse de cumprimento', a sua 'expectation'); o plano da *tutela jurídica* do contrato recobrindo todos os recantos dos incidentes da vida do contrato e do próprio incumprimento, centrando-se nos meios predispostos para dissuadir o incumprimento, ou para compensar o credor face a esse incumprimento.[137]

Portanto, na aplicação da função interpretativa da boa-fé objetiva não se deve deixar de lado a necessária análise sobre qual relação contratual estará circunstanciada, ou seja, se em relações empresariais, relações puramente civis (ou de direito comum na expressão de Judith Martins-Costa) ou nas relações de consumo. Para cada relação contratual (empresarial, civil e consumo), deve-se igualmente avaliar o comportamento e a dinâmica do processo obrigacional desenvolvido e praticado pelas partes com consequências diretamente relacionadas com a análise econômica do contrato, uma vez que para cada situação há uma realidade econômico-social-jurídica diversa, resultando em uma maior ou menor gradação do princípio da autonomia privada e da força obrigatória dos contratos.

---

[137] ARAÚJO, Fernando. **Teoria económica do contrato.** Coimbra: Almedina, 2007, pp. 570-571

O NEGÓCIO JURÍDICO CONTRATUAL E SEUS PRINCÍPIOS

A *função integrativa*[138] é verificada nas situações de necessidade do preenchimento do conteúdo lacunoso e incompleto[139] dos contratos que envol-

[138] "[...] interpreta-se manifestação de vontade (declarativa ou adeclarativa). Portanto, interpreta-se 'algo' (texto, conduta) que objetivamente existe, por vezes, até mesmo o silencia, em busca de determinar-se o mais precisa e fielmente possível, o conteúdo negocial. [...] E integra-se o que está vazio, lacunoso, incompleto, o que é carente de presença de algo que lá deveria estar. [...] para os que enfatizam o contrato como produto da autorregulação dos interesses privados, as modificações introduzidas no regulamento privado hão de ser procedidas por via da interpretação, apenas. Já para os que perspectivam o contrato também como fato social, construído em função das exigências das trocas econômicas e de específicas formas de produção econômica (inclusive aquela de nossos dias, baseada na produção em massa), a integração, meio técnico pelo qual o intérprete apela a fontes heterônomas, se justificará, relativizando-se o poder jurisgênico da autonomia privada. Os contratos constituem, ao mesmo tempo, atos de autorregulamentação de interesses e fatos sócias, que podem inclusive, ultrapassar, por efeito reflexo e para certas e delimitadas consequências, a esfera das partes, atingindo terceiros; podem implementar políticas públicas, como, *e.g.*, a da previdência privadas; podem concernir a interesses da inteira sociedade, como, exemplificativamente, um contrato 'EPC' para a construção de usina produtora de energia elétrica que vá beneficiar toda uma região do país. Consequentemente, a extensão da aplicação de ambos os instrumentos do intérprete – interpretação e integração –, sendo mais ou menos intensa, deverá considerar a efetiva realidade do contrato. A questão reside em perceber as ênfases: a extensão da intervenção heterônoma por via dos procedimentos integrativos será maior naqueles contratos em que menor foi a possibilidade de exercício do poder de autorregulamentação dos interesses privados ou naqueles em que interesses transindividuais estão envolvidos." MARTINS-COSTA, Judith. **Boa-Fé no Direito Privado – critérios para a sua aplicação**. São Paulo: Marcial Pons, 2015, pp. 511-512. Fernando Noronha realiza a mesma dicotomia apontada por Judith Martins-Costa, porém utiliza-se das nomenclaturas "relação obrigação simples" e "relação obrigacional complexa ou sistêmica". Adotaremos ao longo do presente estudo a nomenclatura proposta por esse autor. NORONHA, Fernando. **O direito dos contratos e seus princípios fundamentais: autonomia privada, boa-fé, justiça contratual**. São Paulo: Saraiva, 1994, pp. 157-160

[139] "Incompleteness of contracts opens the door to a theory of ownership. In particular, when contracts are incomplete, it is no longer the case that any rights conferred by ownership can necessarily be contracted away (except by undoing the ownership itself). This observation, of course, does not tell us what the rights of ownership are; however, it does reassure us that we may be able to develop a theory where ownership plays a non-trivial role. In order to understand what the rights of ownership might be, it is useful to introduce the notion of residual rights of control. The idea is that if the contract the parties write is incomplete, there must be some mechanism by which the gaps are filled in as time passes." HART. Oliver. **Incomplete contracts and the theory of the firm.** Working paper department of economics. n. 448, Massachusetts: MIT – Massachusetts Institute of Technology, maio/1987, p. 6 (Disponível em: <https://dspace.mit.edu/bitstream/handle/1721.1/63736/incompletecontra00hart2.pdf?sequence=1> Acesso em 02.dez.2016

vem relações que visam apenas determinar o regramento dos interesses privados[140]. "Como cláusula geral que é, a boa-fé objetiva tem uma *função produtiva*, isto é, mostra-se capaz de produzir *normas heterônomas* que são 'detectadas' pelo juiz à vista de determinadas situações típicas."[141]

A *função integrativa* é, portanto, uma *função produtiva* de normas jurídicas não previstas no contrato originário, no sentido de que o negócio jurídico contratual não se resume a apenas uma relação de crédito e débito descrita em determinado instrumento contratual. Especialmente nos contratos de longo prazo (trato sucessivo e execução continuada), a relação contratual é dinâmica, duradoura e diretamente influenciada pelo comportamento das partes e pelas circunstâncias que ocorrerão ao longo da execução do contrato (*v.g.* elevação do custo da transação, alteração das alíquotas tributárias, índices inflacionários, taxa do câmbio, ruptura da base objetiva do negócio jurídico etc.). Em tais situações e tendo-se a consciência de que se trata de uma relação obrigacional complexa,[142] cabe à função integrativa da boa-fé objetiva criar deveres acessórios ou laterais[143] de conduta e

---

[140] "Numa perspectiva económica, no preenchimento das lacunas, o direito deve estabelecer normas supletivas eficientes, normas que levem a que dos recursos seja extraído o maior valor. O teorema de Coase diz-nos que, na ausência de custos de transação, a livre negociação entre as partes, resultaria precisamente nesse resultado. Portanto, o que as normas supletivas devem fazer é dar aos recursos a afetação que as partes lhes dariam na ausência de custo de transação." RODRIGUES, Vasco. **Análise económica do direito: uma introdução.** 2 ed., Coimbra: Almedina, 2016, p. 145

[141] MARTINS-COSTA, Judith. Os campos normativos da boa-fé objetiva: as três perspectivas do direito privado brasileiro. *In* **Princípios no novo Código Civil Brasileiro e outros temas: homenagem a Tullio Ascarelli.** AZEVEDO, Antonio Junqueira de. TÔRRES, Heleno Taveira. CARBONE, Paolo (Coord.). São Paulo: Quartier Latin, 2008, pp. 400

[142] "Quanto se considera a relação obrigacional complexa, olha-se a situação na sua totalidade, considerando direitos, deveres, poderes, ônus e faculdades, digam ou não respeito a prestações exigíveis de uma ou outra parte. Olhando a questão apenas do ângulo dos contratos, que são as únicas relações obrigacionais que interessam para o nosso estudo, desse ponto de vista globalizante fica claro que um contrato é normalmente composto por um conjunto de direitos, deveres, poderes e faculdades, que se ligam às respectivas partes, formando uma constelação de múltiplas situações jurídicas." NORONHA, Fernando. **O direito dos contratos e seus princípios fundamentais: autonomia privada, boa-fé, justiça contratual.** São Paulo: Saraiva, 1994, pp. 157-158

[143] Antunes Varela trata como deveres principais ou típicos e deveres secundários da prestação, dentre eles, os deveres acessórios de conduta. ANTUNES VARELA, João de Matos. **Das obrigações em geral.** v. I, 10 ed. 5 reimpressão da edição de 2000, Coimbra: Almedina, 2008, pp. 118-128

complementar o contrato conforme o comportamento das partes envolvidas (interesses contratuais positivos e negativos[144]). "[A]a boa-fé impõe a observância também de muitos outros deveres de conduta, que vêm sendo evidenciados a partir da análise da obrigação de uma perspectiva sistêmica, ou globalizante."[145]

Tratando-se de obrigação relacional complexa, a aplicação da cláusula geral da boa-fé objetiva (vale lembrar, na acepção *et al.* de Rosa Nery e Nelson Nery, trata-se de norma jurídica)[146] por meio de sua *função integrativa*, resultando em uma real criação de deveres de conduta que "se designam de deveres acessórios, laterais ou correlatos"[147]. No mesmo sentido:

> Em decorrência da boa-fé objetiva é que surgem os denominados deveres correlatos, conexos ou laterais. São deveres que, embora não digam respeito diretamente ao cumprimento da prestação, relacionam-se à conduta que se exige do contratante para preservar interesses do outro contratante, tais como o de informá-lo corretamente, colaborar com o cumprimento da contraprestação, preservá-lo de despesas desnecessárias etc., Tudo, enfim, que represente uma conduta solidária e de cooperação. A regra permitirá que a atuação jurisdicional leve em conta o comportamento dos contratantes e, descumprido o dever de se comportar segundo o homem ideal, identificar nestas condutas inadimplemento contratual apto a obrigá-lo a indenizar, a cumprir adequadamente ou mesmo a resolver o contrato. [...] Esta conduta, imposta a ambos os contratantes, implicará cooperação com os interesses alheios, a fim de que

---

[144] PINTO, Paulo Mota. **Interesse contratual negativo e interesse contratual positivo.** v. I e II. Coimbra: Coimbra Editora, 2008, 1901 p.

[145] NORONHA, Fernando. **O direito dos contratos e seus princípios fundamentais: autonomia privada, boa-fé, justiça contratual.** São Paulo: Saraiva, 1994, p. 157

[146] NERY, Rosa Maria de Andrade; NERY JUNIOR, Nelson. **Instituições de direito civil: direito das obrigações.** v II. São Paulo: Editora Revista dos Tribunais, 2015, pp. 122-123

[147] "[...] há que distinguir na obrigação em geral, e na relação contratual em especial, deveres de prestação e meros deveres de conduta. Os primeiros traduzem-se em prestações exigíveis e subdividem-se em deveres primários e secundários. Os outros, também chamados de deveres acessórios, ou laterais, não dizem respeito a prestações específicas, revelando-se apenas na medida em que sejam necessários para a realização das finalidades da própria relação obrigacional." NORONHA, Fernando. **O direito dos contratos e seus princípios fundamentais: autonomia privada, boa-fé, justiça contratual.** São Paulo: Saraiva, 1994, p. 160. No mesmo sentido é o posicionamento de Antunes Varela ao tratar dos deveres acessórios de conduta. ANTUNES VARELA, João de Matos. **Das obrigações em geral.** v. I, 10 ed. 5 reimpressão da edição de 2000, Coimbra: Almedina, 2008, pp. 125-128

ambos possam contar com a solidariedade do outro na consecução dos seus propósitos contratuais. Neste comportamento idealizado, insere-se a exigência de lealdade e solidariedade.[148]

Os deveres acessórios ou laterais são reconhecidos pela doutrina majoritária como tripartidos[149] em (i) *deveres de proteção* ("Os deveres acessórios de proteção constituem a versão actuante na vigência de um contrato das adstrições pré-contratuais [...] [P]por eles, considera-se que as partes, enquanto perdure um fenómeno contratual, estão ligadas a evitar que, no âmbito desse fenómeno, sejam infligidos danos mútuos, nas suas pessoas ou nos seus patrimónios."[150])[151], (ii) *deveres de esclarecimento* ("Os deveres acessórios de esclarecimento obrigam as partes a, na vigência do contrato que as une, informarem-se mutuamente de todos os aspectos atinentes ao vínculo, de ocorrências que, com ele, tenham certa relação e, ainda, de todos os efeitos que, da execução contratual, possam advir"[152])[153] e (iii) *deveres de lealdade* ("Os deveres acessórios de lealdade, obrigam as partes a, na pendência contratual, absterem-se de comportamentos que possam falsear o objectivo do negócio ou desequilibrar o jogo das prestações por elas consignado."[154])[155].

[148] BDINE Jr., Hamid Charaf. Jurisdicionalização dos contratos. *In* PEREIRA Jr., Antônio Jorge; JABUR, Gilberto Haddad. **Direito dos Contratos.** São Paulo: Quartier Latin e Centro de Extensão Universitária, 2006, p. 94

[149] NORONHA, Fernando. **O direito dos contratos e seus princípios fundamentais: autonomia privada, boa-fé, justiça contratual.** São Paulo: Saraiva, 1994, p. 162-165

[150] MENEZES CORDEIRO, Antônio Manuel da Rocha e. **Da Boa Fé no Direito Civil.** Coimbra: Almedina, 2007, p, 604

[151] Sobre o tema, ver também: CARNEIRO DA FRADA, Manuel António de Castro Portugal. **Contrato e deveres de proteção.** Coimbra: Suplemento ao Boletim da Faculdade de Direito da Universidade Coimbra e Editora Almedina. 1994.

[152] MENEZES CORDEIRO, Antônio Manuel da Rocha e. **Da Boa Fé no Direito Civil.** Coimbra: Almedina, 2007, p, 605

[153] Sobre o tema, ver também: AGUIRRE, João Ricardo Brandão. **Responsabilidade e informação – efeitos jurídicos das informações, conselhos e recomendações entre particulares.** São Paulo: Editora Revista dos Tribunais, 2011. LISBOA, Roberto Senise. **Obrigação de informar.** São Paulo: Almedina, 2012.

[154] MENEZES CORDEIRO, Antônio Manuel da Rocha e. **Da Boa Fé no Direito Civil.** Coimbra: Almedina, 2007, p, 606

[155] Sobre o tema, ver também: CARNEIRO DA FRADA, Manuel António de Castro Portugal. **Teoria da Confiança e Responsabilidade Civil.** Coimbra: Almedina, 2007. LISBOA, Roberto Senise. **Confiança contratual.** São Paulo: Atlas, 2012

O NEGÓCIO JURÍDICO CONTRATUAL E SEUS PRINCÍPIOS

A existência desses deveres permite ao juiz o controle do conteúdo do contrato e do comportamento dos participantes da relação. Nos contratos em que se caracterizar a superioridade intelectual, econômica ou profissional de uma parte e principalmente nos contratos de adesão, com suas condições gerais de negócios, é comum a necessidade de se invocar o princípio da boa-fé para a eventual suspensão da eficácia do primado da autonomia da vontade, a fim de se rejeitar cláusula abusiva ou imposta sem o devido esclarecimento de seus efeitos, principalmente no tocante à redução da responsabilidade do estipulante ou à limitação de vantagens do aderente.[156]

"O Direito é um processo consciente de resolver casos concretos"[157] de forma que, a *função integrativa*, também tem por objetivo adequar os interesses privados das partes contratantes aos interesses de terceiros, evitando-se reflexos negativos na sociedade ou na coletividade de pessoas atingidas por cada relação contratual. A sua função da boa-fé objetiva será exponencialmente ampliada para mitigar a aplicação do princípio da autonomia privada e dos interesses privados – intervenção heterônoma em benefício do socialmente aceitável conforme será verificado no próximo tópico. "Para isso, cláusulas gerais – e, muito especificamente a da boa-fé – tem função integrativa, servindo para identificar outros deveres, outras proibições que não aquelas postas explicitamente pelas partes ou previstas na disciplina legislativa específica do tipo contratual (legal ou social) em causa."[158]

Finalmente, a *função corretora* da boa-fé objetiva (também conhecida como *função de controle ou função limitadora*) representa uma forma de controle dos deveres acessórios, laterais ou anexos quanto ao comportamento das partes durante a dinâmica do processo obrigacional, controle esse que tem por objetivo afastar eventual ilicitude no exercício dos direitos e de comportamentos contraditórios a justa expectativa imbuída à outra parte. "É no âmbito dessa função limitadora do princípio da boa-fé objetiva que

---

[156] AGUIAR JUNIOR, Ruy Rosado de. **Comentários ao Novo Código Civil – da extinção dos contratos arts. 472 a 480**. TEIXEIRA, Sálvio de Figueiredo (Coord.). v. VI, t. II, Rio de Janeiro: Forense, 2011, pp. 95-96

[157] MENEZES CORDEIRO, Antônio Manuel da Rocha e. **Da Boa Fé no Direito Civil.** Coimbra: Almedina, 2007, p, 609

[158] MARTINS-COSTA, Judith. **Boa-Fé no Direito Privado – critérios para a sua aplicação**. São Paulo: Marcial Pons, 2015, p. 513

AUTONOMIA PRIVADA E A ANÁLISE ECONÔMICA DO CONTRATO

são estudadas as situações de *venire contra factum proprium* (teoria dos atos próprios), *suppressio, surrectio, tu quoque*."[159]

A boa-fé atua fortemente no exercício jurídico e, nesse sentido, pode atuar no controle do próprio conteúdo contratual bem como no comportamento das partes na sua execução. O Código Civil a situa mesmo como critério para definir a *ilicitude* no modo de exercício de direitos, poderes e faculdades, quando este se apresentar disfuncional, irregular ou abusivo. [...] A noção legalmente estabelecida de ilicitude civil recobre, portanto, não apenas a ilicitude subjetiva, isto é, o ato (doloso ou culposo, voluntário, negligente ou imprudente; comissivo ou omissivo) que viola direito e causa dano a outrem (art. 186), mas igualmente a chamada 'ilicitude objetiva' – porque independente de intenção emulativa – configurada no exercício inadmissível ou disfuncional de posições jurídico-subjetivas. [...] De forma genérica é possível afirmar que, na caracterização da ilicitude no modo de exercício de direitos e posições jurídicas, atua a boa-fé para manter um nível de colaboração impeditivo da manifestação dos comportamentos oportunistas, disfuncionais à racionalidade econômico-empresarial do contrato concretamente considerado. [...] Serve, também para, repelindo condutas lealmente contraditórias, assegurar o respeito às legítimas expectativas, o que é fundamental para a previsibilidade das condutas empresariais e uma adequada avaliação dos riscos a serem assumidos ou evitados.[160]

Vale observar que, a cláusula geral da boa-fé objetiva com a sua tríplice função (interpretativa, integrativa e corretiva), não tem por escopo eliminar ou reduzir a importância dos negócios jurídicos contratuais, muito pelo contrário, ela acaba por confirmar a validade e eficácia de tais negócios jurídicos, porém, servirá de justa medida para restabelecer o equilíbrio contratual e a proporcionalidade, afastando as ultrapassadas posições individualistas típicas das codificações ditas oitocentistas, conforme visto linhas atrás.

---

[159] AGUIAR JUNIOR, Ruy Rosado de. *In* TEIXEIRA, Sálvio de Figueiredo (Coord.). **Comentários ao Novo Código Civil – da extinção dos contratos arts. 472 a 480**. v. VI, t. II, Rio de Janeiro: Forense, 2011, p. 100

[160] MARTINS-COSTA, Judith. Critérios para aplicação do princípio da boa-fé objetiva (com ênfase nas relações empresariais). *In* MARTINS-COSTA, Judith. FRADERA, Véra Jacob de (Org.) **Estudos de direito privado e processual civil em homenagem a Clóvis do Couto e Silva**. São Paulo: Editora Revista dos Tribunais, 2014, p. 213-215

O NEGÓCIO JURÍDICO CONTRATUAL E SEUS PRINCÍPIOS

Entretanto, é inequívoco que o modelo tradicional de contrato não mais atende às aspirações e necessidades da sociedade atual. Com o advento do sistema de direito privado celebrado pelo Código Civil de 2002, a relação contratual sem equilíbrio, iníqua, celebrada com ausência de boa-fé, não é considerada válida, ainda que invocado o argumento de que existe a autonomia privada e as partes são livres para contratar; ainda que chamado à baila o princípio da força vinculante do contrato. [...]

Já pudemos nos manifestar no sentido de que o princípio da autonomia privada ainda é um dos fundamentos do Direito Civil, mas já não é um dogma intocável, em razão da necessidade de se enfrentar o vínculo obrigacional sob o seu aspecto objetivo, de proporção de prestações. Naquela oportunidade, dissemos que 'já não basta para a dogmática jurídica afirmar que o sujeito quis e quis livremente algo. É necessário que no contexto daquilo que quis livremente haja ocasião para que ele possa ter o direito de ser compelido a dar, fazer ou não fazer algo nos limites daquilo que era razoável supor como consequência natural de seu querer.[161]"[162]

Evidenciam-se pelas lições acima apontadas que a cláusula geral da boa-fé objetiva é um dever de conduta das partes capaz de gerar deveres anexos ou laterais, deveres estes que, uma vez não observados permitem ao intérprete da atuação jurisdicional corrigir os rumos da dinâmica do processo obrigacional.

Porém, tal medida deve levar em conta a equidade da estrutura da base objetiva e da base subjetiva do negócio jurídico como elemento de garantia da aplicação do princípio da proporcionalidade e da manutenção do equilíbrio econômico contratual.

Em última análise, à medida do possível, conforme regras de ordem pública, deverá ser preservada a estrutura econômica do negócio jurídico contratual sob pena de causar prejuízo às partes contratantes e aos ter-

---

[161] NERY, Rosa Maira de Andrade. **Vínculo Obrigacional: relação jurídica de razão (técnica e ciência de proporção) – uma análise histórica e cultural.** Tese de Livre-Docência em Direito Civil, São Paulo: Departamento de Direito Civil, Processual Civil e do Trabalho, Faculdade Paulista de Direito da Pontifícia Universidade Católica de São Paulo, 2004, p. 239 *Apud* NERY, Rosa Maria de Andrade; NERY JUNIOR, Nelson. **Instituições de direito civil: teoria geral do direito privado.** v I, t I. São Paulo: Editora Revista dos Tribunais, 2014, p. 545-546

[162] NERY, Rosa Maria de Andrade; NERY JUNIOR, Nelson. **Instituições de direito civil: teoria geral do direito privado.** v I, t I. São Paulo: Editora Revista dos Tribunais, 2014, p. 544-546

ceiros que poderão ser prejudicados com a prática de um maior custo de transação e respectiva formação dos preços de produtos e serviços postos à disposição da sociedade.[163]

2.4. A cláusula geral da função social do contrato e a limitação da liberdade de contratar

> Defender o Direito a todo o custo, não é necessariamente defender a norma a todo o custo. É defender o homem a todo o custo, valor supremo da razão de ser do Direito.[164]

A cláusula geral da função social do contrato prevista no artigo 421 do Código Civil de 2002 representa "dispositivo pioneiro nos sistemas de direito privado ocidental. Não há nenhum outro código civil que tenha adotado a cláusula geral da função social dos contratos como limitadora e fundadora da liberdade de contratar."[165]

Franz Wieacker apresente interessante relato quanto a evolução do direito privado moderno, especialmente quanto a incorporação do princípio da solidariedade ao sistema do direito obrigacional, sendo a sua manifestação no seguinte sentido:

---

[163] Cumpre destacar que na proposta de constituição de uma legislação europeia única para o direito dos contratos, originalmente denominada de Princípios de Direito Europeu dos Contratos, foi igualmente prevista a cláusula geral da boa-fé objetiva. "La consagración del principio general de buena fe. El art. 1.201 dice, lacónicamente, que las partes deben actuar de acuerdo con la buena fe y con la lealtad, y que este deber no puede ser excluido ni limitado por ellas, en los pactos o estipulaciones que celebren. El art. 1.201 guarda un estrecho parentesco con el parágrafo 242 del Código civil Alemán, recogidas más tarde en el art. 6.2 del Código civil holandés y en len art. 262 del Código civil portugués. Se trata de una idea, ya muchas veces explicada, que há servido para introducir suavización y conrrección en una inteligência demasiado estricta del principio de *pacta sunt servanda* introduciendo modalizaciones que puedan venir exigidas por las circunstancias del caso concreto. Se trata tambíen de uma fórmula que permite introducir uma certa dosis de moralización en la creación y em el desenvolvimiento de los contrato." DÍEZ-PICAZO, Luis; TRIAS, E. Roca; MORALES, A. M. **Los princípios del Derecho europeo de contratos.** Madrid: Civitas Ediciones, 2002, p. 155
[164] NERY, Rosa Maria de Andrade; NERY JUNIOR, Nelson. **Instituições de direito civil: teoria geral do direito privado.** v I, t I. São Paulo: Editora Revista dos Tribunais, 2014, p. 302
[165] NERY JUNIOR, Nelson. NERY, Rosa Maria de Andrade. **Código Civil comentado.** 11 ed., São Paulo: Editora Revista dos Tribunais, 2014, p. 795

O NEGÓCIO JURÍDICO CONTRATUAL E SEUS PRINCÍPIOS

[...] atenuou-se progressivamente a separação nítida, característica do estado constitucional do século XIX entre os poderes públicos e a sociedade dos sujeitos privados, entre o direito e a atividade económica. Entre os particulares e os estados introduzem-se os poderes legítimos e ilegítimos dos grupos, poderes que se tornaram a sede e a origem do direito social. O *pathos* da sociedade hoje, comprovado em geral por uma análise mais detida das tendências dominantes da legislação e da aplicação do direito, é o da *solidariedade*: ou seja, da responsabilidade, não apenas dos poderes públicos, mas também da sociedade e de cada um dos seus membros individuais, pela existência social (e mesmo cada vez mais pelo bem-estar) de cada um dos outros membros da sociedade. [166]

A cláusula geral da função social ainda demanda um contínuo estudo, justamente por ser um elemento relativamente novo de interpretação contratual e mitigação da autonomia privada, pois, embora existam diversos estudos monográficos e inúmeros artigos científicos acerca do tema, não há uma definição clara de sua abrangência e limite de atuação. Parte da doutrina é mais adepta às questões econômicas e acaba por analisar a função social diretamente vinculada a geração e circulação de riquezas. Outra parte foca em um critério relacionado ao bem comum, e finalmente, uma terceira corrente busca o almejado equilíbrio contratual. Identificamos outros critérios diretamente relacionados com a função social, como a dignidade da pessoa humana, a saúde pública e o meio-ambiente. Para efeitos desta tese, entende-se que as três funções (econômico-social para geração e circulação de riquezas, bem comum e equilíbrio contratual) são igualmente relevantes e devem ser observadas, sempre com uma maior ou menor gradação de cada uma delas, conforme o caso concreto.

Quanto ao equilíbrio contratual, Cláudio Luiz Bueno de Godoy destaca que "[...] o solidarismo social ostenta um primeiro contorno, que vale para quaisquer das relações jurídicas, paritárias ou não, de, justamente, preservar uma substancial igualdade entre as pessoas, garantindo que suas contratações sejam justas e, mais, marcadas pelo padrão e exigência de colaboração entre os contratantes, assim socialmente úteis, enquanto palco de prestígio das escolhas valorativas do sistema"[167].

---

[166] WIEACKER, Franz. **História do direito privado moderno.** Tradução: António Manuel Botelho Hespanha. 2 ed., Lisboa: Fundação Calouste Gulbenkian, 1993, p. 718

[167] GODOY, Cláudio Luiz Bueno de. **Função Social do Contrato: os novos princípios contratuais.** São Paulo: Saraiva, 2004, p. 129 (Coleção Agostinho Alvim)

A análise dos princípios da proporcionalidade e do equilíbrio contratual serão melhor abordados no tópico 3.4 abaixo. Por enquanto, cabe trazer a lição de Rosa Maria de Andrade Nery e Nelson Nery Junior ao sintetizar a importância da proporcionalidade das prestações obrigacionais, nos seguintes termos:

> A busca da efetiva proporcionalidade das prestações devidas em virtude de obrigação assumida, *fruto do princípio da dignidade humana*, é o tema que: a) dá sustentáculo lógico ao debate em torno de princípios como o da solidariedade social e da boa-fé objetiva; b) é o mote estrutural de institutos como a *responsabilidade objetiva* e a *base objetiva do negócio*; c) é a forma como melhor se pode buscar a estruturação da denominada *função social do contrato*.[168]

Observe-se que a cláusula geral da função social, tal como a cláusula geral da boa-fé objetiva não anulam ou neutralizam o princípio da autonomia privada, muito pelo contrário, vêm a reforçar a sua validade e eficácia, porém, mediante o seu exercício de forma mitigada, observando o bem comum, a dignidade da pessoa humana e a socialidade prevista nos princípios norteadores do Código Civil. No mesmo sentido José Renato Nalini[169] e dos Enunciados 22 e 23 da I Jornada de Direito Civil promovida no Superior Tribunal de Justiça sob coordenação científica do Min. Ruy Rosado de Aguiar Júnior.[170]

[168] NERY, Rosa Maria de Andrade; NERY JUNIOR, Nelson. **Instituições de direito civil – direito das obrigações**. v II. São Paulo: Editora Revista dos Tribunais, 2015, p. 131
[169] "Foi-se o tempo em que vontade individual reinava absoluta e se impunha soberana na esfera contratual, até com desprezo à normatividade genérica. A liberdade de contratar, se não foi subtraída à instância da individualidade, foi ao menos debilitada. Subordina-se à função social. Reconhecimento explícito de que contratar é uma das formas de se servir à coletividade. Não é a satisfação do egoísmo senão estratégia de atender a aspirações comunitárias. Previsão tal, numa sociedade materialista, consumista e egoísta, pareceria destinada a soçobrar. Por isso é que a transformação da mentalidade do operador jurídico se mostra essencial." NALINI, José Renato. TEIXEIRA, Sálvio de Figueiredo (Coord.). **Comentários ao novo Código Civil** – v. XXII, Rio de Janeiro: Editora Forense, 2007, p. 76
[170] I Jornada de Direito Civil: **Enunciado 22** "Art. 421. A função social do contrato, prevista no CC 421, constitui cláusula geral, que reforça o princípio de conservação do contrato, assegurando trocas úteis e justas." **Enunciado 23** "Art. 421. A função social do contrato, prevista no CC 421, não elimina o princípio da autonomia contratual, mas atenua ou reduz o alcance desse princípio quando presentes interesses metaindividuais ou interesse individual relativo à dignidade da pessoa humana."

Conforme aponta Fernando Noronha[171], "[...] é no âmbito das obrigações negociais que importa examinar mais detidamente a questão da função social da obrigação. É aqui que se torna necessário assegurar uma apreciação do interesse do credor, em termos de utilidade social. Esse interesse tem de ser legítimo, por satisfazer uma necessidade socialmente valorada como *séria* e *útil*". Para a satisfação da "necessidade socialmente valorada" sustentamos em trabalho desenvolvido anteriormente[172], que a Função Social deve ser analisada com uma aplicabilidade focada para atender ao *Bem Comum*.

Até os dias atuais há uma constante busca em apontar e indicar uma conceituação clara para o Bem Comum, havendo nas diversas conceituações, pontos de contato e pontos de total dissonância, o que nos leva a concluir que Bem Comum deve ser analisado de uma forma objetiva para frente à cada caso concreto ou cada uma das situações a serem enfrentadas no dia-a-dia dos tribunais e da vida em sociedade, ou seja, o Bem Comum deve ser 'sentido' objetivamente como realizado ou alcançado o tanto quanto possível.

Para o estudo por uma definição do que seja o Bem Comum, pode-se partir de um aparente conflito entre a busca de uma satisfação puramente egocêntrica e individualista em oposição a busca de uma realização para o outro de forma altruísta, '[...] o homem se bate pelo equilíbrio entre o dar e o receber, pela harmonia entre a causa e o efeito, sustentado pela lógica-princípio da razão suficiente, da identidade, da não-contradição, da exclusão do terceiro. Não nos esqueçamos de que este sentido da proporção e da medida, além de um caráter intelectual, tem outro propriamente social, porque vivido com luta pela justiça, e a esta, como eixo da existência.'[173]

O aparente conflito na definição de Bem Comum (egocentrismo em oposição ao altruísmo), é igualmente ressaltado por Ives Gandra da Silva Martins Filho, para quem 'Essa perspectiva se justifica tendo em vista que

---

[171] NORONHA, Fernando. **Direito das obrigações: fundamentos do direito das obrigações: introdução à responsabilidade civil.** v. 1., 2 ed., São Paulo: Saraiva, 2007, p. 32

[172] REBOUÇAS, Rodrigo Fernandes. **Uma Análise do Mandamentos Constitucionais que Influem no Direito Obrigacional.** Revista do Instituto dos Advogados de São Paulo RIASP, v. 28, São Paulo: Revista dos Tribunais, jul.-dez. 2011.

[173] TODISCO, Orlando Pe. Dr. Fr. **Libertar a verdade – a modernidade antimoderna de João Duns Scotus.** Tradução: Frei Ary Estêvão Pintarelli. Revista Eclesiástica Brasileira, v. 68, Fasc. 272, outubro 2008, p. 845

a filosofia moderna, a partir do nominalismo e racionalismo cartesiano, e a filosofia contemporânea, em suas vertentes liberal-individualista ou social--coletivista, acabaram conduzindo a uma aparente dicotomia entre o bem comum e o bem individual [...]'[174]

Como solução à indefinição apontada acima, Ives Gandra da Silva Martins Filho propõem solução, indicando que o conceito de Bem Comum é objetivo, não devendo ser buscada uma forma subjetiva para sua aplicação, propondo que a alma do Bem Comum é a solidariedade, é a doação ao outro. É ao mesmo tempo individual e social para a busca de uma harmonia na existência, na coexistência e na convivência.

Assim, para compreender adequadamente o que é o Bem Comum como elemento norteador para a aplicação da função social no Direito Privado e nos Direitos Difusos e Coletivos, devem ser avaliados cinco critérios: (i) Finalidade no sentido aristotélico (qual o fim ou objetivo da coisa); (ii) Bondade (bondade é aquilo que à todos apetece); (iii) Participação (o bem é difusivo porque atua como causa final que exerce atração para que outros participem da sua bondade); (iv) Comunidade ('A participação implica uma comunidade entre os participantes em função do participado.' ou ainda 'Bem comum é o bem singular, considerado como parte de um todo.'[175] Ou, na expressão de Edgar Morin, 'O todo está na parte e a parte está no todo'[176]; e, (v) Ordem ('[...] uma comunidade não é um aglomerado de pessoas, mas um todo orgânico, com uma ordem entre as partes, onde deve imperar a harmonia e concórdia. 'Todas as coisas que existem aparecem ordenadas entre si, de modo que umas servem a outras. Mas as coisas que são diversas não conviveriam numa ordem comum se não houvessem sido ordenadas por algo uno'[177]').

Objetivamente deve ser verificada a coexistência cumulativamente dos cinco elementos acima propostos para nos aproximarmos do que seja a finalidade e o conceito de Bem Comum.

---

[174] MARTINS FILHO, Ives Gandra da Silva. **O princípio ético do bem comum e a concepção jurídica do interesse público.** Jus Navigandi, Teresina, ano 5, n. 48, 1 dez. 2000. Disponível em: <http://jus.uol.com.br/revista/texto/11>. Acesso em: 4 dez. 2010.

[175] MARTINS FILHO, Ives Gandra da Silva. Obra *cit.*

[176] MORIN, Edgar. **Introdução ao pensamento complexo.** 3 ed., Porta Alegre: Edgar Sulina., 2007, p. 75

[177] MARTINS FILHO, Ives Gandra da Silva. Obra *cit*

O NEGÓCIO JURÍDICO CONTRATUAL E SEUS PRINCÍPIOS

Justamente para afastar ideias mais "radicais" quanto a aplicação da função social sob a alegação de princípios socialistas buscaremos enfrentar a questão com a proposta de limites qualitativos e quantitativos[178] (princípio constitucional da proporcionalidade[179]) para a análise das relações que devem sofrer interferência estatal para garantir o Bem Comum sem maiores riscos de desestabilização do sistema econômico.

O Código Civil de 2002 ao trazer a figura da função social[180] do contrato[181] em seu artigo 421[182], assim o fez como uma verdadeira cláusula geral, ou seja, como 'normas orientadoras em forma de diretrizes, dirigidas precipuamente ao juiz, vinculando-o ao mesmo tempo em que lhe dá liberdade para decidir. As cláusulas gerais são formulações contidas na lei, de caráter significativamente genérico e abstrato, cujos valores devem ser

---

[178] MARTINS FILHO, Ives Gandra da Silva. Obra *cit.*

[179] MENDES, Gilmar Ferreira; COELHO, Inocêncio Mártires; BRANCO, Paulo Gustavo Gonet. **Curso de Direito Constitucional.** 4 ed., Saraiva, São Paulo, 2009, p. 357-371. "[...] o princípio em apreço assenta-se na idéia do Estado de Direito, tem-se a sua projeção não só para a relação entre o cidadão e o Estado, mas também para as relações entre os poderes. [...] Todavia, afigura-se inegável que, não raras vezes, a aplicação do princípio da proporcionalidade decorre da uma compreensão ampla e geral da ordem jurídica como um todo. [...] Essa solução parece irrepreensível na maioria dos casos, sobretudo naqueles que envolvem normas de conformação extremamente abertas (cláusulas gerais; fórmulas marcadamente abstratas.)"

[180] LOUREIRO, Francisco Eduardo. *In* PELUSO, Cezar (Coord.). **Código Civil Comentado.** 4 ed., Manole: Barueri, 2010, p. 1.199. "O termo social tem conteúdo aberto, podendo ser usado como sinônimo de expressões diversas, como *bem-estar, utilidade social, interesse social, fim social.* Como sintetiza Stefano Rodotá, todas as expressões reconduzem a um máximo social ['Proprietà (Diritto vigente)'. In: Novissimo Digesto italiano. Utet, Torino, 1957, p. 137]. É o meio de alcançar o estabelecimento de relações sociais mais justas, de promover a igualdade real."

[181] ROSENVALD, Nelson. *In* PELUSO, Cezar (Coord.). **Código Civil Comentado.** 4 ed., Manole: Barueri, 2010, p. 480. "O art. 421 inaugura o estudo dos contratos, demonstrando a imprescindível conjugação entre a liberdade contratual e o princípio constitucional da solidariedade (art. 3º, I, da CF). [...] A função social não coíbe a liberdade de contratar, como induz a dicção da norma, mas legitima a liberdade contratual. A liberdade de contratar é plena, pois não existem restrições ao ato de se relacionar. Porém, o ordenamento jurídico deve submeter a composição do conteúdo do contrato a um controle de merecimento, tendo em vista as finalidades eleitas pelos valores que estruturam a ordem constitucional."

[182] NERY JUNIOR, Nelson; NERY, Rosa Maria de Andrade. **Código Civil Comentado**, 7 ed., São Paulo: Editora Revista dos Tribunais, 2009, p. 938 "É princípio de ordem pública, que não pode ser revogado por vontade das partes. O CC 2035 par. ún. É expresso nesse sentido, ao dizer que nenhuma convenção pode prevalecer se contrariar preceitos de ordem pública, como é o caso da função social da propriedade e dos contratos (CC 421)."

preenchidos pelo juiz, autorizado para assim agir em decorrência da formulação legal da própria cláusula geral, que tem natureza de diretriz.'[183]

A aplicação da função social ao caso concreto deve ser analisada sob a ótica do conceito de Bem Comum proposto acima, ou ainda, o Bem Comum como forma de alcançar a Justiça, que na expressão de Miguel Reale significa:

> O bem, visto como valor social, é o que chamamos propriamente de justo, e constitui o valor fundante do Direito. Já em nossa tese sobre os *Fundamentos do Direito*, sustentamos duas proposições fundamentais: 1) – toda Axiologia tem como fonte o valor da pessoa humana; e, 2) – toda Axiologia *jurídica* tem como fonte o valor do *justo*, que, em última análise, significa a *coexistência harmônica e livre das pessoas segundo proporção e igualdade*. O valor próprio do Direito é, pois, a *Justiça* – não entendida como simples relação extrínseca ou formal, aritmética ou geométrica, dos atos humanos, mas sim como a unidade concreta desses atos, de modo a constituírem um *bem intersubjetivo* ou, melhor, *o bem comum*, realizável historicamente como uma exigência constante de intercomunicabilidade social.[184]

Portanto, quanto a função social como cláusula geral que garante ao juiz, na análise do caso concreto, certa 'liberdade' para decidir, temos que, esta 'liberdade' não é absoluta[185], devendo o julgador se afastar de concepções puramente subjetivas, políticas ou de convicção pessoal. Ao aplicar a função social, o juiz deve observar o Bem Comum a ser alcançado e a justiça ao caso concreto, observando os limites quantitativos e qualitativos do Bem Comum, ou seja, os princípios de adequação, da necessidade e da proporcionalidade, conforme acima destacado. Nesse sentido, cabe verificar a posição de Fernando Noronha:

---

[183] NERY Junior, Nelson *In* FRANCIULLI NETTO, Domingos; MENDES FERREIRA, Gilmar; MARTINS FILHO, Ives Gandra da Silva. (Coord.) **O Novo Código Civil – Homenagem ao Prof. Miguel Reale.** 2 ed. São Paulo: LTr, 2005, p.428

[184] REALE, Miguel. **Introdução à Filosofia.** 4 ed. São Paulo: Saraiva, 2007, p. 236

[185] WALD, Arnoldo. O Interesse Social no Direito Privado. *In* TIMM, Luciano Benetti; MACHADO, Rafael Bicca (Coord.). **Função social do Direito.** São Paulo: Quartier Latin, 2009, p. 55-56: "A função social é uma cláusula geral, inserida no Código Civil, que atribui ao juiz maior liberdade para assegurar a socialidade que permeia o novo diploma, sem, entretanto, constituir uma carta branca para que o magistrado decida ao arrepio da lei e de princípios sedimentados."

O interesse geral, o bem comum, constitui limite à realização dos interesses individuais, subjetivos, do credor. Quem se arroga a condição de credor tem necessariamente um qualquer interesse em que o devedor realize a prestação, mas, evidentemente, o direito não poderá tutelar interesses que porventura sejam fúteis, ou por outra forma estranhos ao bem comum. Para além dos interesses do credor, e transcendendo mesmo os interesses conjuntos do credor e do devedor, estão valores maiores da sociedade, que não podem ser afetados. [...] De resto, neste nosso tempo em que se insiste na necessidade de releitura do Direito Civil à luz dos princípios e das normas constitucionais (a este respeito falando-se em constitucionalização do Direito Civil e chegando-se a afirmar a existência de um Direito Civil Constitucional), não se pode esquecer que são as próprias Constituições que fazem questão de referir a função social dos direitos, fazendo-o em especial em relação ao direito de propriedade: ora, como diz Miguel Reale, 'o reconhecimento da função social do contrato é mero corolário dos imperativos constitucionais relativos à função social da propriedade e à justiça que deve presidir à ordem econômica'.[186]

Assim, 'a função social do contrato, que em nosso Direito passa a integrar o núcleo conceptual desta fonte das obrigações'[187], deve ser observada em relação às obrigações quanto ao seu plano da validade e eficácia dos negócios jurídicos[188], uma vez não atendido este requisito, o negócio jurídico poderá ser reconhecido como inválido, se não for visto como uma das hipóteses de conversão em outro negócio jurídico que atenda o interesse das partes (art. 170, CC).

É justamente neste sentido que Arnoldo Wald se expressa quanto a função social do contrato, ao estabelecer que:

Cumpre ainda observar um ponto relevante que é a proclamação, pela Constituição, logo no seu artigo 1º, da 'livre iniciativa' como um dos funda-

---

[186] NORONHA, Fernando. **Direito das Obrigações**. v. 1. 2 ed., São Paulo: Saraiva, 2007, p. 26-27

[187] NADER, Paulo. **Curso de Direito Civil: Obrigações**, v. 2. 5 ed., Rio de Janeiro: Forense, 2010, p. 26

[188] Quanto aos planos do negócio jurídico, consultar: AZEVEDO, Antonio Junqueira de. **Negócio Jurídico: Existência, Validade e Eficácia**. 4 ed., São Paulo: Saraiva, 2007.; MELLO, Marcos Bernardes de. **Teoria do Fato Jurídico: Plano da Existência**. 15 ed., São Paulo: Saraiva, 2008.; MELLO Marcos Bernardes de. **Teoria do Fato Jurídico: Plano da Validade**. 8 ed., São Paulo: Saraiva, 2008.; MELLO, Marcos Bernardes de. **Teoria do Fato Jurídico: Plano da Eficácia 1ª Parte**, 4 ed., São Paulo: Saraiva, 2008.

mentos da República, ao mesmo tempo em que o artigo 37 submete o exercício do poder pela administração pública aos princípios da moralidade, da eficiência, da legalidade e da impessoalidade. Essa dupla exigência repercute no Código Civil, cujo artigo 421 consagra a 'liberdade contratual', mas a condiciona ao respeito da 'função social do contrato' e da 'boa-fé' por parte dos contratantes. Dessarte, a definição da liberdade e de seus limites éticos-jurídicos tem as suas bases na Constituição e no Código Civil, numa sintonia que constitui o apanágio do ordenamento jurídico pátrio. [...] Ponderamos que a função social do contrato não deve, e nem pode, afastar o seu conteúdo econômico, sendo necessário conciliar os interesses das partes e os da sociedade. Ainda de acordo com a Constituição, o Código Civil também pretende respeitar os atos jurídicos perfeitos e os direitos adquiridos, garantindo, assim, o devido processo legal substantivo.

A análise da real extensão da função social do contrato deve ser feita dentro de uma visão sistêmica, tomando-se por base os valores constitucionais e a filosofia da nova lei civil. Nesse diapasão, é preciso superar a equivocada idéia de função social significando exclusivamente a proteção à parte economicamente mais fraca da relação contratual, bem como a idéia de que a mencionada norma faria tábua rasa do respeito a atos jurídicos perfeitos ou direitos adquiridos.[189]"

Conforme acima apontado, cabe ao responsável pela aplicação jurisdicional reconhecer e dar eficácia às cláusulas gerais e os conceitos legais indeterminados com o objetivo de atender a função social do contrato, a qual é norma de ordem pública e deve ser aplicada na atividade jurisdicional, mesmo que não seja expressamente requerido pelas partes, pois esse é o comando do parágrafo único do artigo 2.035 do CC.[190]

Objetivando dar efetividade na atividade jurisdicional quanto a aplicação da cláusula geral da função social, é garantido ao juiz o uso da denominada sentença determinativa, por meio da qual o juiz poderá interferir e alterar a relação obrigacional originalmente prevista como forma de reestabelecer o equilíbrio e a proporcionalidade ao caso concreto. Tal função

---

[189] WALD, Arnoldo. O Interesse Social no Direito Privado. *In* TIMM, Luciano Benetti; MACHADO, Rafael Bicca (Coord.). **Função social do Direito**. São Paulo: Quartier Latin, 2009, p. 54-55
[190] CC 2035, §ún. "Nenhuma convenção prevalecerá se contraria preceitos de ordem pública, tais como os estabelecidos por este Código para assegurar a função social da propriedade e dos contratos."

O NEGÓCIO JURÍDICO CONTRATUAL E SEUS PRINCÍPIOS

é decorrente da atividade integrativa vista no capítulo anterior ao tratar da boa-fé objetiva e que possui semelhante objetivo na aplicação da função social ao caso concreto.

Portanto, o "[...] juiz é capaz de fazer valer os direitos e garantias fundamentais do cidadão para que este não se torne escravo de sua própria liberdade de fazer regras privadas para si mesmo. A sentença determinativa é instrumento poderoso para a integridade do direito"[191].

Complementa Carmen Lígia Nery[192], afirmando que a sentença determinativa tem por objetivo a reconstrução dos princípios buscados pelas partes no caso concreto, sendo igualmente certo que as partes não poderão ser surpreendidas na atividade jurisdicional por uma sentença determinativa que não foi objeto de requerimento de qualquer das partes. Na atividade jurisdicional deverá ser garantido às partes, antes da tomada de decisão final, o direito de dizerem sobre a aplicação da cláusula geral ou do conceito legal indeterminado antes da decisão ser proferida.

Veja-se que a aplicação da sentença determinativa é decorrente de princípios de ordem pública e pode ser praticada de ofício pelo juiz, desde que não venha a surpreender as partes, garantido o direito constitucional de defesa.

No entanto, tal tipo de decisão é capaz de gerar insegurança jurídica e especialmente, insegurança quanto ao aspecto econômico do contrato, elevando o custo de transação e a possibilidade de redução da atividade produtiva, uma vez que as partes podem reduzir investimentos em decorrência da insegurança jurídica.

---

[191] NERY, Carmen Lígia, **Decisão judicial e discricionariedade: a sentença determinativa no processo civil.** São Paulo: Revista dos Tribunais, 2014, p. 157

[192] "Isso quer dizer que o juiz não está totalmente amarrado aos limites formais da regra de congruência. Estando o juiz autorizado a participar do momento da criação da situação ou relação jurídica, a coerência e a integridade da matéria controversa na lide podem não estar nem no pedido do autor nem na defesa do réu. Cabe ao juiz, então, o dever de integrar a lide para determinar, no momento da criação da situação ou relação jurídica, o verdadeiro sentido do ser do texto de conteúdo impreciso (cláusula geral) para aquele caso concreto. O papel do juiz é, portanto, integrador, na medida em que determina o sentido da cláusula geral para o caso concreto, obrigando-o a andar conforme os ditames de tal cláusula geral. Ao fazê-lo, o juiz garante a coerência e integridade do direito. [...] a proibição de decisão surpresa obriga o juiz que pretende proferir sentença determinativa que fuja do pedido do autor – e da defesa do réu – a ouvir às partes quanto à possibilidade de aplicação da cláusula geral ao caso concreto." NERY, Carmen Lígia, **Decisão judicial e discricionariedade: a sentença determinativa no processo civil.** São Paulo: Revista dos Tribunais, 2014, p. 157-161

Com o objetivo de mitigar a possível insegurança gerada pela atividade integrativa da sentença determinativa, entende-se que a atuação jurisdicional deve buscar interferir o mínimo possível no equilíbrio do binômio da base objetiva e subjetiva do negócio jurídico contratual.

> [...] o papel do Poder Judiciário, ao lançar mão da função social dos contratos, passa pela preservação da 'economia do contrato', o que não significa a realização de um 'princípio do equilíbrio econômico', mas sim a compreensão do contexto social e econômico no qual o contrato está inserido, isto é: como socialmente as partes estabelecem a distribuição dos riscos de sua atividade, e qual é a 'natureza' da operação econômica da qual o contrato é a 'veste jurídica'. Dito de outro modo: também no exame do 'princípio do equilíbrio econômico' como expressão da função social, a 'função econômica' ali aparentemente implícita somente pode ser compreendida como 'função social' se analisada a função do contrato como *competência normativa*, sob pena de supressão da liberdade contratual.[193]

Buscando um equilíbrio entre a atividade jurisdicional com a manutenção do princípio da autonomia privada e respectiva força vinculante do contrato, Luciano Benetti Timm[194] destaca que a dinâmica da relação contratual[195] deve observar as inúmeras variantes quanto as circunstâncias

---

[193] BRANCO, Gerson Luiz Carlos. Elementos para interpretação da liberdade contratual e função social: o problema do equilíbrio econômico e da solidariedade social como princípios da teoria geral dos contratos. *In* MARTINS-COSTA, Judith. **Modelos de direito privado.** 1 ed., São Paulo: Marcial Pons, 2014, p. 273

[194] TIMM, Luciano Benetti. **Direito contratual brasileiro: críticas e alternativas ao solidarismo jurídico.** 2 ed., São Paulo: Atlas, 2015, pp. 167-168

[195] "É que, como o contrato tem uma função importante no seio da sociedade capitalista (coesão, cooperação, regulação de comportamentos e expectativas dentro da ótica solidarista), o equilíbrio e a justiça da relação contratual serão garantidos por meio de uma regulação heterônoma à vontade das partes contratantes, seja através de normas legais imperativas de proteção de interesses públicos e sociais (inerentes ao direito social) (arts. 421, 157, 187 e 478 do CC/2002), seja pelo respeito aos usos e costumes (art. 113 do CC/2002) – visualizando-se, em todas essas formas, uma interação e uma mediação da sociedade no seio do contrato a fim de garantir-lhe funcionalidade. Claro, portanto, que, nesse novo modelo dogmático, o contrato assumiria uma feição "relacional" e "estatutária", como se funcionasse como o outro lado da moeda do novo direito obrigacional, que concebe a relação como um todo e como um processo." TIMM, Luciano Benetti. **As origens do contrato no novo Código Civil: uma introdução à função social, ao welfarismo e ao solidarismo contratual.** Revista dos Tribunais, vol. 844/2006, p. 85 – 95, Fev 2006. Disponível em RT Online: <http://revistados-

O NEGÓCIO JURÍDICO CONTRATUAL E SEUS PRINCÍPIOS

negociais entre as distintas relações contratuais (empresarial, de consumo e de direito privado) e os respectivos comportamentos além dos "níveis e graus de interação das partes contratantes no caso concreto" conforme as justas expectativas geradas pelas e para as partes, devendo distinguir e dar tratamento diferenciado às relações empresariais, às relações contratuais internacionais, às relações civis e às relações de consumo.

Por esse motivo, nessa perspectiva, o contrato deve ser visto em seu contexto institucional, para que as soluções dogmáticas ou as decisões judiciais não entrem em conflito ou não 'desinstitucionalizem' o contrato frente ao mercado (as soluções jurídicas devem enxergar a floresta e não apenas o arbusto, de modo que nem sempre a análise de uma relação contratual isolada do seu contexto, será a mais benéfica do ponto de visto coletivo). Nesse âmbito, a ideia de finalidade ou de objetivo ganha um espaço impensado pelo modelo liberal de contratação, e a vagueza semântica do artigo 421 abre espaço para que, cognitivamente, o subsistema jurídico busque informação e aprendizado junto ao ambiente de mercado. [...] nessa conformidade, o artigo 421 deve permitir concluir que o contrato tem uma função econômica de circulação de bens e serviços (viabilizando as trocas econômicas e o próprio funcionamento do mercado) – a que Ghestin chama de 'utilidade social' (contrato como instrumento de trocas). Como a Economia tem caráter distributivo e normativo (como gerar o máximo de eficiência na distribuição de recursos escassos para necessidades ilimitadas), em perspectiva sistêmica, o subsistema econômico pode e deve 'irritar' o sistema jurídico em busca da eficiência (abertura para informações provenientes da 'análise econômica do direito', ou seja, acerca da eficiência econômica das decisões legais e judiciais sobre relações contratuais – direito contratual).[196]

Rosa Maria de Andrade Nery, em relação ao critério socioeconômico destaca que "Na verdade, não se pode negar a importância socioeconômica da estrutura jurídico-sistemática do contrato, pena de ver-se comprometida a segurança da vida do direito, a estabilidade da economia e a

---

tribunais.com.br/maf/app/delivery/search?srguid=i0ad6adc600000158e5bd14380077c321& deliveryTarget=save&docRange=1%2C6%2C20%2C&td=22&deliveryOptions=> Acesso em: 01.dez.2016. (Paginação da versão eletrônica difere da versão impressa)

[196] TIMM, Luciano Benetti. **Direito contratual brasileiro: críticas e alternativas ao solidarismo jurídico.** 2 ed., São Paulo: Atlas, 2015, pp. 170-172

própria essência da liberdade humana, pois uma base econômica 'inspira e condiciona as relações jurídicas negociais".[197]

Natalino Irti aponta uma interessante consideração em busca de um equilíbrio entre os interesses finalistas da análise econômica do direito e os princípios de direito. Sustenta que existe um nítido balanceamento de interesses e forças que se retroalimentam no pensamento socioeconômico, uma vez que o "discurso sempre volta à vontade do homem, levantando-se na luta política e nas escolhas legislativas"[198]. O mesmo autor também aponta para interessante posição ao tratar da relação jurídica e a economia de mercado conforme palestra proferida em 2014 em São Paulo-SP:

> O tema desta palestra[199-200] me reconduz a um livro – A ordem jurídica do mercado – publicado em 1998, que gravita em torno de três princípios:
>
> 1) que a economia de mercado, como outras estruturas similares e diferentes (coletivista, mista etc.), é *locus artificialis*, e não *locus naturalis*;
>
> 2) que esta artificialidade deriva de uma escolha do direito, a qual, sujeita a de decisões políticas, confere forma à economia e a torna, de tempos em tempos, mercantil ou coletivista ou mista, e assim por diante;
>
> 3) que tais decisões políticas são, por si só, mutáveis, de modo que os vários regimes da economia vêm marcados pela historicidade, e nenhum pode dizer-se absoluto e definitivo. A vontade humana é sempre capaz de fazer e desfazer, constituir e desconstituir os diversos regimes da economia.
>
> A tese – sintetizada em três palavras: artificialidade, juridicidade, historicidade – exprime clara e firme rejeição de qualquer naturalismo econômico, em que o direito aparece como simples imagem ou reprodução de uma ordem que seja originária e externa a ele. [...] Ao naturalismo, ou seja, aos "liberais da cátedra", pode imediatamente se opor que aquelas "leis da economia", que se descrevem imutáveis e perenes, são todas povoadas de institutos jurídicos: da

---

[197] NERY, Rosa Maria de Andrade; NERY JUNIOR, Nelson. **Instituições de direito civil – direito das obrigações.** v II. São Paulo: Editora Revista dos Tribunais, 2015, p. 130

[198] IRTI, Natalino. **Direito e economia.** Revista de Direito Privado, v. 62, pp. 13-20, Abr--Jun/2015. Disponível em: < https://goo.gl/wWVdDm> Acesso em: 01.dez.2016. (Paginação da versão eletrônica difere da versão impressa)

[199] Conferência proferida pelo Professor Natalino Irti, Catedrático da Faculdade de Direito da Universidade de Roma I – La Sapienza, durante o **IX Simpósio de Direito Civil**, organizado pelo CEU-IICS Escola de Direito em sua sede, no dia 26.09.2014. O evento foi coordenado por *et al.* Rosa Maria Barreto Borriello de Andrade Nery e Luciano Benetti Timm.

[200] Tradução feita por Alfredo Copetti Neto e André Karam Trindade.

O NEGÓCIO JURÍDICO CONTRATUAL E SEUS PRINCÍPIOS

propriedade privada à autonomia contratual, do dever de cumprir os acordos à liberdade de disposição testamentária. [...] Precisamente quando a ideologia do mercado parece a única e exclusiva forma do pensar coletivo, empreendedores e homens das finanças e "técnicos" da economia, por um lado pedem que o Estado abdique daquilo que permanece público, e por outro lado já estão invocando novas regras. Acontecimento não estranho nem inexplicável, caso se considere que as velhas regras contrastam ou obstaculizam a hegemonia do mercado, e as novas o expandem e reforçam. Mas acontecimento, que também demonstra a necessidade conformativa do direito, e o fato de que a vontade dos homens, ab-rogadora ou emancipadora de normas, é sempre colocada como líder na implantação de um regime econômico.

Finalmente, Menezes Cordeiro[201] é claro ao afirmar que a função socioeconômica dos direitos tem como objetivo que as pessoas reconheçam que, a liberdade contratual e a autonomia privada devem ser exercidas nos limites e termos das funções socioeconômicas, de forma que a sua discricionariedade não seja total, devendo as partes agir e manter um comportamento conforme os limites socioeconômicos previstos na Constituição e, no caso do Brasil, nos limites do próprio Código Civil na forma dos seus artigos 421, 422 e parágrafo único do artigo 2.035.

2.5. A Análise Econômica do Direito e a teoria econômica do contrato

Análise econômica do direito nada mais é que a aplicação do instrumental analítico e empírico da economia, em especial da microeconomia e da economia do bem-estar social, para se tentar compreender, explicar e prever as implicações fáticas do ordenamento jurídico, bem como da lógica (racionalidade) do próprio ordenamento jurídico. Em

---

[201] "Quando, em direito civil, se fala na função sócia e económica dos direitos, tem-se, pois, outra realidade em vista. Quando o Direito atribua ou reconheça, às pessoas, espaços de liberdade, genéricos ou específicos, pressupõe, à partida, campos de livre arbítrio; a referência a uma função sócia e económica exprime a ideia de que a discricionariedade aí implícita não seria total: os comportamentos levados, no seu seio, a cabo, deveriam respeitar o escopo social e económico que presidiu à sua constituição, quer produzindo uma maior utilidade pessoal – função pessoal – quer social – função social, que se pode acrescentar o complemento de económica. [...] Apenas situação a situação, caso a caso, se possibilitaria o pesquisar de limitações funcionais eventuais às diversas posições jurídicas." MENEZES CORDEIRO, António Manuel da Rocha e. **Da boa-fé no direito civil.** 3 reimp. Coimbra: Almedina, 2007, p. 1231

outras palavras, a AED é a utilização da abordagem econômica para tentar compreender o direito no mundo e o mundo no direito.[202]

Buscou-se até aqui demonstrar que a AED tem como objetivo a eficiência por meio da mesma equação dos princípios gerais de direito, da "luta pelo direito"[203] e pela justiça, observando os critérios de equilíbrio e proporcionalidade para a manutenção da base objetiva e subjetiva do negócio jurídico. Tal visão é contrária ao que se verifica em algumas avaliações precipitadas da AED, especialmente quanto a um suposto seguimento, a qualquer custo, da teoria finalista de busca da eficiência econômica mesmo que contrária ao interesse socioeconômico e a boa-fé objetiva.

Como visto ao longo desta tese, o processo obrigacional é dinâmico e em constante mutação conforme as circunstâncias e o comportamento das partes. A análise do negócio jurídico contratual, frente ao sistema do Código Civil de 2002 está diretamente vinculada a teoria tridimensional do direito de Miguel Reale; para cada novo fato, haverá um valor a ser observado e a aplicação da norma subjacente de forma constante e dinâmica. Ou ainda, conforme destacado no capítulo destinado a contextualização acima, deve-se observar a direta relação da teoria tridimensional com os princípios norteadores do Código Civil de 2002 (eticidade, operabilidade e socialidade).

Não mais se admite uma análise individualista. Na elaboração de um contrato ou na sua interpretação, devem ser observados não apenas os interesses individuais das partes diretamente relacionadas nos respectivos polos de interesse, mas também os efeitos que serão gerados e produzidos em relação ao todo, em relação a sociedade ou ao círculo de pessoas potencialmente afetadas de forma direta e indireta por um negócio jurídico.

---

[202] GICO JR., Ivo. Introdução ao direito e economia. *In* TIMM, Luciano Benetti (Org.). **Direito e economia no Brasil.** 2 ed. São Paulo: Atlas, 2014, p. 14

[203] "O direito é um trabalho incessante, não somente dos poderes públicos, mas ainda de uma nação inteira. [...] Quando um indivíduo é lesado nos seus direitos, deve perguntar-se se ele os sustentará, se resistirá ao seu adversário, e por consequência se ele lutará, ou se efetivamente, para escapar à luta, abandonará, cobardemente, o seu direito. Qualquer seja, afinal, a decisão, implica ela sempre um sacrifício. Num caso, o direito é sacrificado à paz; no outro, a apaz é sacrificada ao direito. A questão parece reduzir-se desde então, definitivamente, a saber qual é o sacrifício mais suportável, segundo as circunstâncias do fato e as condições individuais da pessoa." IHERING, Rudolf von. **A luta pelo direito.** Tradução: João de Vasconcelos, 7 ed., Rio de Janeiro: Forense, 1990, pp. 1-13

Situações de facto juridicamente relevantes são, muitas vezes aquelas que constam de uma ou mais declarações, que estão dirigidas ao surgimento de consequências jurídicas (negócios jurídicos) [...] A declaração de vontade jurídico-negocial não contém somente a manifestação de uma determinada opinião ou intenção; é, nos termos do seu sentido, declaração de vigência, quer dizer, um acto que tem como objectivo pôr em vigor determinada consequência jurídica. Os negócios jurídicos são situações de facto que implicam já as consequências jurídicas que a eles estão primariamente coordenadas. Com isto, distinguem-se, de modo fundamental, de todas as outras situações de facto juridicamente relevantes.[204]

Igual premissa, mas com maior responsabilidade, é a atividade jurisdicional para a interpretação e revisão dos contratos já consumados e em execução, pois a sua revisão implicará em possível alteração da base objetiva do negócio jurídico, elevação do custo de transação e no consequente repasse de valores para toda a sociedade na hipótese de elevação do custo de transação e dos riscos econômico-financeiros que as partes estarão expostas. Conforme visto no exemplo apontado no capítulo da contextualização, a obrigação de cobrança, como o uso de cartão de crédito, nas mesmas condições da cobrança com pagamento em dinheiro, resulta na elevação do custo da transação e no automático repasse do custo para toda a sociedade, independente da forma de pagamento escolhida. Em resumo, todos pagarão um valor mais elevado. Potencializando esses exemplos e aplicando ao mesmo tempo em diversas outras relações contratuais, pode-se chegar ao extremo de um impacto direto nas taxas de inflação, portanto, uma ação na microeconomia com efeitos diretos na macroeconomia. Vale lembrar que tal situação é diretamente relacionada aos estudos da teoria dos jogos e ao Equilíbrio de Nash.[205]

---

[204] LARENZ, Karl. **Metodologia da ciência do direito.** Tradução: José Lamego. 5 ed. Lisboa: Fundação Calouste Gulbenkian, 2009, p. 419

[205] "A chamada *Teoria dos Jogos* lida, fundamentalmente, com o estudo de conflitos tratados como jogos no sentido desta definição, que, embora pareça excessivamente abstrata e formal, abarca todas as componentes inevitavelmente presentes nos conflitos [...], em particular, nas lides jurídicas. [...] Via de regra, em situações de incerteza, o comportamento mais indicado consiste em eliminar aquelas que impliquem em maior perda. Esse traço característico da condição humana permite, por sua vez, antecipar as condutas ocultas da contraparte e tornar esse *ludus puerorum* um pouco mais previsível e, ao mesmo tempo, sustentável e mais difícil,

Nesse sentido, Robert Cooter e Thomas Ulen trazem em seu texto de apresentação à edição brasileira da clássica obra *Law and Economics* (literalmente traduzida para: Direito & Economia) a pergunta: "O direito deve tratar de eficiência ou de justiça e igualmente?"[206] Os autores realizam tal questionamento justamente por já terem identificado, depois de mais de trinta anos da publicação da primeira edição[207] que os dois grandes questionamentos sobre a teoria da AED são: (i) o sistema jurídico (propriedade, contratos e responsabilidade civil) de leis e precedente jurisprudencial há uma eficiência na busca da justiça; e, (ii) de que direito e economia não são diretamente úteis para o operador do direito (*v.g.* advocacia, magistratura e promotoria), pois não instrui adequadamente o profissional para a

---

pois o mesmo princípio se aplica a qualquer conduta." PUGLIESI, Márcio. **Teoria do direito.** 2 ed., São Paulo: Saraiva, 2009, p. 205-206

[206] COOTER, Robert; ULEN, Thomas. **Direito & Economia.** Tradução: Luis Marcos Sander e Francisco Araújo da Costa. 5 ed. Porto Alegre: Bookman, 2010, p. viii (Revisão Técnica et al. Luciano Benetti Timm, Bruno Meyerhof Salama)

[207] Deve-se destacar a análise crítica realizada por Eric Posner quanto alguns pressupostos evidenciados durante os 30 anos de estudos da AED, permitindo o aperfeiçoamento da técnica da AED e a sua constante evolução. Nesse sentido: "Contudo, ainda há espaço para preocupações acadêmicas no âmbito da análise econômica do direito contratual. Estudiosos, cuidadosos de sua história, sabem que o sentido de convergência encerrou-se anos atrás; nos últimos dez anos, a teoria tornou-se divergente e impasses surgiram. Os modelos simples que dominaram a discussão antes da década de 1990 não anteciparam a doutrina contratual desenvolvida pelas Cortes. Os modelos mais complexos que emergiram na década de 1980 e dominaram a discussão na década de 1990 falharam em descrever a doutrina das Cortes ou prenderam-se em variáveis que não podiam, por questões práticas, serem medidas. Como resultado, as previsões teóricas destes modelos são indeterminadas e as recomendações normativas derivadas delas são implausíveis. Por estas razões, argumentarei que a análise econômica falhou em produzir uma 'teoria econômica' do direito contratual, e não parece se mostrar hábil para fazê-lo. Por isto, quero dizer que a análise econômica não explica o atual sistema de direito contratual, nem proporciona uma base sólida para criticar e reformar o direito contratual. Isto não significa dizer que a análise econômica não produziu nenhum conhecimento, mas sim que a natureza de suas realizações mostrou-se ser sutil e tornar-se-á clara somente depois de um longo debate. [...] De início, alguns comentários devem ser feitos no sentido de evitar possíveis mal-entendidos da argumentação. Primeiro, não irei argumentar que outra forma de estudo do direito contratual é superior à análise econômica, nem que esta última deva ser abandonada. Se uma moral deva ser extraída da discussão, é o ceticismo sobre quanto valor adicional a economia tema oferecer para a compreensão do direito contratual atualmente." POSNER, Eric. **Análise econômica do direito contratual: sucesso ou fracasso?** Tradução: Luciano Benetti Timm, Cristiano Carvalho e Alexandre Viola. São Paulo: Saraiva, 2010, pp 14-15

tomada de decisões com zelo, devendo a instrução profissional (faculdades de direito e cursos de especialização) ser focada nas matérias atinentes a atividade profissional.

No entanto, Robert Cooter e Thomas Ulen esclarecem que, quanto ao primeiro aspecto, implicitamente o operador do direito, mesmo acreditando não ter aderido a AED, aplica tais critérios em busca de eficiência. Em outras palavras, tanto a lei como a jurisprudência, buscam constantemente proteger o fim útil da propriedade, proteger as relações contratuais (inclusive pela teoria da conservação do negócio jurídico), bem como, buscam critérios mais eficientes para a responsabilidade civil de forma a "constranger" o cidadão para que não pratique ilícitos e/ou abuso do direito que seriam capazes de ensejar uma verba indenizatória com fulcro na responsabilidade civil. Assim, os citados autores acabam respondendo ao seu próprio questionamento da seguinte forma: "Com certeza, versa sobre ambos. Procurar meios para que a lei possa fazer justiça é uma das grandes missões do direito – em qualquer sistema. [...] O moderno estudante de direito precisa saber os dois aspectos da matéria – suas habilidades para justiça e para a criação de incentivos para o comportamento eficiente. É comum que esses dois objetivos possam ser alcançados simultaneamente e não estejam em tensão um com o outro"[208].

Quanto ao segundo aspecto, apontam Robert Cooter e Thomas Ulen que tal problematização acaba por não fazer sentido, uma vez que a AED ajuda na formação crítica do operador do direito no sentido de desenvolver "[...] uma metodologia coerente – tanto empiricamente – para entender como pessoas reais respondem a regras jurídicas"[209], que por meio de análises econômicas colabora na tomada de decisão quanto a fixação de verba indenizatória, na análise de aplicação das cláusulas gerais da boa-fé objetiva e da função social conforme a base objetiva e subjetiva do negócio jurídico originalmente formado pelas partes. Tratando da relevância da economia para o direito, Ives Gandra da Silva Martins nos lembra que:

---

[208] COOTER, Robert; ULEN, Thomas. **Direito & Economia.** Tradução: Luis Marcos Sander e Francisco Araújo da Costa. 5 ed. Porto Alegre: Bookman, 2010, pp. viii-ix (Revisão Técnica et al. Luciano Benetti Timm, Bruno Meyerhof Salama)

[209] COOTER, Robert; ULEN, Thomas. **Direito & Economia.** Tradução: Luis Marcos Sander e Francisco Araújo da Costa. 5 ed. Porto Alegre: Bookman, 2010, p. ix (Revisão Técnica et al. Luciano Benetti Timm, Bruno Meyerhof Salama)

Como os discursos das duas ciências são diferentes, ainda hoje há conflitos entre juristas e economistas, aqueles defendem o predomínio da lei, mas sem perceber a relevância da economia, estes as técnicas econômicas para o desenvolvimento, sem perceber a importância do Direito. [...] Não é possível examinar o Direito sem os fundamentos da Economia, seja na regulação microeconômica própria do direito civil, comercial, do consumidor, do controle dos *trusts*, seja na regulação da macroeconomia, que é própria do direito econômico. Para mim, o direito econômico é a disciplina legal da macroeconomia e não apenas uma regulação da lei *antitrust* ou dos desvios de comportamento dos agentes empresariais. [...] Não sem razão, dois Prêmios Nobel de Economia (Ronald Coase e Douglas North), ganharam a maior láurea na área defendendo teses jurídicas, ou seja, de que a economia de mercado e de escala só é viável e eficaz se contar com instituições jurídicas estáveis que assegurem os investimentos a longo prazo. O jurista, doutrinador ou operador do direito que desconhecer regras econômicas e se fechar na teoria da norma pura, no mero formalismo, corre sempre o risco de interpretar mal e colaborar para a desfiguração da ordem jurídica de seu país. [210]

Ao realizar a AED aqui proposta e conforme já demonstrado, não se ignora os preceitos éticos, a boa-fé objetiva, a função social do contrato e o necessário equilíbrio (proporção) entre as prestações almejadas pelas partes. Busca-se não cair no equívoco alertado por Rosa Maria de Andrade Nery e Nelson Nery Junior[211] "[...] que também se pode atribuir ao mau exercício científico do Direito entre nós: [...] absoluta promiscuidade entre técnica jurídica e técnica econômica, sem nenhum compromisso com o justo", nem tão pouco, com a advertência de Mário Júlio de Almeida Costa[212] ao sustentar que se trata de "linha de pensamento que conduz, quando seguida até o limite, a uma radical funcionalização do direito, despojando-o de valores ético-sociais."

Não é essa a defesa aqui apresentada. Deve ocorrer a busca constante e ininterrupta pelo equilíbrio e proporção quanto a tríade função socioeconômica e jurídica.

---

[210] MARTINS, Ives Gandra da Silva. **Uma breve introdução ao direito**. São Paulo: Editora Revista dos Tribunais, 2010, p. 225-227.

[211] NERY, Rosa Maria de Andrade; NERY JUNIOR, Nelson. **Instituições de direito civil – teoria geral do direito privado**. v I, t I. São Paulo: Editora Revista dos Tribunais, 2014, p. 296-297

[212] COSTA, Mário Júlio de Almeida. **Direito das Obrigações**. 12 ed. Coimbra: Almedina, 2009, p. 139-145

O NEGÓCIO JURÍDICO CONTRATUAL E SEUS PRINCÍPIOS

Para o desenvolvimento da tese proposta, não se adorará qualquer posição desassociada do "compromisso com o justo" e nem tão pouco o abandono dos valores "ético-sociais", muito pelo contrário, é a busca de uma conciliação entre os conceitos do direito e da economia em busca do justo e mais efetivo à atividade contratual. Conforme observa Fernando Noronha "[q]Quem celebra um contrato, com frequência ignora muitas das consequências que dele advirão e, não obstante, estará vinculado a todas elas"[213] cabendo ao interprete a aplicação da lei "[...] quando alguém procura fazer com que uma promessa seja cumprida"[214], mesmo que as partes não tenham efetivamente projetado todas as consequências advindas da relação contratual a que se obrigaram. Nesse sentido é o posicionamento de Ronald H. Coase, para quem o custo da transação deve ser avaliado em conjunto com as normas jurídicas, sob pena de tornar o negócio jurídico inviável e com maior prejuízo às partes e a própria sociedade. Vejamos:

> Uma vez que se levam em conta os custos de realização de transações de mercado, é claro que essa realocação dos direitos só ocorrerá se o aumento do valor da produção como consequência do rearranjo for maior do que os custos incorridos para implementá-lo. Quando tal aumento for menor do que os custos, a concessão de uma ordem judicial (ou o conhecimento de que seria concedida), ou a obrigação de pagar pelos danos, podem ter como resultado o encerramento de uma atividade (ou podem impedir que seja iniciada) que seria empreendida se as transações de mercado ocorressem sem custo. Nessas condições, a delimitação inicial de direitos tem sim efeitos sobre a eficiência como que o sistema econômico opera. Um determinado arranjo de direitos pode propiciar um valor de produção maior do que qualquer outro. Mas, a menos que este seja o arranjo de direitos estabelecidos pelo sistema jurídico, os custos para atingir os mesmos resultados através da alteração e combinação de direitos por meio do mercado podem ser tão elevados que este arranjo ótimo dos direitos, bem como o maior valor de produção que ele traria, pode nunca ser alcançado.[215]

[213] NORONHA, Fernando. **Direito das obrigações: fundamentos do direito das obrigações: introdução à responsabilidade civil.** v. 1., 2 ed., São Paulo: Saraiva, 2007, p. 392

[214] COOTER, Robert; ULEN, Thomas. **Direito & Economia.** Tradução: Luis Marcos Sander e Francisco Araújo da Costa. 5 ed. Porto Alegre: Bookman, 2010, p. viii-ix (Revisão Técnica et al. Luciano Benetti Timm, Bruno Meyerhof Salama)

[215] COASE, Ronald Harry. **A firma, o mercado e o direito.** Tradução: Heloisa Gonçalves Barbosa. Revisão da tradução: Francisco Niclós Negrão. Estudo Introdutório: Antonio Carlos Ferreira e Patrícia Cândido Alves Ferreira. Rio de Janeiro: Forense Universitária, 2016, p. 115

Nessa mesma linha de raciocínio é a atual lei de recuperação de empresas e falências (Lei 11.101/2005) ao priorizar a função social da empresa e a manutenção da atividade empresarial em oposição a determinação de sua quebra, o que seria muito mais prejudicial à toda a sociedade. Exatamente por esse motivo, foi estabelecido no artigo 117 da referida lei que, caberá exclusivamente ao administrador judicial definir, em interesse da empresa falimentar e da sociedade (função social da empresa), a continuidade da execução dos contratos bilaterais, mesmo que tal decisão seja contrária à vontade das partes, uma vez que, sob a ótica AED é mais conveniente e mais benéfico à função social da empresa a continuidade da sua operação econômica e manutenção da execução dos contratos.[216]

Entende-se que a AED contratual tem a árdua tarefa de buscar o justo meio aristotélico[217] e ser um método de análise do Direito Contratual com o emprego de conceitos e experiências advindas das ciências econômicas, e no caso específico da presente tese, com o objetivo de explicar melhor o direito contratual, suas consequências frente às partes e a sociedade além de buscar resolver problemas concretos por soluções mais eficientes sob a dupla função socioeconômica[218].

---

[216] "Em vez de argumentar que seus modelos explicam a doutrina contratual, a maioria dos autores argumenta que seus modelos podem ser utilizados para criticar ou defender a doutrina contratual, mas a fraqueza normativa que seus modelos seguem importando é clara. Modelos simples não justificam reformas legais porque excluem variáveis relevantes. Modelos complexos não justificam reformas legais porque a regra ótima depende de condições empíricas que não podem ser observadas. Alguém poderia responder que, mesmo se modelos econômicos não pudessem gerar um determinado direito contratual ótimo, ajudariam a identificar os custos e benefícios de diferentes regras jurídicas. [...] A análise econômica identificou fatores que os juízes devem levar em conta, fatores que incluem custos de renegociação e as vantagens de permitir o descumprimento. Mesmo que a análise econômica não possa determinar a magnitude desses custos e benefícios e a extensão a qual eles se compensam ou interagem um com o outro, o juiz que sabe sobre isso tende mais a tomar uma decisão inteligente do que o juiz que não sabe" POSNER, Eric. **Análise econômica do direito contratual: sucesso ou fracasso?** Tradução: Luciano Benetti Timm, Cristiano Carvalho e Alexandre Viola. São Paulo: Saraiva, 2010, pp 14-15

[217] Nesse sentido, verificar em ARISTÓTELES. **Ética a Nicômaco.** Tradução: António de Castro Caeiro. São Paulo: Atlas, 2009, p. 103-127

[218] "Como já tivemos ocasião de dizer, a expressão *análise econômica do direito* refere-se a uma metodologia cada vez mais utilizada, pela jurisprudência e pela doutrina, que se presta como instrumento da economia para adequar para o caso concreto à melhor solução jurídica 'de mercado'. Por maio desse método, buscam-se soluções jurídicas que atendam ao bem estar social, com uso eficiente dos bens jurídicos, com prévia e planejada mensuração dos riscos e dos

O NEGÓCIO JURÍDICO CONTRATUAL E SEUS PRINCÍPIOS

A AED contratual não pode ter apenas como foco a solução econômica e jurídica, pois tem que buscar equilíbrio com a função social, no sentido de adequar a solução ao que é mais adequado e eficiente sob a ótica econômica para as partes e para a sociedade como fonte de criação e circulação de riquezas.

Trata-se igualmente de elemento essencial para a adequada aplicação da gradação da autonomia privada ou, com sustentado na presente obra, aplicação dinâmica da autonomia privada máxima, média e mínima, conforme matriz de análise desenvolvida no Capítulo 3.5 com fundamento nas circunstâncias negociais, devidamente vinculado à busca de uma solução mais eficiente sob a ótica socioeconômica para cada negócio jurídico em espécie.

Com esse enfoque na busca de uma conciliação entre o direito e a economia, serão tratados na sequência os principais institutos atrelados a AED, tais como as falhas do mercado, o ótimo de Pareto, o Equilíbrio de Nash, o problema do custo social e os contratos incompletos. Finalmente, como ponto de equilíbrio e proporcionalidade de tais institutos com a tríade função da teoria geral do direito privado (socioeconômica e jurídica) e a AED contratual, será objeto de análise nesta tese, a aplicação da denominado teoria do Capitalismo Consciente.

2.5.1. O ótimo de Pareto e o Equilíbrio de Nash

Conforme aponta Maurício Vaz Lobo Bittencourt[219] a crescente utilização da AED tem desenvolvido uma clara função de tornar as relações sociais

---

custos dos incidentes que provocam danos ao patrimônio das pessoas. A almejada eficiência da solução dos conflitos, que decorrem do descumprimento dos contratos, ou dos danos decorrentes de atos ilícitos (objetiva e subjetivamente considerados), então, encontraria sua melhor versão no uso racional dos recursos: o melhor bem estar com o menor custo. O sistema jurídico brasileiro está aberto a essa novidade, com todas as vantagens e desvantagens que ela traz. Tanto os mecanismos de abertura do sistema do direito privado (cláusulas gerais, conceitos legais indeterminados e conceitos determinados pela função), como o sistema processual que se inaugura com o CPC, de recursos repetititvos e de vinculação dos tribunais às decisões do STJ e do STF, bem como as novidades relativas à ampliação do espectro dos negócios jurídicos processuais e a difusão dos meios alternativos de solução de conflitos, como os procedimentos de *conciliação* e de *mediação* e a busca cada vez mais difundida do *juízo arbitral*: todos tendem a se servir desse método econômico para o almejado uso racional de recurso." (destaques do original) NERY, Rosa Maria de Andrade; NERY JUNIOR, Nelson. **Instituições de direito civil: Direitos patrimoniais e reais.** v IV. São Paulo: Editora Revista dos Tribunais, 2016, p. 166
[219] BITTENCOURT, Mauricio Vaz Logo. Princípio da Eficiência. *In* RIBEIRO, Marcia Carla Pereira; KLEIN, Vinicius (Coord.) **O que é análise econômica do direito: uma introdução.**

mais eficientes ao proporcionar uma integração entre o direito, a economia e as demais ciências sociais, uma vez que a economia não trata apenas de questões focadas na eficiência financeira, mas também, ou principalmente, das consequências obtidas por escolhas racionais[220] e, por essa razão, "é uma ferramenta essencial para entendermos os impactos e implicações das normas legais, de modo que esta avaliação serve para decidir quais normas devem ser estabelecidas ou modificadas dentro de um determinado contexto. [...] a teoria econômica permeia de objetividade, e consequentemente de segurança jurídica, a atuação do julgador, o que pode contribuir para torna-la mais eficiente e justa."[221]

Sob uma perspectiva de evolução de uma análise econômica, é possível afirmar que a melhoria de Pareto (também denominado de ótimo de Pareto) representa a busca pela geração de riquezas por meio dos contratos, uma vez que haverá a circulação dos bens ou serviços para aqueles que mais valorizam o bem ou o serviço. "Isso significa que, dada uma alocação inicial de bens entre um grupo de indivíduos, somente ocorrerão mudanças de alocação que satisfaçam dois requisitos: (i) deixem pelo menos um indivíduo em melhor situação; e (ii) não deixem nenhum indivíduo em pior situação. O *ótimo de Pareto* caracteriza-se quando se chega a uma situação em que nenhuma outra melhoria de Pareto é possível."[222]

---

2 ed., Belo Horizonte: Editora Fórum e ABDE – Associação Brasileira de Direito e Economia. 2016, p. 27-36

[220] "A análise econômica envolve uma análise positiva e uma análise normativa. A análise positiva visa descrever e avaliar a eficiência de um determinado instituto, inquirindo sobre as consequências econômicas de diferentes arranjos normativos existentes. Em outras palavras, a análise positiva adota a perspectiva de um cientista, avaliando fenômenos sem propor alterações. Já a análise normativa permite determinar a melhor forma de regrar comportamento e interpretar princípios e normas, adotando a perspectiva de um formulador de políticas públicas, com o objetivo de determinar como o sistema pode ser reformado para atingir fins predeterminados." TIMM, Luciano Benetti; GUARISSE, João Francisco Menegol. Análise econômica dos contratos. In TIMM, Luciano Benetti (Org.). **Direito e economia no Brasil.** 2 ed., São Paulo: Atlas, 2014, pp. 159-160

[221] BITTENCOURT, Mauricio Vaz Logo. Princípio da Eficiência. In RIBEIRO, Marcia Carla Pereira; KLEIN, Vinicius (Coord.) O que é análise econômica do direito: uma introdução. 2 ed., Belo Horizonte: Editora Fórum e ABDE – Associação Brasileira de Direito e Economia. 2016, p. 27 e 34

[222] TIMM, Luciano Benetti; GUARISSE, João Francisco Menegol. Análise econômica dos contratos. In TIMM, Luciano Benetti (Org.). **Direito e economia no Brasil.** 2 ed., São Paulo: Atlas, 2014, pp. 164

O estado optimizado, o 'pareto optimum', é atingido quando os recursos existentes tiverem sido distribuídos de tal modo que já não é possível a ninguém aumentar as suas vantagens sem prejudicar a situação de outrem. Sob este aspecto, uma norma jurídica é eficiente quando traz vantagens para todos os interessados ou para alguns sem prejudicar ninguém ou quando os beneficiados por ela ficam em condições de poder indemnizar os prejudicados sem perder as vantagens todas. Assim, o princípio da liberdade contratual é economicamente eficiente, uma vez que permite às partes contraentes a troca de bens e serviços em sintonia com as respectivas vantagens pessoais e evita o desperdício de recursos;[223]

Com base na doutrina[224] que estuda a AED, podemos afirmar que o negócio jurídico contratual é a típica representação pela busca do ótimo de Pareto[225], uma vez que as partes contratantes buscam a melhor solução entre si quanto a circulação de riquezas representadas *v.g.* por uma compra e venda ou por uma prestação de serviços. Uma empresa que contrata um determinado serviço busca uma solução que é valiosa para o exercício de sua atividade empresarial, tal como, quem fornece o referido serviço irá realizar o seu apreçamento conforme a escassez do respectivo serviço. As partes buscarão a melhoria de suas respectivas situações anteriores a formação do contrato, já que não é crível que qualquer empresa ou indivíduo possa ter interesse em formar um contrato para alcançar uma situação pior do que aquela em que estava antes da contratação.

No entanto, como se verifica das definições econômicas do ótimo de Pareto, há uma busca pelo que é eficiente e/ou ótimo para as partes envolvidas na relação contratual, podendo ser afirmado que é uma posição indi-

---

[223] HÖRSTER, Heinrich Ewald. **A parte geral do Código Civil Português – teoria geral do direito civil.** 5ª reimpressão, Coimbra: Almedina, 2009, p. 92

[224] *Et al.* TIMM, Luciano Benetti (Org.). **Direito e economia no Brasil.** 2 ed., São Paulo: Atlas, 2014

[225] "A outra espécie de eficiência, chamada eficiência de Pareto, em homenagem a seu criador ou, às vezes, designada como eficiência alocativa, diz respeito à satisfação de preferências pessoais. Diz-se que um determinada situação é Pareto eficiente ou alocativamente eficiente se é impossível muda-la de modo a deixar pelo menos uma pessoa em situação melhor (na opinião dela própria) sem deixar outra pessoa em situação pior (mas uma vez, em sua própria opinião)." COOTER, Robert; ULEN, Thomas. **Direito & Economia.** Tradução: Luis Marcos Sander e Francisco Araújo da Costa. 5 ed. Porto Alegre: Bookman, 2010 (Revisão Técnica *et al.* Luciano Benetti Timm, Bruno Meyerhof Salama), p. 38

AUTONOMIA PRIVADA E A ANÁLISE ECONÔMICA DO CONTRATO

vidualista e atomista de forma que algo que seja ótimo para duas partes pode não ser conveniente para a sociedade. Tomemos por exemplo a clássica situação apresentada por Gustavo Tepedino[226] e Cláudio Luiz Bueno de Godoy[227] quanto ao caso do "arremesso do anão" ocorrido na França.

Em breve síntese, o caso do "arremesso do anão" foi um contrato celebrado entre um anão e uma casa de eventos que buscava uma nova atração para os seus frequentadores. Na situação fática, o anão, que estava precisando obter mais recursos financeiros, se ofereceu (como se fosse um serviço) para ser arremessado pelos frequentadores da casa de eventos em troca de pagamentos. O contrato foi formalizado e executado com grande sucesso para as partes (o anão e a casa de eventos), além de sucesso entre os frequentadores do local. No entanto tal contrato foi considerado como abusivo quanto a função social do contrato por violar a dignidade da pessoa humana.

Por mais que o contrato no caso do "arremesso do anão" tenha sido firmado de forma harmônica com o ótimo de Pareto, pois as duas partes estavam em situação melhor e era impossível que houvesse uma melhora da situação de qualquer um deles, o fato é que frente à sociedade houve uma violação do valor máximo de dignidade da pessoa humana.

Situação igualmente adequada ao ótimo de Pareto, porém prejudicial à sociedade, é o caso nacionalmente conhecido como "o caso Zeca Pagodinho" reportado por Fábio Pinheiro Gazzi[228] onde a "casuística refere-se ao cantor Zeca Pagodinho, contratado como 'garoto propaganda' da cervejaria Schincariol, com cláusula de exclusividade. Em certa ocasião, o cantor rompeu o contrato com a cervejaria, firmando em seguida um novo contrato de publicidade com a cervejaria concorrente, qual seja Brahma. [...] Houve o total desrespeito à eticidade e à boa-fé objetiva ante a violação aos deveres laterais ao contrato [...]". Em tal contratação, por mais que houvesse a situação economicamente considerada como eficiente e de acordo com o ótimo de Pareto, o fato é que deixou de ser avaliada pelas partes (Zeca Pagodinho e Brahma) as consequências perante a sociedade frente

---

[226] TEPEDINO, Gustavo. Direito humanos e relações jurídicas privadas. *In* **Temas de Direito Civil.** 4 ed., Rio de Janeiro: Renovar, 2008, pp. 66-68

[227] GODOY, Claudio Luiz Bueno de. **Função Social do Contrato: os novos princípios contratuais.** São Paulo: Saraiva, 2004, p. 124 (Coleção Prof. Agostinho Alvim)

[228] GAZZI, Fábio Pinheiro. **Vínculo obrigacional e seus efeitos perante terceiro: cúmplice.** São Paulo: Lex Editora, 2014, p. 208-211

O NEGÓCIO JURÍDICO CONTRATUAL E SEUS PRINCÍPIOS

à violação da função social do contrato e da boa-fé objetiva, sendo certo que a mensagem transmitida para a sociedade foi clara no sentido de motivar as pessoas a romperem contratos e "ridicularizarem" a concorrência.

Quanto ao desenvolvimento de um necessário equilíbrio entre o que é considerado eficiente e ótimo entre as partes e o que é eficiente e relevante para a sociedade, é o alerta de Rosa Maria de Andrade Nery[229] ao analisar a situação dos cálculos atuariais das companhias de seguros, quando tenham por objeto a contratação de seguro automotivo para jovens na faixa dos 18 a 22 anos, sendo sabidamente conhecido que há um elevado grau de sinistros, especialmente no horário noturno entre as 23h e 6h. Ao simplesmente elevar o valor da apólice de seguro, as partes (seguradora e segurado) estão buscando equalizar o ótimo de Pareto, porém tal equilíbrio é dissociado com o interesse da coletividade, já que ao ter apólice de seguro, os condutores dos veículos teriam uma garantia para o pagamento de eventual indenização por responsabilidade civil. Nessas situações, não seria mais correto uma atuação educativa para evitar tais acidentes automobilísticos? Ou ainda, em benefício do coletivo, não seria melhor reduzir a oferta de seguro em tal horário para a referida faixa etária como forma de desmotivar a condução de veículos em condições inapropriadas? Tais respostas passam necessariamente pela busca do denominado Equilíbrio de Nash como sendo um ponto de equilíbrio entre o bem comum e o ótimo de Pareto.

Ao contrário do apregoado por Adam Smith[230], de que cada pessoa deve buscar apenas o que é individualmente bom para si, como forma de indiretamente beneficiar a sociedade pela geração e circulação de rique-

---

[229] "[...] o exemplo também revela que, em matéria de responsabilidade civil e de imputação patrimonial, a tendência do intérprete é encontrar o 'bem estar social' a partir da racionalidade do ótimo de Pareto: uma situação social é ótima quando tolera apenas decisões distributivas, porque não se pode melhorar a situação de um membro da sociedade a custo da piora da situação do outro. O jurídico teria exclusivamente caráter de proporcionalidade e repartição de ônus e de bônus, de sorte que ninguém ficasse em situação melhor às custas da piora dos outros. Todos ficam em situação melhor; ao menos um em situação melhor; ninguém em situação pior. *Será que ninguém fica em situação pior?*" (grifamos) NERY, Rosa Maria de Andrade; NERY JUNIOR, Nelson. **Instituições de direito civil: Direitos patrimoniais e reais.** v IV. São Paulo: Editora Revista dos Tribunais, 2016, pp. 168-169
[230] MONTORO FILHO, André Franco; MOSCOGLIATO, Marcelo. **Direito e economia.** São Paulo: Saraiva, 2008 (ETCO, Instituto Brasileiro de Ética Concorrencial), p. viii

zas, são os estudos de John Nash[231] em sua Teoria dos Jogos ao pesquisar um ponto de equilíbrio em complementação à teoria de Adam Smith. Sustentou John Nash que em uma negociação contratual, as partes devem buscar o que é bom para si e para os outros, deixando de lado as tradicionais posições individualistas anteriormente propostas por Adam Smith[232]. O Equilíbrio de Nash pode ser considerado como uma forma de atender ao bem comum, ou ainda, atender ao bem da coletividade com razoabilidade e equilíbrio, sem perder o foco na eficiência e na lucratividade almejada pelas partes e por toda a sociedade.

In a two-person game, a pair of strategies will form a Nash equilibrium when each player cannot do better given the strategy the other player has adopted. A Nash equilibrium, in other words, is a pair of strategies such that each is a best response to the other.[233]

Ao confrontar a análise da aplicação da teoria dos jogos de Nash[234] à análise econômica do contrato, Eric Posner[235] argumenta que uma das

[231] Conforme artigos científicos de John Nash "The bargaining problem" e "Two-person Cooperative Games", ambos publicados na revista Econometrica respectivas em 1950 e 1953.
[232] Não se ignora a importância de Adam Smith e seus estudos focados na filosofia social, no entanto, a busca pelo resultado positivo para a sociedade é baseado em uma posição individualista com potencialidade de criar resultados para a sociedade, sendo tal fundamento consideravelmente distinto às definições de John Nash.
[233] BAIRD, Douglas G.; GERTNER, Robert H.; PICKER, Randal C. **Game Theory and The Law.** Cambridge: Harvard University Press, 1994, p. 22
[234] "J. F. Nash publicou, em 1950, na revista *Econometrica*, o artigo 'The bargaining problem', em que alterou substancialmente o entendimento da questão da barganha que, até então, era enfocado como sujeito a apenas duas condições de contorno (*constraints*): 1) nenhum dos contendores racionais poderia aceitar um acordo em que ganhasse menos do que se houvesse acordo; 2) nenhum acordo será mantido se houver qualquer outro em que uma das partes possa ganhar mais, sem que a outra parte venha a perder. Isso seria verdadeiro numa única conjuntura, nas equipotenciais do campo de força composto pela capacidade negocial dos contendores, isto é, no caso de se ter um conflito entre litigantes de mesmo poder negocial ou, no limite, com mesmo arsenal de razões jurídicas e de prova à disposição. Não há necessidade de muita reflexão para se constatar que o poder de barganha, nas mais das vezes, não está equipartido e seria suma injustiça agir como se assim fosse. Para dar conta dessa diferente capacidade negocial, Nash busca mostrar que a solução numa barganha é um ponto, no interior dos limites ou fronteiras de Pareto, isto é, no interior da região de distribuição das probabilidades de acordo, segundo as utilidades de Von Neumann e Morgenstern, em que as partes são igualmente adversas a arriscar o desacordo para obter mais do que o acordo oferece, em linguagem matemática, a solução da barganha será dada, na região de Pareto,

O NEGÓCIO JURÍDICO CONTRATUAL E SEUS PRINCÍPIOS

falhas da AED contratual resulta na limitação das partes em realizar análises racionais, muitas vezes resultando em análises emotivas ou puramente focadas em interesses individuais.

Com maior grau de racionalidade, os efeitos dos contratos e a própria execução das obrigações contratuais tende a ser mais previsível, em especial, o comportamento das partes seria mais previsível. Eric Posner[236] funda tal afirmação na aplicação da teoria dos jogos, destacando o exemplo do jogo onde as pessoas têm que escolher um único número de 0 a 100. Quem acertar o número ganha o prêmio e, na hipótese de empate, o prêmio é dividido. Se considerarmos uma análise racional com foco ao Equilíbrio de Nash, é mais razoável que todos os participantes escolham o mesmo número, de forma que o prêmio possa ser dividido entre todos, ou seja, todos ganhariam. Do contrário, se cada um escolher números distintos, haverá apena um vencedor, com prejuízo aos demais.

Semelhante raciocínio é aplicado ao denominado "bolão" para jogos da loteria. Consideremos um universo de 500 funcionários de uma mesma empresa, cada um deles tem a intenção de realizar um jogo da loteria que promete uma premiação milionária. Individualmente, as possibilidades de ganho são extremamente limitadas, especialmente se considerarmos os limites financeiros das apostas individuais e respectiva possibilidade de escolha de uma menor quantidade de números sorteáveis. No entanto, se todos os funcionários se unirem realizando um único jogo com a somatória dos valores individuais, terão um potencial econômico-financeiro de realizar uma aposta com uma maior seleção de números sorteáveis. Desta

---

quando o produto das utilidades dos litigantes for máximo. Essa solução decorre de alguns pressupostos interessantes: 1) há um ponto de desacordo a partir do qual os ganhos (mesmo os negativos) decorrentes do acordo devem ser calculados; 2) há condições de contorno (fronteiras de Pareto) sob as quais, isto é, um conjunto de pontos de possíveis acordos, a solução deve ser encontrada; 3) há um ponto chamado solução que reflete, necessariamente, o poder de barganha relativo; 4) a única informação necessária para obter a solução é conhecer, para cada possível solução, a utilidade das partes ou, mais precisa e praticamente, suas inutilidades." PUGLIESI, Márcio. **Teoria do direito.** 2 ed., São Paulo: Saraiva, 2009, p. 196

[235] POSNER, Eric. **Análise econômica do direito contratual: sucesso ou fracasso?** Tradução: Luciano Benetti Timm, Cristiano Carvalho e Alexandre Viola. São Paulo: Saraiva, 2010, pp 71-74

[236] POSNER, Eric. **Análise econômica do direito contratual: sucesso ou fracasso?** Tradução: Luciano Benetti Timm, Cristiano Carvalho e Alexandre Viola. São Paulo: Saraiva, 2010, pp 71-74

forma ampliarão exponencialmente suas possibilidades de ganho, onde todos poderão ser beneficiados com a divisão do prêmio, deixando todos igualmente satisfeitos. É a eficiência em benefício do todo, ou como diria Edgard Morin "Uma constatação banal cujas consequências não são banais: a tapeçaria é mais do que a soma dos fios que a constituem. *Um todo é mais do que a soma das partes que o constituem.*"[237] (grifos do original)

O modelo possui alguns elementos atrativos: captura a importância da distribuição das capacidades cognitivas que presumivelmente existe na população em geral, o feito da capacidade cognitiva limitada sobre as escolhas e o papel do aprendizado. Todos esses fatores devem cumprir um papel no desenho dos contratos e, dessa forma, no seu tratamento judicial próprio, mas o modelo não refina a básica intuição com a qual iniciamos, de que a doutrina contratual deve ter algo a ver com engano, falta de previsão e efeitos similares das limitações cognitivas. O papel de um modelo de racionalidade limitada na análise normativa do direito contratual também é obscuro. Se as partes não conseguem prever certos eventos, regras legais não afetarão seus incentivos e os tribunais poderão fazer o que desejarem quando esses eventos ocorrerem. Se as partes podem prever os eventos, mas falham em pensar sobre eles completa ou apuradamente, uma possibilidade de intervenção judicial útil permanece aberta.[238]

Ao realizarmos a conjugação entre os fundamentos do ótimo de Pareto e o Equilíbrio de Nash buscando uma proporcionalidade nas relações com a devida eficiência, tem-se mais uma das evidências da necessária gradação quanto à aplicação da autonomia privada e respectiva força vinculante do contrato, de forma que, ao tratarmos de relações de consumo com contratos firmados à distância e por adesão, certamente há que se ter uma menor gradação da autonomia privada com maior intervenção jurisdicional sobre o vínculo contratual. Em sentido contrário, ao se tratar de uma relação tipicamente empresarial de um contrato paritário entre presentes, haverá uma maior gradação da autonomia privada com menor (ou

---

[237] MORIN, Edgar. Introdução ao pensamento complexo. 3 ed., Porta Alegre: Edgar Sulina. 2007, p. 85

[238] POSNER, Eric. **Análise econômica do direito contratual: sucesso ou fracasso?** Tradução: Luciano Benetti Timm, Cristiano Carvalho e Alexandre Viola. São Paulo: Saraiva, 2010, p. 74

nenhuma) intervenção jurisdicional, uma vez que as partes contratantes são as mais indicadas para regularem e definirem os seus respectivos direitos e deveres. Como lembra Luciano Benetti Timm "A ideia subjacente é a de que, já que os contratos criarão riqueza, atingindo situações de ótimo de Pareto, o direito contratual deve deixar as partes livres para buscarem o que é melhor para si. [...] Vale dizer, a sociedade ou a 'igualdade' não são representadas pela parte mais fraca de uma específica relação contratual ou por um demandante no litígio, mas sim pelo grupo ou cadeia de pessoas integrante de um específico mercado.".[239]

2.5.2. As falhas do mercado na Análise Econômica do Direito e os Contratos

A AED sob a ótica do ótimo de Pareto e o Equilíbrio de Nash não considera a relevância das denominadas falhas de mercado[240] que interferem diretamente nas negociações durante a fase pré-contratual e a na própria execução do contrato e, por consequência, em uma maior ou menor gradação da autonomia privada e possível intervenção jurisdicional aos termos do contrato, especialmente se considerarmos as cláusulas gerais da boa-fé objetiva, da informação e da função social do contrato vistas acima.

As denominadas falhas de mercado são usualmente reconhecidas como três espécies: externalidade, assimetrias de informação e custo de transação.[241]

As externalidades podem ser observadas como sendo negativas ou positivas em relação aos efeitos causados a terceiros e quanto às consequências

---

[239] TIMM, Luciano Benetti. **Direito contratual Brasileiro: críticas e alternativas ao solidarismo jurídico.** 2 ed, São Paulo: Atlas, 2015, p. 194-197

[240] "Da mesma forma que a concentração econômica representa uma falha de estrutura dos mercados, as externalidades representam uma falha de sinal. É como se houvesse uma estática causando um viés no sistema de comunicação do mercado. Ele se baseia no pressuposto de que sempre os custos e os benefícios de qualquer atividade serão apropriados pelas unidades responsáveis, quer produtoras, quer consumidoras. Quando tal pressuposto deixa de ocorrer, alguns fatores escassos passam a ser utilizados gratuitamente, sem ter a sua escassez devidamente sinalizada. [...] Assim, quando as externalidades redundam em algum custo para alguém são chamadas negativas; quando beneficiam alguém são chamadas positivas." NUSDEO, Fábio. **Curso de economia: introdução ao direito econômico.** 6 ed., São Paulo: Editora Revista dos Tribunais, 2010, p. 152-154

[241] Conforme *et al* TIMM, Luciano Benetti. **Direito contratual Brasileiro: críticas e alternativas ao solidarismo jurídico.** 2 ed, São Paulo: Atlas, 2015

dos contratos firmados. "As externalidades negativas impõem uma parcela do custo de uma atividade a um terceiro; as externalidades positivas lhe dão uma vantagem não compensada em face de quem a produz."[242]

O que ocorre nas externalidades é que o excedente econômico dos contratos precisa, para refletir de forma fiel o bem-estar social causado, incluir também a variação na situação de terceiros. Assim, o excedente econômico de contratos que gera externalidades positivas é maior do que as partes normalmente levam em conta. [...] Já o contrário ocorre no caso de contratos com externalidade negativas, visto que o mercado livre tende a produzir mais do que a quantidade ótima desses contratos. Ou seja, nem todas as transações efetuadas terão excedente econômico positivo. [243]

Vasco Rodrigues aponta interessante exemplo acerca de uma externalidade negativa frequentemente verificada nos grandes centros urbanos. Trata-se de poluição gerada pelas indústrias e pelos automóveis que circulam diariamente como meio de locomoção das pessoas para os seus postos de trabalho ou até mesmo para diversão. A poluição gerada resultará em uma péssima qualidade do ar que as pessoas respiram, sendo potencialmente agressivo para a saúde da população e gerando doenças respiratórias, entre outras doenças, com uma elevação nos atendimentos médicos do setor público e privado[244].

A segunda relevante falha de mercado são as denominadas assimetrias de informação. Oportuno observar que as questões atinentes às assimetrias de informação são igualmente estudadas pelas ciências econômica e jurídica.

No caso específico da ciência jurídica, como visto acima, trata-se de um dever anexo ou lateral da boa-fé objetiva, de forma que, como analisaremos na sequência, a sua inobservância ou a sua omissão como um *standard* de conduta, é fator de aplicação da função corretiva ou da função integrativa da boa-fé objetiva, devendo ser observada e aplicada à situação em concreto

---

[242] MACKAAY, Ejan; ROUSSEAU, Stéphane. **Análise econômica do direito.** Tradução: Rachel Sztajn. 2 ed., São Paulo: Atlas, 2015, p. 123

[243] TIMM, Luciano Benetti. **Direito contratual Brasileiro: críticas e alternativas ao solidarismo jurídico.** 2 ed, São Paulo: Atlas, 2015, p. 187-188

[244] RODRIGUES, Vasco. **Análise económica do direito: uma introdução.** 2 ed., Coimbra: Almedina, 2016, p. 40-41

conforme a dinâmica do comportamento das partes contratantes e das circunstâncias negociais. Este é mais um critério a ser observado quanto à aplicação de uma maior ou menor gradação da autonomia privada e da respectiva força vinculante dos contratos.

Em uma contratação empresarial paritária, é dever das partes buscar um adequado corpo técnico para formalizar uma contratação, mesmo que isso resulte em elevação dos custos de transação. Não é adequado e nem aceitável que uma parte empresária deixe de atuar com a devida prudência e de forma preditiva em relação ao trato de seus negócios. Havendo uma maior segurança jurídica de que os negócios contratuais firmados entre empresas serão tratados com uma máxima gradação da autonomia privada, é perfeitamente aceitável afirmar que haverá uma redução no custo de transação.

> A fim de efetuar uma transação no mercado, é necessário descobrir com quem se deseja fazer a transação, informar às pessoas que se quer fazer a transação e em que termos, conduzir negociações que levam a um acordo, redigir o contrato, realizar a inspeção necessária para assegurar que os termos do contrato estão sendo cumpridos, e assim por diante. Com frequência, estas operações são extremamente dispendiosas, ou, de qualquer modo, custosas o suficiente para inviabilizar muitas operações que seriam realizadas em um mundo no qual o sistema de determinação de preços funcionasse sem custos.[245]

É igualmente dever, ou, no mínimo desejável pelo mercado e pelos operadores do direito e da economia, que o agente responsável pela atividade jurisdicional observe a necessária distinção entre as relações negociais empresariais e as relações negociais contratuais envolvendo consumidores ou nas relações contratuais de "direito comum" conforme expressão de Judith Martins-Costa ou relações de "direito privado" na expressão de Rosa Maira Barreto Borriello de Andrade Nery.

A aplicação da autonomia privada com a maior ou menor gradação conforme a atividade negocial sob análise, resultará em uma maior ou menor

---

[245] COASE, Ronald Harry. **A firma, o mercado e o direito.** Tradução: Heloisa Gonçalves Barbosa. Revisão da tradução: Francisco Niclós Negrão. Estudo Introdutório: Antonio Carlos Ferreira e Patrícia Cândido Alves Ferreira. Rio de Janeiro: Forense Universitária, 2016, p. 114

AUTONOMIA PRIVADA E A ANÁLISE ECONÔMICA DO CONTRATO

segurança jurídica para as partes e na consequente elevação ou redução do custo de transação[246].

Retomando a análise da denominada falha de mercado quanto à assimetria de informações[247], resultando que os negócios formados não obtenham o seu melhor potencial econômico, seja na formação de preços, na adequada circulação de bens e serviços ou ainda, quanto à uma maior qualidade dos produtos e serviços. Basta, para tanto, pensar na situação da compra e venda de um determinado produto usado (seja em uma loja física ou em um site de comércio eletrônico do segmento de compra e troca de produtos usados). O vendedor sempre buscará auferir o mais elevado valor pelo produto e potencializar as qualidades e o adequado estado de conservação do produto (*dolus bonus*), já o comprador sabe que é muito pouco provável que o produto esteja realmente em um adequado estado de conservação justamente por ser um produto usado, de forma que irá buscar a máxima redução do preço pela depreciação do produto, mesmo que não tenha realizado a constatação física do real estado do produto

[246] Interessante observarmos que nas relações contratuais empresariais verificadas, em especial, em alguns países asiáticos (Japão, China, Coreia do Sul etc.) envolvendo *v.g.* montadoras de veículos automotores e a indústria de autopeças, é muito comum não existir um contrato formalmente firmado entre as partes, sendo as contratações verbais e/ou eletrônicas, tendo como principal fonte de segurança jurídica a respectiva confiança atrelada a boa-fé objetiva e a uma aplicação máxima da dinâmica da autonomia privada entre as partes. Tal contratação é formada pela própria dinâmica do mercado, pois, em caso de eventual rompimento dos deveres contratuais *v.g.* da indústria de autopeças, a montadora deixará de realizar novas compras com fornecedor específico que deixou de cumprir com as suas obrigações, bem como, o próprio mercado deixará de contratar com esse fornecedor. Trata-se de um exemplo prático de regulamentação pelo próprio mercado quanto ao dever de confiança derivado da boa-fé objetiva. Nesse sentido: ARAÚJO, Fernando. **Teoria económica do contrato.** Coimbra: Almedina, 2007, pp. 359-362

[247] "Os fundamentos da teoria da assimetria informacional foram fixados ainda da década 1970, por George Akerlof, Michael Spence e Joseph Stiglitz. Os três economistas receberam, por esta pesquisa, o Prêmio Nobel de 2001. Sua pesquisa constitui uma derivação de outros estudos por meio dos quais foram constatadas as diversas imperfeições dos mercados, que vinham desafiando os postulados da economia clássica. Os modelos econômicos tradicionais foram construídos não só com base na premissa da racionalidade do sujeito, como da na que a ele estão plena e equilibradamente disponíveis as informações necessárias ao seu processo decisório." TOKARS, Fabio Leandro. Assimetria informacional. *In* RIBEIRO, Marcia Carla Pereira; KLEIN, Vinicius (Coord.) **O que é análise econômica do direito: uma introdução**. 2 ed., Belo Horizonte: Editora Fórum e ABDE – Associação Brasileira de Direito e Economia. 2016, p. 95

O NEGÓCIO JURÍDICO CONTRATUAL E SEUS PRINCÍPIOS

(neste caso o comprador está mal informado e presume a depreciação do produto). Tais fatores geram distorções no mercado, afastando as transações do que seria considerado como o Ótimo de Pareto, tal fato decorre da assimetria de informações "[...] que ocorre quando uma das partes de uma transação possui mais informações do que a outra. Há dois problemas específicos que podem ser causados pela assimetria de informações: (i) seleção adversa; (ii) risco moral."[248]

A seleção adversa foi primitivamente identificada por George Akerlof[249] e, como visto acima, é verificada nas situações em que pelo menos uma das partes desconhece a realidade de determinado mercado e/ou do produto ou serviço, especificamente quanto à qualidade desejável. Há apenas um conhecimento sofrível (informação) sobre o que seria aceitável no que se refere a média da qualidade e do preço dos serviços ou dos produtos. Nesta situação, geralmente a parte mal informada tenderá a barganhar pelo menor preço em detrimento da qualidade.

O exemplo clássico de seleção adversa é a contratação de um seguro automotivo[250], onde a seguradora raramente conhece todas as circunstâncias com que o segurado irá se comportar após a contratação do referido seguro. Nestas situações, tal como visto acima ao analisarmos as situações do Ótimo de Pareto, haverá a tendência na elevação do custo do prêmio para determinadas pessoas em tenra idade face a elevação do risco conforme cálculos atuariais. Mesmo que seja uma pessoa que preze pela boa condução de seu automóvel, haverá uma elevação do custo do prêmio considerando o comportamento médio das pessoas e suas circunstâncias, tais como: a pouca experiência na condução do veículo, frequentar casas noturnas para diversão ou locais com maior incidência de sinistros, entre outras.

Considerando que sempre haverá alguém capaz de fornecer um produto ou serviço pelo preço almejado por um dos polos de interesse na rela-

---

[248] TIMM, Luciano Benetti. **Direito contratual Brasileiro: críticas e alternativas ao solidarismo jurídico.** 2 ed, São Paulo: Atlas, 2015, p. 188

[249] AKERLOF, George A. The Market for 'lemons': quality uncertainty and the Market mechanism. **Quarterly jornal of economics**, The MIT Press, v. 84 (3), p. 488-500, 1970. *Apud* TIMM, Luciano Benetti; GUARISSE, João Francisco Menegol. Análise econômica dos contratos. *In* **Direito e economia no Brasil**. 2 ed., São Paulo: Atlas, 2014, p. 167. TIMM, Luciano Benetti. **Direito contratual Brasileiro: críticas e alternativas ao solidarismo jurídico.** 2 ed, São Paulo: Atlas, 2015, p. 188

[250] TIMM, Luciano Benetti; GUARISSE, João Francisco Menegol. Análise econômica dos contratos. *In* **Direito e economia no Brasil**. 2 ed., São Paulo: Atlas, 2014

ção contratual, mesmo que isso signifique uma imperfeição de mercado pela eventualidade de redução na qualidade do produto ou do serviço, a consequência direta de tal fato é o inevitável risco de que os serviços e os produtos de elevada qualidade fiquem escassos, frente à injusta competição com ênfase apenas em relação ao preço.[251]

> Enfim, enquanto os participantes do mercado forem mal informados sobre as opções disponíveis, arriscam-se a fazer escolhas que estarão longe de serem as melhores. Em todas as circunstâncias em que haja imperfeições do mercado, não se pode considerar existir a tendência, demonstrada no modelo neoclássico, de evolução autônoma das forças sociais na direção do equilíbrio que seria, ao mesmo tempo, um ótimo.[252]

Essa situação também é verificada na experiência das contratações de escritórios de advocacia para atuação em processos repetitivos de relação de consumo (também chamado de contencioso massificado), normalmente envolvendo relações com empresas de serviços de telefonia e internet, instituições bancárias, cartões de crédito, e-commerce, concessionárias de fornecimento de água e luz, entre outros. A contratante do serviço, em muitas situações não busca atuar no fato gerador de tais processos, mas sim, apenas administrar um volume excessivo de processos repetitivos, uma vez que o custo de correção do fato gerador é mais elevado que o custo de gestão de tais processos.

Nestas situações a busca por um serviço de qualidade fica em segundo plano, sendo priorizado o aspecto quantitativo, ou seja, apenas o escritório de advocacia que aceite conduzir o maior volume possível de processos pelo menor custo de honorários é que irá participar. "Assim, a qualidade média dos produtos naquele mercado irá diminuir."[253]

O segundo problema de assimetria de informações aqui analisado (o risco moral[254]) é verificado quando "[...] uma parte tem incentivos para

---

[251] Timm, Luciano Benetti. **Direito contratual Brasileiro: críticas e alternativas ao solidarismo jurídico.** 2 ed, São Paulo: Atlas, 2015, p. 188

[252] Mackaay, Ejan; Rousseau, Stéphane. **Análise econômica do direito.** Tradução: Rachel Sztajn. 2 ed., São Paulo: Atlas, 2015, p. 123

[253] Timm, Luciano Benetti; Guarisse, João Francisco Menegol. Análise econômica dos contratos. *In* **Direito e economia no Brasil.** 2 ed., São Paulo: Atlas, 2014, p. 167

[254] "A classic contracting problem has the following structure. A principal engages an agent to take certain actions on the principal's behalf. However, the principal cannot directly ob-

alterar seu comportamento de forma prejudicial a outra parte, sem que esta possa saber ou impedir essa alteração"[255]

Às vezes, uma ou mais partes de um contrato carecem de informações essenciais sobre ele. A falta de informações pode ter diversas causas. Às vezes, as pessoas mentem ou sonegam informações a fim de obter vantagem na barganha. Às vezes, elas deixam de transmitir informações para economizar custos de comunicação. [...] Na tradição do *civil law*, seu contrato poderá ser anulável porque você não forneceu as informações que deveria ter fornecido. Na maioria dos contratos de venda, o vendedor tem de advertir o comprador a respeito de perigos ocultos associados ao uso do produto, mesmo que essa informação talvez faça com que o comprador não realize a compra [...][256] (grifos do original)

Os contratos de seguro também podem ser utilizados como exemplos de situações onde são igualmente verificadas assimetrias de informação pelo denominado risco moral, onde uma das partes, após firmar o respectivo contrato, deixa de tomar as necessárias cautelas com o bem segurado, expondo-o a riscos que não seriam verificados se o bem não estivesse segurado.

No mesmo sentido, conforme destaca Luciano Benetti Timm[257], pode ocorrer o risco moral nos denominados problemas de agência, onde o agente que representa uma das partes deve cuidar dos interesses desta, tal como ocorre nas situações societárias em que o administrador da socie-

---

serve the agent's actions, which creates a problem of moral hazard: the agent may take actions that increase his own payo but reduce the overall surplus of the relationship. To be specific, suppose the principal is the main shareholder of a company and the agent is the company's manager. As Adam Smith noted, the separation of ownership and control in a company might cause the manager to make decisions contrary to the interests of shareholders." HART, Oliver; HOLMSTRÖM, Bengt. **Contract Theory.** Disponível em: <http://www.nobelprize.org/nobel_prizes/economic-sciences/laureates/2016/advanced-economicsciences2016.pdf.> Acesso em 19.out. 2016

[255] TIMM, Luciano Benetti. **Direito contratual Brasileiro: críticas e alternativas ao solidarismo jurídico.** 2 ed, São Paulo: Atlas, 2015, p. 188

[256] COOTER, Robert; ULEN, Thomas. **Direito & Economia.** Tradução: Luis Marcos Sander e Francisco Araújo da Costa. 5 ed. Porto Alegre: Bookman, 2010, p. 233 (Revisão Técnica et al. Luciano Benetti Timm, Bruno Meyerhof Salama)

[257] TIMM, Luciano Benetti. **Direito contratual Brasileiro: críticas e alternativas ao solidarismo jurídico.** 2 ed, São Paulo: Atlas, 2015, p. 189

AUTONOMIA PRIVADA E A ANÁLISE ECONÔMICA DO CONTRATO

dade empresária ou da companhia deve cuidar dos interesses de seus sócios e acionistas, ou ainda dos interesses do representado (sócio, acionista, membro do conselho de administração ou diretor)[258]. Em tais situações, o representado deve tomar cautelas adicionais para monitorar e gerir continuamente os atos praticados pelo agente, tal como a contratação de uma auditoria externa independente, ou ainda, a estruturação de um sistema de *compliance* em que pessoas (agentes de *compliance*) estarão focados em constante e ininterrupta fiscalização de atos praticados pelo agente. Tais medidas resultam na inevitável elevação do custo de transação e respectiva redução de transações em detrimento ao que seria almejado pelo mercado.

Nas referidas situações de assimetria de informação pelo risco moral há o claro abuso do direito e a atuação de uma das partes em desrespeito ao *standard* de conduta conforme a boa-fé objetiva, facultando o rompimento da relação contratual, ou ainda, no exemplo do contrato de seguro, pode resultar na desoneração de responsabilidade da companhia seguradora para o pagamento do prêmio. O Código Civil de 2002 pelos seus artigos 187, 421 e 422 não admite tal forma de agir[259], devendo o agente de a atividade jurisdicional afastar[260] as situações que estão em clara agressão à ordem pública vinculada a boa-fé objetiva e a função social do contrato. "A(a) boa-fé hermenêutica serve, primeiramente, para direcionar o intér-

---

[258] Vale observar que também é possível verificar o problema de agência em relação ao próprio Diretor ou membro do Conselho de Administração que age conforme os seus próprios interesses (interesses pessoais) em prejuízo dos interesses da companhia ou da sociedade empresária em verdadeiro conflito de interesses.

[259] "O princípio da boa-fé objetiva não apenas fundamenta a informação contratual, como ainda desempenha um papel imprescindível na novel disciplina civil-constitucional das obrigações privadas. Sua aplicação não se encontra limitada ao microssistema de defesa do consumidor (art. 4º, inciso III, da Lei n. 8078 de 1990), porém se espraia sobre todos os negócios jurídicos, como regra de conduta norteadora dos direitos e deveres daí decorrente. Sua utilização como fundamento da informação contratual viabiliza a proteção dos interessados na sua obtenção não somente durante o cumprimento das obrigações pactuadas, como também durante a fase pré-contratual e pós-contratual (em que subsistem deveres correlatos a serem cumpridos)." LISBOA, Roberto Senise. **Obrigação de informar**. São Paulo: Almedina, 2012, pp. 65-66

[260] "(v) segundo a jurisprudência do Superior Tribunal de Justiça, a boa-fé atua, excepcionalmente, como juízo de equidade, para atenuar o rigor do texto legal e/ou contratual, fazendo evidenciar o espírito que está para além da letra, sempre considerados os dados linguísticos e a interpretação sistemática e a teleológica." MARTINS-COSTA, Judith. **Boa-Fé no Direito Privado – critérios para a sua aplicação**. São Paulo: Marcial Pons, 2015, pp. 508

O NEGÓCIO JURÍDICO CONTRATUAL E SEUS PRINCÍPIOS

prete, na avaliação do contrato (considerados o texto contratual e a conduta contratual), ao sentido contextualmente mais coerente com a utilidade que seria possível esperar daquele contrato particularmente considerado, em vista de sua finalidade econômico-social."[261]

No entanto, se não for verificada uma circunstância de risco moral decorrente de falsas informações ou de abuso do direito em violação à boa-fé objetiva e a função social do contrato, mas sim, de omissão de informações por uma das partes em que a contraparte poderia desvendar, não se estará frente à uma violação legal do dever de informação, tal como dispõe a cláusula geral da boa-fé objetiva, que opera nos dois sentidos de interesses contratuais, não podendo ser utilizado como uma máxima de escusa para qualquer situação como se fosse um manto protetor para toda e qualquer situação.

As partes, porém, não estão obrigadas a prestar todas as informações possíveis no momento da formação do contrato nem a prestar todos os esclarecimentos que envolvam a celebração do negócio em questão, posto existir um dever de manter-se informado e de buscar os esclarecimentos necessários para a prática dos atos da vida civil. O trato social demanda uma necessidade constante de informações que não podem ser simplesmente imputadas apenas a um dos contratantes, sob a alegação genérica de que é detentor do poder econômico e parte mais forte na relação contratual. [...] Essa ressalva é fundamental para a determinação da responsabilidade por conselhos, informações e recomendação, impondo-se ao operador do direito que efetue a devida ponderação de interesses antes de se afirmar que existe um dever de esclarecimento ou de informação no caso concreto. Afinal, também deve existir a boa-fé da contraparte no sentido de agir diligentemente no momento de celebrar o negócio jurídico, buscando esclarecer-se acerca das condições e cláusulas do contrato, agindo com lealdade e ética, antes de intentar a sua rescisão por suposta violação ao dever de informar por parte do outro contratante.[262]

Nesse sentido é que se encontra a aplicação da maior ou menor gradação da autonomia privada e da força vinculante dos contratos, devendo

[261] MARTINS-COSTA, Judith. **Boa-Fé no Direito Privado – critérios para a sua aplicação.** São Paulo: Marcial Pons, 2015, pp. 507
[262] AGUIRRE, João Ricardo Brandão. **Responsabilidade e informação: efeitos jurídicos das informações, conselhos e recomendações entre particulares.** São Paulo: Editora Revista dos Tribunais, 2011, pp. 177-179

ser observadas as reais circunstâncias contratuais durante a fase de formação (pré-contratual), durante a fase contratual (execução do contrato) e durante a fase pós-contratual, além da necessária constatação e observância ao comportamento das partes na dinâmica contratual.

Não se deve admitir em relação às denominadas falhas de mercado pela assimetria de informação unilateral, que sempre possa haver a possibilidade de uma revisão ou extinção da relação contratual, pois mesmo para as relações contratuais de consumo, é dever do consumidor munir-se com o mínimo necessário de informações sobre a qualidade e aspectos da relação contratual que está buscando. Com maior relevância é o dever das partes em uma relação jurídico-empresarial, não havendo o que se falar em mitigação da força vinculante do contrato sob o parco argumento da falta ou deficiência de informações, ressalvada, obviamente, as situações em que são constatadas a má-fé ou o abuso do direito. Ao reconhecer que as circunstâncias contratuais e o comportamento das partes operam na dinâmica de uma maior ou menor gradação da autonomia privada, estar-se-á garantindo uma maior segurança jurídica no trato das relações contratuais com potencial redução do custo de transação, já que as partes poderão confiar que vínculos contratuais serão observados e mantidos tal como pactuados.

Situações opostas à deficiência do mercado por assimetria de informações de apenas um dos polos de interesse contratual são as circunstâncias em que há a ausência ou deficiência de informação para ambas as partes contratantes. Nestas situações de falhas de mercado com assimetria de informação para ambas as partes, será possível reconhecer a frustração do objeto do contrato, ou ainda, a impossibilidade do cumprimento ou da exigência de execução do contrato tal como foi verificado nos denominados *Coronation Cases*. Vejamos:

> Outra possibilidade é que ambas as partes baseiem o contrato nas mesmas informações equivocadas. Isto constitui a base de uma escusa jurídica para a quebra de uma promessa conhecida como *frustração do objeto do contrato* (*frustration*). O direito inglês oferece alguns exemplos famosos conhecidos como 'Coronation Cases' ['casos da coroação']. Nos primeiros anos do século 20, quartos situados em certas ruas de Londres foram alugados antecipadamente para o dia em que o desfile de coração do novo rei passasse por ali. Entretanto, o herdeiro do trono ficou doente, e a coroação foi adiada. O adiamento do desfile tornou o acordo de locação sem valor para o locatá-

O NEGÓCIO JURÍDICO CONTRATUAL E SEUS PRINCÍPIOS

rio. Alguns proprietários dos quartos alugados tentaram cobrar o aluguel de qualquer maneira. Os tribunais se recusaram a executar os contratos em razão do fato de que a mudança nas circunstâncias frustrava o objeto do contrato.[263]

No mesmo sentido de resolução do contrato verifica-se no sistema do Código Civil de 2002 onde o perecimento da coisa sem culpa do credor ou do devedor, ou ainda nas hipóteses de caso fortuito externo ou de força maior, torna a obrigação inexequível, ou no mínimo, com a possibilidade de sua revisão quanto ao preço ou forma de execução definida pelas partes tal como se verifica da letra dos artigos 235, 236 e 393. "A hipótese legal prevê a situação de ter a coisa se deteriorado 'entre o momento em que se formou a obrigação e o momento em que ela se cumpre, com a entrega' [...] sem culpa do devedor. O legislador quer que o credor não seja obrigado a receber coisa que já não contém as qualidades da que esperava receber. [...]".[264] Nosso sistema igualmente prevê as hipóteses de extinção da relação contratual, ou da sua necessária revisão, com a chamada teoria da imprevisão e da onerosidade excessiva na forma dos artigos 317 e 478 do Código Civil de 2002.[265]

---

[263] COOTER, Robert; ULEN, Thomas. **Direito & Economia.** Tradução: Luis Marcos Sander e Francisco Araújo da Costa. 5 ed. Porto Alegre: Bookman, 2010, p. 234 (Revisão Técnica et al. Luciano Benetti Timm, Bruno Meyerhof Salama)

[264] NERY JUNIOR, Nelson; NERY, Rosa Maria de Andrade. **Código Civil comentado.** 11 ed. São Paulo: Editora Revista dos Tribunais, 2014, p. 639

[265] "A norma autoriza a revisão judicial dos contratos, no caso que menciona. Trata-se de hipótese exemplificativa, pois o sistema admite a revisão em outros casos, como, por exemplo, quando houver: a) quebra da base objetiva do negócio jurídico; b) desequilíbrio contratual; c) desproporção da prestação; d) quebra da função social do contrato; e) ofensa à boa-fé objetiva etc. [...] A onerosidade excessiva, que pode tornar a prestação desproporcional relativamente ao momento de sua execução, pode dar ensejo tanto à resolução do contrato (CC 478) quanto ao pedido de revisão da cláusula contratual (CC 317), mantendo-se o contrato. Esta solução é autorizada pela aplicação, pelo juiz, da cláusula geral da função social do contrato (CC 421) e também da cláusula geral da boa-fé objetiva (CC 422). O contrato é sempre, e em qualquer circunstância, operação jurídico-econômica que visa a garantir a ambas as partes o sucesso de suas lídimas pretensões. Não se identifica, em nenhuma hipótese, como mecanismo estratégico de que se poderia valer uma das partes para oprimir ou tirar proveito excessivo de outra. Essa ideia de socialidade do contrato está impregnada na consciência da população, que afirma constantemente que *o contrato só e bom quando é bom para ambos os contratantes.*" (destaques do original) NERY JUNIOR, Nelson; NERY, Rosa Maria de Andrade. **Código Civil comentado.** 11 ed. São Paulo: Editora Revista dos Tribunais, 2014, p. 698 e 870

AUTONOMIA PRIVADA E A ANÁLISE ECONÔMICA DO CONTRATO

Em tais situações não há o que se falar em vício intencional de qualquer das partes, ou ainda em situações que poderiam onerar o custo de transação, já que são situações imprevisíveis e praticamente impossíveis de serem regradas pelas cláusulas de um determinado contrato, igualmente não havendo o que se falar em maior ou menor grau de autonomia privada, já que são circunstâncias que fogem ao comumente esperado e/ ou desejado no vínculo contratual.

Os contratos invariavelmente são incompletos, já que as partes contraentes de determinado vínculo obrigacional não podem prever todas as situações possíveis, ou ainda, a tentativa de prever e esgotar todas as situações futuras, tornaria o custo de transação inviável para a formação do contrato e para a criação e circulação de riquezas.

> Um contrato completo, teoricamente, descreveria todos os riscos possíveis, mas os custos de transação – incluindo o custo da negociação e de redação do contrato; as possibilidades de previsão de eventos de pouca probabilidade tornam todos os contratos incompletos. Ademais, as partes podem escolher alguns termos ou evitar barganha superior ou de valer-se de uma assimetria de informação. Assim, contratos são usualmente bastante incompletos. Por conta disso, as partes se valem dos costumes, dos usos comercias, e, no final, dos tribunais para completar os termos dos contratos. [...] A literatura dos contratos incompletos coloca a seguinte questão para a análise econômica do direito: por que partes racionais escolheriam contratos não contingenciais quando contratos mais sofisticados proporcionariam às partes atingirem resultados melhores? E, se as partes escolhessem contratos mais sofisticados, por que os tribunais precisariam fazer algo além de obrigar o cumprimento dos termos destes contratos? Se tribunais somente obrigassem o cumprimento dos termos contratuais, muito da doutrina contratual e da literatura da análise econômica do direito seria irrelevante.[266]

Os contratos incompletos[267], sob a ótica da análise econômica do direito[268] com reflexos sobre a autonomia privada e a força vinculante do

---

[266] POSNER, Eric. **Análise econômica do direito contratual: sucesso ou fracasso?** Tradução: Luciano Benetti Timm, Cristiano Carvalho e Alexandre Viola. São Paulo: Saraiva, 2010, pp. 18 e 48

[267] "É necessário ressaltar um aspecto fundamental sobre qualquer contrato, seja ele oneroso ou não: contratos são sempre incompletos, imperfeitos, passíveis de alterações pelos eventos

O NEGÓCIO JURÍDICO CONTRATUAL E SEUS PRINCÍPIOS

contrato, têm basicamente duas razões de ser. A primeira é o próprio custo da transação que poderá tornar o negócio impossível de ser formado, uma vez que o seu custo de transação (custo de elaboração contratual e/ou os custos decorrentes dos cuidados almejados – direitos e obrigações previstos contratualmente) podem não compensar os benefícios finais esperados com a contratação e a segunda razão é decorrente dos contratos de longa duração e/ou contratos que envolvam tecnologia, uma vez que, em ambas as situações (longa duração ou novas tecnologias) será oportuno que as partes mantenham aberturas ao sistema contratual para a sua adequação e aos necessários ajustes durante a dinâmica do processo obrigacional, ou seja, a adequação ao longo da execução de um contrato de longa duração ou da adequação às novas tecnologias. [268]

Em relação a primeira razão apontada para a formação de um contrato incompleto (elevado custo de transação), pode-se exemplificar com a situação da contratação de um *software* de gestão empresarial almejado por uma determinada empresa "A". Como é sabido, nenhum *software* é imune a erros e possíveis interrupções de momentâneo funcionamento e execução das rotinas computacionais. Ao deter tal conhecimento e previsibili-

---

e pelas intempéries da natureza. Também pode ser alterados, na sua execução, simplesmente pela mudança da vontade dos agentes contratantes, ou em face e estes desconhecerem algum dado no momento de sua celebração, ou porque algum fato novo impediu a adesão deles ao que fora previamente combinado." PINHEIRO, Armando Castelar; SADDI, Jairo. **Direito, economia e mercados.** 4 tiragem, Rio de Janeiro: Elsevier Editora, 2005, p. 117

[268] "A solução eficiente poderá ser ajustada pelas partes no momento da estipulação do contrato, a partir da celebração do denominado contrato incompleto. Ou seja, as partes preveem negócio de longa duração lacunoso, sem disciplinar todas as possíveis supervenências que poderão atingi-lo, como forma de diminuir os custos de transação e obter resultado mais eficiente. [...] Outras razões justificam o contrato incompleto para a análise econômica do direito. Pode-se indicar, ao lado da redução dos custos de transação, (i) a vagueza da linguagem, que não é suficientemente rica para descrever todos os possíveis acontecimentos; (ii) o esquecimento, pois as partes involuntariamente, omitem eventualidades importantes no momento da celebração do contrato; e (iii) a assimetria de informações. [...] Vale dizer: configura-se lacuna, para a análise econômica do direito, quando o contrato é silente acerca de determinado risco, que incide sobre as obrigações assumidas pelas partes. Diversamente da lacuna em sentido jurídico, que se configura pela ausência de especificação de determinado elemento da relação contratual, que é deixado em branco, a incompletude em sentido econômico prescinde da verificação de lacuna em sentido técnico, considerando relevante o descolamento entre o negócio celebrado pelas partes e as circunstâncias efetivamente verificadas." (grifos do original) BANDEIRA, Paula Greco. **Contrato incompleto.** São Paulo: Atlas, 2015, pp. 37-41

dade (simetria de informações), a empresa "A" pretende que seja fixado um compromisso de nível de atendimento (fixação ou limitação do tempo de resposta para soluções) também conhecido como contrato de *SLA – Service Level Agreement*. Já a empresa "B", fornecedora do *software*, tem conhecimento de que eventuais interrupções do adequado funcionamento do *software* podem ser causadas por motivos imprevisíveis e sem que haja uma certeza quanto ao tempo necessário para a correção e reestabelecimento do seu adequado processamento computacional, de forma que, para estabelecer qualquer contrato de *SLA* se dependerá de uma equipe técnica completa e sempre à disposição de seus clientes com custos elevadíssimos, pois o serviço deveria ficar disponível durante vinte e quatro horas por dia todos os dias do ano, incluindo os finais de semana, feriados e demais datas comemorativas.

O custo de transação que seria cobrado pela empresa "B" para fornecer um contrato de *SLA* para a empresa "A" poderá tornar a contratação inviável conforme o grau de criticidade de sua operação. No entanto, se a empresa "A" for uma fornecedora de partes e peças para a indústria automobilística, possuindo um contrato com a montadora "C" que fixe elevadas e severas multas contratuais para a hipótese de atraso no fornecimento de peças, será bem provável que a contratação do *SLA* pela empresa "A" com a empresa "B" seja pertinente frente aos riscos e respectiva relação econômico-financeira. No entanto, se a empresa "A" pudesse manter um estoque maior de partes e peças de forma que a eventual interrupção do funcionamento do software da empresa "B" não viesse a afetar o seu fornecimento para a montadora "C", não há um motivo real da exigência de um contrato de *SLA*, o qual poderá ser dispensado tornando a contratação entre as empresas "A" e "B" mais próxima de uma adequada equação econômico-financeira e com um custo de transação expressivamente reduzido.

Em relação a segunda razão apontada para os contratos incompletos (longa duração ou novas tecnologias), pode-se dizer que o propósito almejado pelas partes é muito semelhante ao propósito das cláusulas gerais e dos conceitos legais indeterminados que formam o Código Civil de 2002[269],

---

[269] "As cláusulas gerais são formulações contidas na lei, de caráter significativamente genérico e abstrato, cujos valores devem ser preenchidos pelo juiz, autorizado para assim agir em decorrência da formulação legal da própria cláusula geral, que tem natureza de diretriz. Distinguem-se dos conceitos legais indeterminados pela finalidade e eficácia, pois aqueles, uma vez diagnosticados pelo juiz no caso concreto, já têm sua solução preestabelecida na lei,

O NEGÓCIO JURÍDICO CONTRATUAL E SEUS PRINCÍPIOS

de forma que o contrato seja um sistema semiaberto e capaz de ser adequado e ajustado às circunstâncias concretamente verificadas pelas partes ao longo da execução contratual, sem que haja uma necessidade de constante e ininterrupta atualização das cláusulas contratuais à realidade enfrentada pelas partes.

Portanto, em relação aos contratos incompletos e os seus reflexos quanto à possível dinâmica da gradação de uma maior ou menor autonomia privada a ser verificada pelo aplicador da atividade jurisdicional, deverão ser verificadas as duas situações acima abordadas. Quando as partes intencionalmente estabeleceram um contrato incompleto em face de sua determinante razão em relação ao custo de transação, a interpretação contratual deverá considerar tal premissa, com especial cuidado em relação às denominadas sentenças determinativas, uma vez que, se as partes deixaram o contrato incompleto justamente para evitar uma eventual inviabilidade econômico-financeira da contratação, não caberá ao aplicador da atividade jurisdicional criar direitos e/ou obrigações que foram propositalmente omitidos pelas partes no ato da contratação. Dever-se-á respeitar e manter o quanto constou do contrato, mesmo que seja quanto à sua omissão, pois esse foi o interesse final almejado pelas partes no ato da formação do vínculo obrigacional, sob pena de resultar em uma inevitável quebra da base objetiva do negócio jurídico, conforme será analisado no capítulo 3.3. abaixo.

No mesmo sentido, é a necessária observância de uma maior ou menor gradação da autonomia privada em relação aos contratos incompletos decorrentes da segunda razão apontada (longa duração ou novas tecnologias). Deve-se verificar a dinâmica do processo obrigacional e, com maior ênfase ainda, ao comportamento das partes no decorrer da execução do objeto do contrato, cabendo ao aplicador da atividade jurisdicional buscar o justo termo conforme a dinâmica desenvolvida e observada pelas partes,

cabendo ao juiz aplicar referida solução. [...] O juiz exerce papel de suma importância no exercício dos poderes que derivam das cláusulas gerais, porque ele instrumentaliza, preenchendo com valores, o que se encontra abstratamente contido nas referidas cláusulas gerais. Como as cláusula gerais têm função instrumentalizadora, porque vivificam o que se encontra contido, abstrata e genericamente, nos princípios gerais de direito e nos conceitos legais indeterminados, têm as cláusulas gerais natureza mais concreta e efetiva do que esses dois institutos. A cláusula geral não é princípio, tampouco regra de interpretação; é norma jurídica, isto é, fonte criadora de direitos e de obrigações." NERY, Rosa Maria de Andrade; NERY JUNIOR, Nelson. **Instituições de direito civil: direito das obrigações**. v II. São Paulo: Editora Revista dos Tribunais, 2015, pp. 122-123

uma vez que a incompletude contratual foi desejada pelas partes justamente para criar um sistema semiaberto e flexível a realidade enfrentada no decorrer do tempo do vínculo contratual, ou conforme o surgimento e desenvolvimento de novas tecnologias. A incompletude contratual nestas situações envolve riscos de interpretação futura, tal como incorre em risco a aplicação das próprias cláusulas gerais e dos conceitos legais indeterminados.[270]

2.5.3. O Capitalismo Consciente como fonte de equilíbrio às teorias finalistas da análise econômica do direito

Ao longo do presente capítulo segundo destinado ao estudo do negócio jurídico contratual e seus princípios, buscou-se realizar uma integração entre os princípios do direito contratual e as diretrizes da análise econômica do direito em busca de um justo meio, de um equilíbrio e proporção entre as duas formas de analisar as questões contratuais em busca da eficiência socioeconômica e jurídica do contrato por meio da tese de uma gradação na aplicação do princípio da autonomia privada e da força vinculante do contrato.

Para concluir este capítulo e como forma de unificar a análise econômica do direito aos tradicionais princípios da teoria geral dos contratos e, igualmente servindo como justificativa para uma gradação da aplicação do princípio da autonomia privada conforme a dinâmica do vínculo contratual e do comportamento das partes, entende-se pertinente a análise da recente teoria do Capitalismo Consciente inaugurada por John Mackey e Raj Sisodia[271]. Embora seus princípios tenham uma atuação empírica mais antiga conforme implementado na rede de mercados norte-americana *Whole Foods Market*, academicamente passou a ganhar maior relevância após a crise econômica norte americana de 2007 e 2008 com uma forte desconfiança

---

[270] "Em contrapartida, é desvantagem da cláusula geral conferir certo grau de incerteza e insegurança às relações, dada a possibilidade de o juiz criar a norma pela determinação dos conceitos, preenchendo o seu conteúdo com valores, quando da análise do caso concreto que lhe chega para apreciação. O uso das cláusulas gerais contém riscos, é certo." NERY, Rosa Maria de Andrade; NERY JUNIOR, Nelson. **Instituições de direito civil: direito das obrigações**. v II. São Paulo: Editora Revista dos Tribunais, 2015, p. 123

[271] MACKEY, John; SISODIA, Raj. **Capitalismos consciente: como libertar o espírito heroico dos negócios**. Tradução Rosemarie Ziegelmaier, 1 ed., 4 impressão, São Paulo: HSM Editora, 2013

O NEGÓCIO JURÍDICO CONTRATUAL E SEUS PRINCÍPIOS

dos investidores e da população em relação aos maiores líderes dos grupos econômicos empresariais, financeiros, imobiliários e públicos (órgãos de fiscalização e controle de mercado, congresso, poder executivo etc.).

O capitalismo consciente vem recuperar a imagem defasada do capitalismo[272]. "O capitalismo de livre-iniciativa tem de estar enraizado em um sistema ético baseado na criação de valor para todos os *stakeholders*. O dinheiro constitui uma medida de valor, mas certamente não é a única."[273] No entanto, o desvirtuamento do capitalismo resultou, muitas vezes em ações antiéticas onde o único objetivo das empresas e das pessoas deveria ser o lucro. Levando-se em conta o Ótimo de Pareto, seria como afirmar que o Ótimo de Pareto busca apenas a eficiência do contrato entre as partes como pura forma de maximização dos lucros sem qualquer preocupação com a ética, com a sustentabilidade das transações negociais e com a sociedade[274].

Seguindo o mesmo entendimento equivocado do lucro como a única razão de ser do capitalismo, a análise realizada por Max Weber em seu

---

[272] "Perseguir o lucro como objetivo primeiro e singular significaria buscar toda vantagem possível no corpo a corpo com clientes, fornecedores, trabalhadores, contra o meio ambiente e contra a sociedade. Uma infatigável guerra por migalhas. A consequência dessa atitude é que o capitalismo passou a ser identificado com a ganância, o egoísmo e a exploração." ROCHA, Flávio. *In* MACKEY, John; SISODIA, Raj. **Capitalismos consciente: como libertar o espírito heroico dos negócios**. Tradução Rosemarie Ziegelmaier, 1 ed., 4 impressão, São Paulo: HSM Editora, 2013, p. xi

[273] MACKEY, John; SISODIA, Raj. **Capitalismos consciente: como libertar o espírito heroico dos negócios**. Tradução Rosemarie Ziegelmaier, 1 ed., 4 impressão, São Paulo: HSM Editora, 2013, p. 22

[274] "O capitalismo é acusado de explorar trabalhadores, ludibriar consumidores, promover desigualdades ao beneficiar ricos em detrimento de pobres, homogeneizar a sociedade, fragmentar comunidades e destruir o meio ambiente. Empreendedores e outros personagens ligados aos negócios são deplorados como pessoas motivadas basicamente por egoísmo e ganância. Enquanto isso, os defensores do capitalismo muitas vezes discursam em um jargão que, em vez de rebater as acusações, reforça nas pessoas a crítica ética de que capitalistas só se preocupam com dinheiro e lucros e de que as empresas só podem se redimir por meio de 'boas obras' – o que é uma visão fundamentalmente equivocada. [...] Grande parte da atual animosidade ante o capitalismo decorre do ponto de vista equivocado de que a riqueza é um patrimônio estanque a ser compartilhado por todos de forma equitatitva e justa – quando, na realidade, esse patrimônio é expansível por meio da hábil combinação de recursos, trabalho e inovação. Com isso, a prosperidade de um não necessariamente implica o empobrecimento do outro. Ao contrário: se o bolo cresce, sobram fatias para mais pessoas. Essa ideia está no cerne do capitalismo e sua única e extraordinária capacidade de gerar riqueza." *Op. cit.*, pp. 15-17

estudo A Ética Protestante e o Espírito do Capitalismo[275] que ao fazer uma análise quanto ao surgimento e evolução do capitalismo no início do século XX, realiza interessante estudo a partir da ética protestante e do afã pelo lucro.

> Se lhes perguntarem qual é sentido de sua atividade ininterrupta, o porquê da sua constante insatisfação com o que têm, dando, assim, a impressão de ser tão desprovida de sentido para qualquer concepção da vida puramente mundana, a resposta, se soubessem de alguma, talvez fosse 'para o futuro dos filhos e dos netos'. [...] É esta, de fato, a única motivação possível, mas ao mesmo tempo, expressa o que, do ponto de vista da felicidade pessoal, é tão irracional acerca deste tipo de vida, em que o homem existe em razão de seu negócio, ao invés de se dar o contrário. [...] Atualmente, sob nossas individualísticas instituições políticas e econômicas, com as formas de organização e estrutura geral peculiares à nossa ordem econômica, este 'espírito' do capitalismo poderia ser, como tem sido dito, compreensível puramente como produto da adaptação. Também o sistema capitalista necessita desta devoção à 'vocação' para ganhar dinheiro, pois ela configura uma atitude para com os bens materiais que está tão intimamente adaptada a este sistema, tão intimamente ligada às condições de sobrevivência econômica na luta pela existência, que hoje não pode haver mais dúvida alguma sobre a conexão necessária entre esta maneira cremática de vida e qualquer *Weltanschauung* (mundividência) isolada.[276]

É justamente contrária a essa visão individualista, egocêntrica e da ânsia de lucro com um fim em si mesmo, que poderia gerar eventual interpretação equivocada da análise econômica do direito contratual que se encontra na presente tese, defendendo a necessária existência um meio termo pela aplicação dos princípios gerais do direito contratual e da análise econômica do direito em consonância com o capitalismo consciente na busca do desenvolvimento de respeito e consideração aos *stakeholders* com um

---

[275] WEBER, Max. A ética protestante e o espírito do capitalismo. *In* **Ensaios de sociologia e outros escritos.** (Tradução M. irene de Q. F. Szmrecsányi e Tamás J. M. K. Szmrecsányi) Coleção Os Pensadores, v. XXXVII, 1 ed., São Paulo: Abril S.A. Cultural e Industrial, 1974

[276] WEBER, Max. A ética protestante e o espírito do capitalismo. *In* **Ensaios de sociologia e outros escritos.** (Tradução M. irene de Q. F. Szmrecsányi e Tamás J. M. K. Szmrecsányi) Coleção Os Pensadores, v. XXXVII, 1 ed., São Paulo: Abril S.A. Cultural e Industrial, 1974, pp. 200-201

O NEGÓCIO JURÍDICO CONTRATUAL E SEUS PRINCÍPIOS

propósito elevado em benefício da sustentabilidade dos vínculos jurídicos contratuais; em última análise, em busca do desenvolvimento do dever de proteção, confiança e lealdade, sem deixar de observar a necessidade do lucro e as respectivas consequências socioeconômicas na interpretação contratual pelo responsável da atuação jurisdicional, inclusive por meio de uma maior ou menor gradação do princípio da autonomia privada e respectiva força vinculante do contrato.

O capitalismo consciente como paradigma para o desenvolvimento dos negócios e respectivos reflexos aos vínculos contratuais, é fundamentado em quatro pilares, sendo: (i) propósito elevado; (ii) liderança consciente; (iii) cultura consciente; e, (iv) orientação para os *stakeholders.*

Propósito elevado representa a razão de ser de uma organização, considerando os seus objetivos organizacionais, a geração de valor compartilhado, o modelo de negócio focado no bem comum e a identificação de oportunidades de negócios focados no propósito elevado da organização.

Se realizarmos uma breve análise da Natura Cosméticos S.A.[277], companhia que possui como missão "promover o Bem Estar Bem" declarando expressamente para todo o mercado que: "Nossos produtos são a maior expressão da nossa essência. Para desenvolvê-los, mobilizamos uma rede de pessoas capazes de integrar conhecimento científico e o uso sustentável da rica biodiversidade botânica brasileira." Destacando a igual importância com o desenvolvimento econômico e lucrativo da companhia, pois "Somos parte de uma rede global de organizações que aliam crescimento econômico à promoção do bem-estar social e ambiental [...] privilegia um olhar cada vez mais integrado para o desempenho da companhia, abrangendo os aspectos econômicos, sociais e ambientais."

Sem dúvida é uma companhia com propósito elevado e que ao mesmo tempo busca resultados positivos para os seus funcionários, *stakeholders,* acionistas e investidores.

No entanto, de nada adiantará possuir um propósito elevado se a sua liderança (Acionistas, Conselho de Administração, Diretoria, Coordenadores e todas as demais pessoas que possam exercer qualquer liderança na companhia independente de possuir um cargo de liderança), não representar o segundo pilar, liderança consciente. A liderança consciente deve ser capaz de influenciar o comportamento dos demais colaboradores para

---

[277] Disponível em <http://www.natura.com.br/a-natura> Acesso em 02.Jan.2017

alcançar os objetivos da companhia com o propósito elevado e com a integridade, justiça e ética. Sendo a Natura Cosméticos S.A. uma empresa alinhada com os pilares do capitalismo consciente, jamais seria admissível que o seu Gerente ou Diretor de Marketing aprovasse uma campanha publicitária semelhante a campanha analisada acima que envolveu duas produtoras de cerveja e o cantor Zeca Pagodinho. Como visto, a campanha acabou por apresentar uma mensagem de que vale a pena romper contratos, a ética e a lealdade. Tal situação não seria admissível por não estar alinhada com o propósito elevado da própria companhia.

A cultura consciente representa os valores essenciais da organização em coordenação com os propósitos elevados e os *stakeholders*. É a direção, ou o Norte, quanto à condução da organização, seus vínculos, seus negócios jurídicos e sociais alinhados a razão de ser da organização ao seu propósito elevado. Representa uma coordenação em semelhantes valores e interesses da organização e seus *stakeholders*, além da constante busca da satisfação e felicidade de seus colaboradores, com constantes avaliações de desempenho atrelados ao propósito elevado da organização. A cultura consciente gera um círculo virtuoso na atração e seleção de novos colaboradores alinhados ao propósito elevado da organização, que igualmente serão submetidos a avaliação de desempenho conforme os objetivos organizacionais e recompensas financeiras e sociais. Há um compartilhamento dos valores organizacionais entre os colaboradores, os *stakeholders* e toda a sociedade, sem que se deixe de observar os interesses de evolução econômico-financeira.

Já o último pilar do capitalismo consciente é a atuação orientada para os *stakeholders* (integração de *stakeholders*), de forma que a organização mantenha o seu foco em todos os interessados, positiva e negativamente, nos resultados organizacionais, tais como o governo, concorrentes, mídia, parceiros, colaboradores, consumidores etc. O respeito e a orientação para os *stakeholders* favorece a perenidade da organização.

> Toda empresa tem *stakeholders*, ainda que não dispensem a eles esse tratamento específico. Empresas conscientes entendem plenamente o que isso significa e tratam a satisfação das necessidades de suas principais partes interessadas como fins em si mesmos, ao passo que muitas companhias ainda encaram seus *stakeholders* (com exceção dos investidores) como meio para atingir o objetivo da maximização dos lucros [...] As organizações florescem a partir do compromisso e da criatividade do ser humano. Empresas conscientes

O NEGÓCIO JURÍDICO CONTRATUAL E SEUS PRINCÍPIOS

motivadas pelo propósito e regidas pelo modelo de partes interessadas obtêm quantidades extraordinárias de energia humana construtiva, uma vez que contam com o engajamento apaixonado de seus colaboradores, a fidelidade ardente de seus clientes, a atenção íntima de seus fornecedores e assim por diante. Quando todos estão alinhados na mesma direção e movimentam-se com harmonia, o atrito no sistema é mínimo. Toda aquela energia em forma de compromisso e criatividade é canalizada para fins comuns, gerando grande valor para os *stakeholders*.[278]

Com a orientação para os *stakeholders* é possível criar um círculo virtuoso de confiança e lealdade entre a organização e seus clientes, colaboradores, fornecedores, partes relacionais e todos os demais *stakeholders* de forma que, as partes contratantes intuitivamente conduzam os seus vínculos jurídicos de maneira íntegra, ética e equilibrada, além de cumprirem com o dever de lealdade, confiança e cumprimento do dever de proteção[279].

É possível também afirmarmos que há uma direta conexão e relacionamento da orientação para os *stakeholders* com a teoria do Equilíbrio de Nash analisada acima, uma vez que as partes relacionadas estão em busca da eficiência econômica ou socioeconômica e tenderão a empregar os seus melhores esforços para que todos os interessados ganhem na respectiva

---

[278] MACKEY, John; SISODIA, Raj. **Capitalismos consciente: como libertar o espírito heroico dos negócios**. Tradução Rosemarie Ziegelmaier, 1 ed., 4 impressão, São Paulo: HSM Editora, 2013, pp. 75-77

[279] "Trata-se, nesta, de saber até onde chegam de facto as consequências jurídicas do acordo negocial ou, invertendo a perspectiva, de indagar que consequências jurídicas se podem ou devem dizer produzidas (ainda) por aquele acordo. [...] não há dúvida que as partes dispõem do poder de fixar o âmbito do contratualmente devido, alargando-o ou restringindo-o em função dos seus interesses. [...] Como negócio que é, o contrato realiza a liberdade de autodeterminação da pessoa mediante a estatuição de consequências jurídicas. Estas, manifestando o *ita ius esto* contratual, radicam portanto nessa autodeterminação ou atuovinculação, com independência aliás, do fundamento último que se queira atribuir à autonomia privada. Calor que este poder conformador que é da essência do contrato reclama como correlato o ordenamento jurídico, o qual lhe confere, tutelando-o, realidade jurídica. Aquele existe ao abrigo de uma norma de competência de que este dispõe. Mas porque, pela aceitação da autonomia privada, o legislador não transfere para os sujeitos de direito privado uma incumbência própria, é a categoria do *reconhecimento*, e não a da *autorização* ou da *delegação*, a que melhor exprime a posição da ordem jurídica em face do poder conformador da vontade nos contratos." CARNEIRO DA FRADA, Manuel António de Castro Portugal. **Contrato e deveres de proteção.** Coimbra: Suplemento ao Boletim da Faculdade de Direito da Universidade Coimbra e Editora Almedina. 1994, pp. 60-65

relação, não havendo qualquer interesse em uma relação de maximização dos lucros com prejuízos de terceiros (*trade-offs*), será necessariamente uma relação positiva de ganho socioeconômico.

Sendo a prática organizacional focada no capitalismo consciente, com o propósito elevado, liderança consciente, cultura consciente e orientação para os *stakeholders*, haverá o desenvolvimento de um sistema de vínculos sociais e jurídicos atrelados aos deveres de lealdade e confiança com uma exponencial elevação da importância das cláusulas gerais da boa-fé objetiva e da função social do contrato e respectivos reflexos na análise econômica contratual.

O rompimento imotivado, desleal ou em conflito com a cooperação e a confiança praticada durante o trato sucessivo dos vínculos contratuais, especialmente os de longa duração,[280] deverá ser considerado muito mais grave do que nas relações instantâneas e/ou dos vínculos jurídicos de puro interesse econômico sem um propósito maior (mais elevado).

Em igual sentido será a dinâmica da aplicação de uma maior ou menor gradação da autonomia privada e da força vinculante do contrato. Uma vez que os vínculos formados pelas relações contratuais entre organizações e *stakeholders*, orientados para os pilares do capitalismo consciente, que comungam de ideais e valores semelhantes, deve ser aplicada uma maior gradação no princípio da autonomia privada com a respectiva observância pelo agente da atividade jurisdicional, preservando a real intenção das partes, o que foi negociado e contratado nos termos da dinâmica contratual e o comportamento das partes ao longo da execução do vínculo jurídico.

Sob tais condições e respeitadas as normas de ordem pública, não faz sentido uma intervenção jurisdicional no conteúdo do contrato, especialmente quando as partes interessadas e integrantes de um sistema alinhado com os conceitos do capitalismo consciente livremente estabeleceram suas obrigações e direitos. Há que se observar, na análise econômica do contrato e na sua interpretação, a dinâmica da autonomia privada máxima.

---

[280] "Podemos verificar uma tendência da doutrina estrangeira, com aceitações nacionais, de considerar a existência de um dever geral de cooperação entre os contratantes, principalmente em determinadas hipóteses, nas quais se verificam um contato e dinâmica tal entre as partes, que exigem essa postura diferenciada. Assim, esse dever geral de cooperação, decorrente da boa-fé objetiva e verificado principalmente através dos deveres anexos, mostra-se mais acentuado nas contratações de longo prazo, pelas características específicas e particulares de tais contratações" SCHUNCK, Giuliana Bonanno. **Contratos de longo prazo e dever de cooperação**. São Paulo: Almedina, 2016, p. 201

Capítulo 3
O Princípio da Autonomia Privada Contratual na Dinâmica do Século XXI

Com a presente obra não se busca, de forma alguma, abandonar toda a teoria geral do direito privado e do direito civil, muito menos a evolução de mais de dois mil anos do direito civil[281].

A busca essencial consiste em contextualizar a autonomia privada e a força vinculante do contrato à realidade do século XXI[282], tendo como

---

[281] Nesse sentido, destaca-se a advertência de Rosa Maria de Andrade Nery e Nelson Nery Junior, para quem: "modelos estruturados a partir de experiências milenares não precisam ser rejeitados simplesmente. Antigos modelos não impedem só por isso a elaboração nova das soluções que a ciência demanda. A rejeição pura e simples de modelos antigos não apresenta custo-benefício garantido nem é entrave verdadeiro para o progresso. [...] Os elementos trazidos pela AED, não se há negar, são de vital importância para a vitalidade do exercício moderno da juridicidade. Mas são elementos de um todo. Não o único elemento." NERY, Rosa Maria de Andrade; NERY JUNIOR, Nelson. **Instituições de direito civil – teoria geral do direito privado.** v I, t I. São Paulo: Editora Revista dos Tribunais, 2014, p. 483

[282] "A grande influência prático-moral deste 'renascimento do direito natural' baseou-se no facto de ela não se ter limitado à mera restauração de uma escola filosófica, mas de ter antes consistido na renovação de um edifício doutrinal que fundamentasse espiritualmente e reformulasse de um modo novo a pretensão da Igreja romana a uma responsabilização no domínio político-social. Esta renovação da teoria católica da sociedade e do direito natural, em que os teólogos alemães e austríacos tiveram uma tão larga participação e que ainda continua nos dias de hoje, adoptou fundamentalmente a ética social universalista, idealista e baseada nas autoridades de S. Tomás de Aquino ('neo-tomismo'). Mas ela fez derivar da sua responsabilização sócial – agora com uma elasticidade espiritual muito maior a agudizada pela evolução industrial e pela situação do catolicismo popular na moderna sociedade de massas – consequências directas para a ordenação social e jurídica." WIEACKER, Franz. **História do direito privado moderno.** Tradução: António Manuel Botelho Hespanha. 2 ed., Lisboa: Fundação Calouste Gulbenkian, 1993, p. 694

AUTONOMIA PRIVADA E A ANÁLISE ECONÔMICA DO CONTRATO

pano de fundo a AED, a qual possui inegável importância para a evolução da ciência jurídica, especialmente com o crescimento exponencial das relações globalizadas inter-relacionadas.

Some-se à interconexão dos princípios gerais do direito contratual e a AED, as relações organizacionais e contratuais orientadas para os pilares do capitalismo consciente, criando uma nova leitura do sistema voltado para vínculos jurídicos mais equilibrados, justos e éticos em detrimento da tão criticada visão do capitalismo do lucro a qualquer custo e com apenas uma das partes interessadas obtendo lucro em detrimento das demais partes relacionadas (*trade-offs*).

A análise econômica do direito e especialmente dos contratos, ganhou mais expressão com o reconhecimento da comunidade científica mundial por meio da *The Royal Swedish Academy of Sciences* ao conceder três láureas do *Nobel Prize* para teorias diretamente vinculadas a AED nas pessoas de Ronald H. Coase[283], Douglass North e Robert Fogel[284], Oliver Hart e Bengt Holmström[285], respectivamente nos anos de 1991, 1993 e 2016.

A aplicação do princípio da autonomia privada deve ser moldada e adaptada à própria evolução da sociedade e da sua forma de constituição dos vínculos jurídicos, especialmente quando presenciamos no final do século XX e ao longo das duas primeiras décadas do século XXI uma evolução tecnológica nunca antes vista na história da evolução humana.

A humanidade presencia diuturnamente uma verdadeira ruptura com os padrões de comunicação e de transação negocial, entre outros. A velocidade assumida no trato das relações negociais, especialmente pela multiplicação dos negócios jurídicos realizados à distância, graças a uma evolução

---

[283] Em relação a Ronald H. Coase destacam-se, entre outros, os seus trabalhos "**A natureza da firma**" e "**O problema do custo social.**" Os seus principais artigos foram publicados no livro: **The firm the market and the law.** Chicago: University of Chicago Press, 1988. Tal livro foi traduzido no Brasil em 2016: **A firma, o mercado e o direito.** Tradução: Heloisa Gonçalves Barbosa. Revisão da tradução Francisco Niclós Negrão. Estudo Introdutório Antonio Carlos Ferreira e Patrícia Cândido Alves Ferreira. Rio de Janeiro: Forense Universitária.

[284] Disponível em: <http://www.nobelprize.org/nobel_prizes/economic-sciences/laureates/1993/north-lecture.html> Acesso em 06.dez.2016.

[285] Em relação a Oliver Hart e Bengt Holmström, destaca-se, entre outros, o trabalho indicado pela Royal Swedish Academy of Sciences responsável pelo Nobel Prize, intitulado de: "**Contract Theory**", ainda sem tradução no Brasil e disponível em: http://www.nobelprize.org/nobel_prizes/economic-sciences/laureates/2016/advanced-economicsciences2016.pdf. Acesso em 19 de outubro de 2016.

O PRINCÍPIO DA AUTONOMIA PRIVADA CONTRATUAL NA DINÂMICA DO SÉCULO XXI

da tecnologia e da comunicação inimaginável há menos de um século, permite a condução e direção de empresas, de atividades comerciais, de consultoria jurídica e até mesmo de cirurgias médicas realizadas à distância, sem se falar em aviões não tripulados, Drones entre inúmeras outras novas tecnologias que cercam o nosso dia a dia, tornando premente e necessária a releitura da autonomia privada no trato das relações comerciais, uma vez que há, cada vez menos, possibilidade de formação de contratos com declaração de vontade tal como conhecíamos nos três primeiros quartos do século XX.

> O que se nota então pelas realidades jurídicas discutidas até aqui, além de toda a transformação ocorrida com a concepção da autonomia contratual, é que o instituto do contrato modernamente se manifesta por múltiplas facetas. [...] Os vínculos obrigacionais criados pelo contrato devem pressupor sua inerente natureza dinâmica, permitindo sua revisão, readequação, alteração superveniente, bem como sua eficácia após a sua extinção. Por mais que se considere o princípio da obrigatoriedade dos efeitos de um contrato não se pode negar sua ocorrência como um processo dinâmico. O clássico modelo de contrato pode até servir como recurso didático para se entender a formação dos vínculos, mas prejudica de maneira evidente uma visão mais complexa de sua existência jurídica. O estudo da obrigação e do contrato sempre foi de maneira estrutural e estática, como se olha para uma fotografia que captou um momento no tempo. Conhecer este momento é fundamental, porém ele deve ser conhecido e considerado como apenas uma cena de filme que se desenvolve em momentos sequenciais. Por mais que se considere um contrato de execução imediata, aquele fato traz em si inúmeros acontecimentos que se desenrolam em decorrência de decisões econômicas e existências reveladores de um agir autônomo altamente complexo inserido neste fato social inteiramente denso que é o mercado.[286]

De forma nenhuma os contratos e autonomia privada das partes em estabelecer o conteúdo dos seus respectivos vínculos jurídicos deixarão de ter a sua real importância, porém, não se deve mais partir de um conceito estático de contrato e de declaração de vontade como se verificou até o século XX.

---

[286] POMPEU, Renata Guimarães. **Autonomia privada na relação contratual.** Belo Horizonte: Editora D'Plácido, 2015, pp. 180-181

É necessário evoluir, não significando qualquer abandono ou total ruptura com a história do direito e dos contratos, mas sim, adaptá-la ao novo período da história da humanidade, admitindo uma plena autonomia privada, mesmo para as relações contratuais por adesão e/ou de consumo, desde que respeitados os critérios vistos até o momento ao longo desta tese, tais como, os pilares do capitalismo consciente como critério de dosimetria para a AED com os seus necessários influxos das cláusulas gerais da boa-fé objetiva e da função social do contrato.

Outro ponto importante para o estudo, que também chama o observador à reflexão, decorre da circunstância de que, na modernidade, o princípio da autonomia privada precisa ser visto com outros olhos. [...] O princípio da autonomia privada, por isso, pressupõe o direito como sistema científico, fruto da experiência científica que de longa tradição histórica, em torno de uma sociedade civil que privilegia a vontade livre do sujeito. Sabe-se, entretanto, que a possibilidade de um sujeito de direito manifestar-se com liberdade, clareza e precisão sobre tudo aquilo que demanda seu interesse, não se põe, nos dias correntes, como algo tão frequente.

Tudo, portanto, desafia uma concepção moderna do princípio da autonomia privada, que não deve ser desprezada, jamais. Porém, já não é o único amálgama do fenômeno que enseja a obrigação extranegocial, ou até mesmo negocial.

O que se não pode permitir é que: a) para os vínculos *ex voluntate*, se deixe de aplicar o *princípio da autonomia privada;* b) ou então, que para hipóteses de vínculos nascidos, também, *ex re* ou *ex lege*, se deixe de aplicar os *princípios da solidariedade social* e da *boa-fé objetiva*. (grifos do original) [287]

Face a evolução quanto à forma do trato das relações contratuais derivada da própria evolução tecnológica, da comunicação e da globalização dos mercados, atrelada à velocidade com que os vínculos jurídicos são formados, com uma ruptura da até então conhecida forma de expressão da declaração de vontade a cada caso em concreto, com a incidência cada vez mais comum de contratos por adesão ou pré-formatados, e a formação de inúmeros vínculos jurídicos sem a efetiva manifestação de vontade quanto ao seu conteúdo, mas sim, a simples manifestação de vontade sobre

---

[287] NERY, Rosa Maria de Andrade; NERY JUNIOR, Nelson. **Instituições de direito civil: direito das obrigações.** v II. São Paulo: Editora Revista dos Tribunais, 2015, pp. 127-130

O PRINCÍPIO DA AUTONOMIA PRIVADA CONTRATUAL NA DINÂMICA DO SÉCULO XXI

o querer na formação de um contrato, mesmo que seja por adesão, tal como se verifica com inúmeras relações empresariais e civis realizadas diariamente por cada um dos indivíduos da comunidade, é possível identificar um automático movimento estatal de busca de uma possível proteção por meio da regulação de determinados mercados[288], conforme se verifica no Brasil com a criação das Agências Reguladoras, as quais acabam por regular preços, forma de contratação, conteúdo dos contratos entre inúmeros outros aspectos.

Igualmente há uma interferência estatal ou, uma limitação quanto à livre manifestação das partes em relação ao conteúdo do contrato, pelos próprios limites impostos pelas normas de ordem pública, tal como as cláusulas gerais da boa-fé objetiva e da função social do contrato, as quais servem como balizadores para as partes, de forma que seja permitido pactuar livremente tudo que não extrapole tais limites de ordem pública e do que seja socioeconomicamente aceitável. Tal movimento foi muito bem retratado pela doutrina nacional *et al.* por Arruda Alvim e por Rosa Maria de Andrade Nery, conforme transcrições que seguem:

> O que ocorreu, crescentemente, ao longo do século XIX, é, mais acentuadamente, nesse século XX, é que, mesmo no âmbito do contrato clássico ou tradicional, aumentou o espectro das normas de ordem pública, e, por isso mesmo, correlatamente, diminuiu o âmbito da livre manifestação dos contratantes. Pode-se acentuar que a razão em decorrência da qual aumentou o espectro das normas de ordem pública, foi, precisamente, a falência, aos

---

[288] Oportuno destacar a posição de Rosa Maria de Andrade Nery e Nelson Nery Junior quanto a essencialidade da regulamentação do mercado financeiro, especialmente por se tratar de uma "atividade-meio na busca dos objetivos da República [...] como função específica, promover o desenvolvimento equilibrado do País e servir aos interesses da coletividade". A essência do sistema repousa na confiança depositada pela população que realiza investimentos e depósitos bancários, de forma que os agentes privados responsáveis pela operação financeira desenvolvem a sua atividade primordial com o capital de terceiros e não como ocorre, com exceção das empresas de capital aberto, com capital próprio. Sendo essa uma das principais razões de regulação do mercado financeiro, objetivando mitigar a possibilidade de insolvência do mercado e do abuso de poder econômico. "A partir do momento em que se reconhece a existência de uma ordem econômica (que é uma ordem jurídica, construída pelo direito, e não uma ordem natural), não se pode conceber o exercício de atividade econômica que não seja, em menor ou maior escala, influenciada pelo Estado." NERY, Rosa Maria de Andrade; NERY JUNIOR, Nelson. **Instituições de direito civil – teoria geral do direito privado.** v I, t I. São Paulo: Editora Revista dos Tribunais, 2014, p. 515-518

olhos da sociedade, do modelo clássico ou tradicional, na sua originária (início do século XIX) e absoluta pureza. Desta forma, o que se verificou, mesmo em sede de contrato tradicional, foi a modificação paulatina – sem o desaparecimento da autonomia da vontade – do caráter intensamente dispositivo das regras atinentes aos contratos, passando a aumentar o número de regras imperativas.[289]

A autonomia privada desafia, por isso, o verso e o reverso de uma mesma medalha: é a um só tempo a confirmação da evidência de um espaço jurídico livre de ingerência do Estado, destinado à normatividade particular; de outro lado, em sentido contrário, é a constatação da existência de reserva de um espaço de incidência apenas de normas cogentes, exclusivo do exercício do poder, vetado à liberdade negocial.

Por meio do negócio jurídico, os sujeitos de direito transformam a realidade jurídica da forma como lhes apraz, realizando no mundo fenomênico do direito os efeitos jurídicos queridos pela vontade privada. Os meros atos jurídicos, ou atos jurídicos em sentido estrito, servem para atuar regras de condutas já dispostas, mas não têm a amplitude funcional dos negócios jurídicos, institucionalmente mais bem elaborados.[290]

Vale destacar a observação de Paula Greco Bandeira, ao sustentar que a aplicação da autonomia privada deve ser verificada conforme o estado de suscetibilidade a situações de vulnerabilidade e assimetria de informações[291], desconsiderando a estrutura dinâmica do processo obrigacional e do comportamento das partes, para limitar uma menor gradação quanto

---

[289] ARRUDA ALVIM, José Manoel Netto. **Direito Privado – Coleção Estudos e Pareceres.** v. 2, São Paulo: Editora Revista dos Tribunais, 2002, p. 109

[290] NERY, Rosa Maria de Andrade; NERY JUNIOR, Nelson. **Instituições de direito civil – teoria geral do direito privado.** v I, t I. São Paulo: Editora Revista dos Tribunais, 2014, p. 543

[291] "Ao propósito, sublinhe-se que a autonomia privada encontrará maior capacidade de expansão no âmbito das situações patrimoniais, em que se verifique simetria de informações, tendo por fundamento o valor social da livre iniciativa (arts. 1º, IV; 170, *caput*, C.R.), a prevalecer a alocação de riscos estabelecida no contrato, que deverá ser privilegiada pelo intérprete. Em contrapartida, a autonomia privada sofrerá maior controle de atuação nas situações jurídicas existenciais ou nas situações patrimoniais em que uma das partes contratantes se apresente como parte vulnerável, nas quais prevalece a dignidade da pessoa humana (art. 1º, III, C.R.) como fundamento do ato de autonomia, determinando maior intervenção do legislador e do magistrado na defesa de valores fundamentais, de modo a mitigar a atuação dos particulares na distribuição de riscos" BANDEIRA, Paula Greco. **Contrato incompleto.** São Paulo: Atlas, 2015, p. 44

O PRINCÍPIO DA AUTONOMIA PRIVADA CONTRATUAL NA DINÂMICA DO SÉCULO XXI

à aplicação do princípio da autonomia privada apenas às situações de vulnerabilidade, ou ainda, de assimetria de informações.

Já Enzo Roppo apresenta interessante estudo sobre o contrato para o século XXI (*Il Contratto del Duemila*[292]) onde entende que a incidência do princípio da autonomia privada e a respectiva proteção estatal por meio da regulação de mercados e da redução do espectro de atuação das partes privadas é diretamente vinculada a assimetria de poderes no ato da contratação, devendo ser verificada a real dinâmica do processo obrigacional.

Em sua proposta não se está protegendo o consumidor, mas sim, o cliente que esteja suscetível a um maior poder do fornecedor, independentemente de se estar frente à uma relação de consumo ou uma relação empresarial, ou ainda, frente à uma relação de direito privado. Diz Enzo Roppo:

> C'è asimmetria di potere contrattuale fra consumatori e professionisti, ma non solo: anche relazioni non riconducibili a tale coppia – come quelle fra subfornitori e committenti, fra agenti e preponenti, fra banche e clienti, fra intermediari finanziari e investitori, fra conduttori e locatori – contrappongono una parte dotata di superiore potere contrattuale a una parte con potere contrattuale inferiore. E in ragione di tale asimmetria – ovunque si manifesti – il legislaore introduce, a protezione della parte che la patisce, quelle regole che si sono indicate come costitutive del nuovo paradgma contrattuale. [...]
>
> A me sembra di congliere, negli sviluppi della legislazione, uma tendenza a collocare la tutela del cliente sempre di più al centro dele politiche di regolazione del mercato; a proteggere la parte debole dele relazioni asimmetriche di mercato non perché è un consumatore (la persona fisiche che ...ecc), mas perché è, appunto, un cliente. Sembrano confermarlo importante blocchi di discipline contrattuali, riferite a classi di contratti che non sono propriamente né B2C né B2B, mas possono essere indifferentemente l'uma o l'altra cosa. Contratti che, persinsistere col gioco degli acronimi, potrommo chiamare B2C solo assumindo che la 'C' non stia per 'consumer' bensì per 'customer'; ma che per evitare confusioni sarebbe meglio chiamare S2C (Supplier-to-Customer).[293]

---

[292] ROPPO, Vincenzo. **Il contrato del duemila**. 3 ed. Torino: G. Giappichelli Editore, 2011
[293] ROPPO, Vincenzo. **Il contrato del duemila**. 3 ed. Torino: G. Giappichelli Editore, 2011, pp. 87 e 132-133

No entanto, conforme defendido na presente tese, a gradação da aplicação da autonomia privada não se restringe a esse simples critério binário de consumidor *versus* fornecedor, poder *versus* suscetibilidade, detenção de informação *versus* mal informado entre diversos outros critérios, mas sim, a efetiva verificação, no caso concreto, das reais circunstâncias negociais na dinâmica obrigacional e do comportamento das partes durante o referido processo obrigacional.

Sem a análise de tal dinâmica e do respectivo comportamento das partes, há o iminente risco de uma frontal violação da base objetiva do negócio jurídico, ou ainda, o iminente risco de violação dos aspectos socioeconômicos e jurídicos que foram considerados pelas partes ao longo do trato negocial. O critério é dinâmico, diretamente vinculado ao processo obrigacional conforme o respectivo comportamento das partes e aos princípios norteadores do Código Civil de 2002 (eticidade, operabilidade e socialidade).

Somente por meio da observação do trato negocial e do comportamento praticado pelas partes interessadas haverá a possibilidade de realizar uma interpretação e/ou atuação da atividade jurisdicional mais próxima dos critérios de equilíbrio e proporcionalidade pela aplicação de uma maior ou menor gradação do princípio da autonomia privada e da respectiva força vinculante do contrato.

Vale dizer, assim como o Código Civil de 2002 impôs às partes suscetíveis de seus efeitos, que o contrato não represente mais um vínculo jurídico estático e individualista, privilegiando a ética, a cooperação, o coletivismo e a dinâmica obrigacional (processo obrigacional), igualmente o contrato deve ser interpretado, seja pelas partes interessadas, ou ainda, pela atuação da atividade jurisdicional, de forma dinâmica e em busca da cooperação, do bem estar socioeconômico dos vínculos obrigacionais, pois o interprete deve observar o comportamento das partes além dos critérios de equilíbrio e proporcionalidade, ou seja, trata-se da ***dinâmica da autonomia privada***.

3.1. A tríade função da teoria geral dos contratos (socioeconômico e jurídico) e o capitalismo consciente

A ordem econômica individualista não é a causa da existência de direitos; apenas é a causa de certa atomicidade deles. O Estado individualista apenas se retrai, para que as personalidades atuem com maior autonomia do que atuaram no passado. Se essa autonomia diminui, nem por isso diminui o número

O PRINCÍPIO DA AUTONOMIA PRIVADA CONTRATUAL NA DINÂMICA DO SÉCULO XXI

dos direitos subjetivos. *A característica do direito está em que êle distribui bens da vida, e promete tutela jurídica*; de modo que se exclui a intervenção de terceiros, discrepante da *ratio* das regras jurídicas. *O que tem o direito exerce-o dentro dos seus limites e das restrições em que haja anuído.*[294] (grifos nossos)

Face à evolução do direito privado e do próprio direito contratual até aqui apresentada, especialmente pela dinâmica do princípio da autonomia privada, com a prevalência da ética, da cooperação e da busca pela eficiência no trato das relações contratuais, tanto em relação às partes interessadas (força obrigatória do contrato e eficiência econômica), como também em relação a eficiência em face de terceiros[295] e da função social conforme os pilares do capitalismo consciente, é possível identificar a aplicação dinâmica e em constante "transformação da sociedade"[296] da tríade função da teoria geral dos contratos (socioeconômica e jurídica).

A função socioeconômica e jurídica está contida na autonomia privada[297], especialmente pela sua aplicação conforme a dinâmica do pro-

---

[294] PONTES DE MIRANDA, Francisco Cavalcanti. Atualizado por Marcos Bernardes de Mello e Marcos Ehrhardt Jr. **Tratado de Direito Privado: parte geral.** t. V, São Paulo: Editora Revista dos Tribunais, 2013, §561, p. 283

[295] PENTEADO, Luciano de Camargo. **Efeitos contratuais perante terceiros.** São Paulo: Quartier Latin, 2007, p. 116-122

[296] GRAU, Eros Roberto. **O ordem econômica na constituição de 1988.** 13 ed., São Paulo: Malheiros Editores, 2008, p, 216

[297] "Tornou-se significativo da evolução do direito privado o facto de a solidariedade social não se ter circunscrito à limitados dos direitos privados pelo direito público, mas ter também começado a insinuar-se, através da jurisprudência, na concepção das relações contratuais intersubjetivas, dos direitos patrimoniais e, sobretudo, do direito de propriedade, nas suas relações com os outros particulares. Também a economia social de mercado – e ela precisamente – concebe o contrato, a compensação dos prejuízos e os limites da propriedade não apenas como um confronto de interesses privados, mas, ao mesmo tempo, como uma função económica global – e a jurisprudência civilista segue-a neste ponto sem hesitação. Com isto, coloca-se ao sistema de direito privado a questão do princípio de uma nova justificação das figuras centrais do direito subjectivo, da autonomia privada, do contrato, da propriedade e da liberdade de associação. O carácter de estado de direito típico também do moderno estado social contém em si, de qualquer modo, uma opção prévia no sentido da concepção do direito privado também como sistema de esferas de liberdade e de limitações à liberdade. E esta concepção é, de alguma forma, suficiente, sendo aí inviolavelmente mantida, em todos os domínios onde o exercício destes direitos não corresponde, ao mesmo tempo, a uma prova do poder social [...]" WIEACKER, Franz. **História do direito privado moderno.** Tradução: António Manuel Botelho Hespanha.2 ed., Lisboa: Fundação Calouste Gulbenkian, 1993, p. 719

cesso obrigacional e do comportamento das partes, atuando como um verdadeiro fiel da balança entre mitigação dos efeitos do contrato e a função econômico-financeira do contrato. Trata-se de uma justa medida para a aplicação da AED, especialmente para a análise econômica do contrato de forma a evitar apenas a observância dos objetivos finalísticos e econômicos em detrimento da função social e da boa-fé.

Em situações como a busca da maior eficiência econômica, onde o incumprimento do contrato pode representar a melhor alternativa econômica para as partes interessadas, deve-se igualmente verificar se essa mesma solução é eficiente em relação a sociedade. Tal como apontado no caso acima destacado envolvendo o cantor Zeca Pagodinho (2.5.1. O ótimo de Pareto e o equilíbrio de Nash), sob o enfoque puramente finalísticos e econômico, para as partes interessadas era conveniente romper o contrato e pagar a multa ajustada. Mas essa conveniência não é adequada para a sociedade. Cabe à ciência do direito a função de buscar o equilíbrio e a harmonia com a ciência econômica.

> A ciência do Direito tem a função institucional de desafiar a Economia a tratar as finanças como elemento de concórdia nas relações; como forma de revelar um termo final pacificador, conciliador, nas questões que demandam a necessidade de pensar sobre com que ética deve se conduzir aquele que deve prestar algo para se desobrigar. Quem permanece indefinidamente submetido ao poder do credor tem restrita sua possibilidade de viver em harmonia e liberdade. Não se nega, nem se pode negar, o ferramental extraordinário de que se compõe a técnica da Ciência Econômica, que se comunica necessariamente com todas as Ciências Humanas, mas seu campo de atuação mantém constante intersecção com o campo de atuação da Ciência Jurídica, não de subsunção, de sobresunção ou de incidência total de sua teleologia.[298]

Vale observar que a função socioeconômica do contrato é diretamente vinculada ao princípio norteador do Código Civil de 2002 da socialidade acima analisado. Não se trata, portanto, de aplicação do princípio constitucional da solidariedade, mas da função social do contrato, sendo um destes critérios, o interesse econômico na geração e circulação de rique-

---

[298] NERY, Rosa Maria de Andrade; NERY JUNIOR, Nelson. **Instituições de direito civil – teoria geral do direito privado.** v I, t I. São Paulo: Editora Revista dos Tribunais, 2014, p. 488

O PRINCÍPIO DA AUTONOMIA PRIVADA CONTRATUAL NA DINÂMICA DO SÉCULO XXI

zas. Justamente em decorrência do princípio da socialidade, pode-se dizer em uma função socioeconômica, pois do contrário, se estivéssemos frente à um princípio de solidariedade, o enfoque seria apenas o social[299], sendo a função econômica eventualmente dispensável.

A solidariedade é, sem dúvida, valor constitucionalmente tutelado, mas o contrato não é o instrumento jurídico adequado à sua realização. Por isso Miguel Reale, com a clareza de quem compreendia que a vinculação entre o direito e a realidade social, afirmou que o princípio jurídico adotado pelo Código Civil para os contratos foi o da *socialidade* e não da solidariedade [...] A socialidade se produz na necessidade de o direito individual não se sobrepor a valores socialmente relevantes. É assim possível a conciliação entre diretrizes centrais do ordenamento, polos em tono dos quais o direito realiza os seus valores, ligados à individualidade e à sua dimensão social. [...] A sociedade não é parte da relação contratual, e o 'interesse social' presente em todos os contratos não pode ser confundido com o 'interesse público', que excepcionalmente pode estar presente, mas que não tem vínculo direito com a função social do contrato. [...] O 'interesse' somente adquire a adjetivação 'social' se o contrato for observado sob o ponto de vista macroeconômico e normativo, inserido no sistema de direito privado, pois, sob o ponto de vista singular, a consequência direta da função social dos contratos é a proteção de interesse econômico particular de um dos contratantes. Em outras palavras, a finalidade imediata a ser alcançada é de natureza social. [...] Faz parte do interesse social a preservação do mercado e das normas básicas que garantem a integridade da autonomia privada, da qual o contrato é o instrumento essencial para que se possa promover a circulação de bens e serviços, com segurança jurídica e previsibilidade.[300]

---

[299] "A ênfase do paradigma coletivo no direito privado está nas relações grupais e nos bens coletivos. Estes predominam sobre os bens individuais porque situados na esfera social, e também porque pressuposto de convivência. Essa visão facilita a identificação das relações coletivas e a sua priorização em detrimento do individual. Todavia, é uma visão que não pode ser estendida sem qualquer limite, sob risco de se estabelecer quem define quais são os bens coletivos (já que não há destaque nenhum para o indivíduo)" NERY, Rosa Maria de Andrade; NERY JUNIOR, Nelson. **Instituições de direito civil: teoria geral do direito privado.** v I, t I. São Paulo: Editora Revista dos Tribunais, 2014, p. 288

[300] BRANCO, Gerson Luiz Carlos. Elementos para interpretação da liberdade contratual e função social: o problema do equilíbrio econômico e da solidariedade social como princípios da teoria geral dos contratos. *In* MARTINS-COSTA, Judith. **Modelos de direito privado.** 1 ed., São Paulo: Marcial Pons, 2014, pp. 267-270

Como analisado na aplicação do Capitalismo Consciente, podemos dizer que os pilares do propósito elevado, da liderança consciente, da cultura consciente e da orientação para os *steackholders*, tem justamente a função de formar relações contratuais que estejam alinhadas com os critérios da boa-fé objetiva e da função social do contrato. Em outras palavras, alinhados com a tríade função da teoria geral dos contratos, pois os negócios jurídicos contratuais devem respeitar e observar o princípio da socialidade, além de buscar eficiência econômica e respeito às normas jurídicas.

A aplicação da função socioeconômica e jurídica representa, na feliz expressão de Arnoldo Wald[301], uma "verdadeira democracia empresarial" em abandono à anterior visão individualista do direito, inclusive dos contratos empresariais que passaram a integrar o Código Civil de 2002. O sistema jurídico (função jurídica), especialmente por meio de seus conceitos legais indeterminados e cláusulas gerais como a boa-fé objetiva e a função social do contrato, delimita a atuação das partes e repreende posições puramente individualistas e em desrespeito a função social (socialidade) e a função econômica.

> Podemos afirmar, assim, que está ultrapassada uma fase do direito comercial que fazia prevalecer sempre a vontade e o interesse dos detentores do capital. Na nova fase, que se inicia com o Código Civil, institui-se uma verdadeira democracia empresarial que deve corresponder à democracia política, vigorante em nosso país, substituindo-se o poder arbitrário do dono da empresa por um equilíbrio que deve passar a existir entre as diversas forças que cooperam para a realização das finalidades empresariais. Consolida-se assim, uma nova conceituação da empresa como organização com fins lucrativos, mas com estrutura e espírito de parceria entre todos aqueles que dela participam sob as formas mais diversas.[302]

A contemporânea forma de integrar a função econômica com a função social do contrato deve estar alinhada com os critérios permitidos

---

[301] WALD, Arnoldo. **O empresário, a empresa e o Código Civil.** *in* O novo Código Civil – homenagem ao Prof. Miguel Reale. Domingos Franciulli Netto. Gilmar Ferreira Mendes. Ives Gandra da Silva Martins Filho (Coord). 2 ed., São Paulo: Editora LTr, 2005, p. 886

[302] WALD, Arnoldo. **O empresário, a empresa e o Código Civil.** *in* O novo Código Civil – homenagem ao Prof. Miguel Reale. Domingos Franciulli Netto. Gilmar Ferreira Mendes. Ives Gandra da Silva Martins Filho (Coord). 2 ed., São Paulo: Editora LTr, 2005, p. 886

O PRINCÍPIO DA AUTONOMIA PRIVADA CONTRATUAL NA DINÂMICA DO SÉCULO XXI

pelo ordenamento jurídico (função jurídica) e com os objetivos almejados pelas partes interessadas na relação contratual (base objetiva do negócio jurídico).

A equação econômica formada pelo contrato ("veste jurídica de uma operação econômica"[303]) deve estar igualmente de acordo com os critérios da boa-fé objetiva e seus deveres anexos ou laterais acima analisados, em especial o dever de informação, de forma a se evitar a denominada assimetria de informação como critério de falha do mercado conforme define a AED.

Uma vez presentes tais critérios, a relação econômica estabelecida pelas partes interessadas não deve ser alterada pela atividade jurisdicional[304], pois, conforme observa Ronald H. Coase[305], haverá o iminente risco de gerar uma indevida influência negativa na atividade econômica e com consequências para toda a sociedade tal como exemplificado no capítulo destinado a contextualização da presente tese.

Desta forma, para a adequada análise da função econômica do contrato é fundamental que seja considerado a análise do todo, ou seja, tanto o resultado almejado pelas partes, como também a adequada compreensão da causa que fundamenta o vínculo contratual. Nesse sentido é a análise realizada por Fábio Konder Comparato ao enfrentar o problema de identificação das obrigações de meio e de resultado.

---

[303] ROPPO, Enzo. **O Contrato.** Tradução: Ana Coimbra e M. Januário C. Gomes. Coimbra: Almedina, 2009, p. 7-24

[304] Nesse sentido: MARTINS, Fernando Rodrigues. **Princípio da justiça contratual.** São Paulo: Saraiva, 2009, pp. 367-368. GUERRA, Alexandre. **Princípio da conservação dos negócios jurídicos – a eficácia jurídico-social como critério de superação das invalidades negociais.** São Paulo: Almedina, 2016, pp. 231-239

[305] "Mas, como vimos, a situação é muito diferente quando as transações de mercado são tão dispendiosas que dificultam uma modificação do regime de direitos estabelecidos pelo ordenamento jurídico. Nesses casos, os tribunais influenciam a atividade econômica de modo direto. Por conseguinte, pareceria ser benéfico que os tribunais tivessem uma boa compreensão das consequências econômicas de suas decisões, bem como que, na medida do possível, sem criar demasiada incerteza sobre a situação jurídica em si, levassem em conta essas consequências ao tomar suas decisões. Mesmo quando é possível alterar a delimitação legal dos direitos por meio de transações de mercado, é obviamente proveitoso reduzir a necessidade de tais transações e, por tanto, reduzir o emprego de recursos para a sua realização." COASE, Ronald Harry. **A firma, o mercado e o direito.** Tradução: Heloisa Gonçalves Barbosa. Revisão da tradução: Francisco Niclós Negrão. Estudo Introdutório: Antonio Carlos Ferreira e Patrícia Cândido Alves Ferreira. Rio de Janeiro: Forense Universitária, 2016, p. 119-120

[...] tôda obrigação comporta naturalmente um resultado, que corresponde à sua utilidade econômico-social para o credor. Mas nem sempre êste resultado é compreendido no vínculo como elemento da prestação; algumas vêzes, deixa de exercer a função de objeto ou conteúdo da obrigação, para ser tão-somente a sua causa no sentido teleológico. [...]

Tôda prestação compreende normalmente dois elementos: um elemento objetivo, que corresponde ao bem ou resultado (que não é forçosamente material) a ser produzido em benefício do credor, e um elemento subjetivo, consistente no comportamento do devedor em vista dêste resultado. Algumas vêzes, porém, êsse resultado final não pode entrar no vínculo, pelo fato de depender normalmente, segundo o critério do 'id quod prerumque accidit', de fatores estranhos à vontade do devedor. A prestação então compreenderá tão-só um comportamento diligente e honesto do devedor em vista da obtenção dêsse resultado. Por conseguinte, é no critério da aleatoriedade do resultado esperado que se situa, em última análise, o fundamento da nova classificação das obrigações. [306]

Conforme apontado por Fábio Konder Comparato na transcrição acima, ao distinguir a obrigação de meio e de resultado, fica claro que a formação de um contrato pode resultar em eventuais prejuízos à terceiros sem que isso signifique qualquer tipo de violação a função socioeconômica e jurídica do contrato tal como se verifica na situação de uma concorrência leal e legal.

Exemplo típico de tal situação é a abertura de um novo restaurante em determinado centro comercial. A abertura do novo restaurante gerará uma concorrência com os demais estabelecimentos com a mesma atividade fim, podendo inclusive representar a descontinuidade de antigos restaurantes em decorrência da nova concorrência.

A mesma situação apontada acima pode ocorrer com contratos de fornecimento de material de escritório para uma determinada empresa "N". Se os fornecedores de "N" não possuírem um contrato com cláusula de exclusividade e/ou de garantia de fornecimento mínimo por determinado período (obrigações decorrentes dos institutos de lealdade e confiança

---

[306] COMPARATO, Fábio Konder. **Obrigações de meios, de resultado e de garantia.** *In* Doutrinas essenciais – obrigações e contratos. Organizadores Gustavo Tepedino e Luiz Edson Fachin. v. I, São Paulo: Editora Revista dos Tribunais, 2011, p. 768-772

contratual), a empresa "N" pode licitamente contratar novos fornecedores que irão concorrer com os antigos, fato este que é potencialmente capaz de reduzir o lucro dos antigos fornecedores.

Como exceção à referida regra da livre concorrência, são as hipóteses de violação da boa-fé objetiva, tal como a violação de uma justa expectativa, violação do dever de lealdade, além dos institutos do *venire contra factum proprium*, a *suppressio* e a *surrectio*.

> O princípio da livre concorrência, estímulo à livre iniciativa – a ponto de ser um pilar da ordem econômica, como tal reconhecido constitucionalmente – também é decorrência do fato de que, não obstante qualquer atividade jurídica relevante esteja baseada em certeza e estabilidade, o ordenamento deve admitir também certa dinamicidade, que se relaciona com a circulação e a mudança dos direitos. Isso porque a concorrência permeia todo o ordenamento jurídico: ela pode ser identificada na proibição da prática desleal do comércio, no respeito ao segredo da propriedade industrial e do direito do autor, na proteção do consumidor e no controle das atividades de fornecedores de produtos e serviços – que tornam o mercado expurgado de empresas sem condições de competitividade – nos arranjos industriais, no respeito à obrigatoriedade e na lealdade negocial.[307]

Dos exemplos acima apontados, é possível identificar que a violação a tríade função da teoria geral dos contratos (socioeconômica e jurídica), em qualquer um de seus fundamentos, resultará na semelhante violação aos pilares fundamentais do Capitalismo Consciente e, por consequência, estaremos frente à negócios jurídicos consideradas ineficazes conforme a AED, já que tais negócios jurídicos representarão violação ao direito da outra parte interessada (*trades-off*) ou ainda, prejuízos à terceiros com potencial violação da boa-fé objetiva e da função social do contrato.

Na hipótese de haver uma nítida observância pelas partes da tríade função da teoria geral dos contratos, pode-se afirmar que haverá uma potencialização do grau de aplicação da autonomia privada das partes e da respectiva força vinculante dos contratos, pois, conforme já sustentado, a função socioeconômica e jurídica é intrínseca à autonomia privada das partes contratantes.

---

[307] NERY, Rosa Maria de Andrade; NERY JUNIOR, Nelson. **Instituições de direito civil – teoria geral do direito privado.** v I, t I. São Paulo: Editora Revista dos Tribunais, 2014, p. 541

AUTONOMIA PRIVADA E A ANÁLISE ECONÔMICA DO CONTRATO

No entanto, se as partes agem de forma dúbia ou em possível violação a qualquer uma das funções da teoria geral dos contratos – *v.g.* com violação ao dever de informação anexo a boa-fé objetiva – haverá a devida justificativa para uma redução na gradação da aplicação da autonomia privada com a eventual interferência da atividade jurisdicional. Portanto, deve-se analisar cada caso em concreto, conforme a dinâmica do processo obrigacional e do comportamento das partes.

3.2. A teoria da confiança contratual e a segurança jurídica (função socioeconômica do contrato)

Nas relações contratuais, a teoria da confiança e da lealdade possui grande relevância com o compromisso socioeconômico e jurídico que as partes devem assumir no trato de suas relações jurídicas.[308]-[309] No mesmo sentido, são os pilares do Capitalismo Consciente, especialmente quanto ao pilar das ações orientadas para os *stakeholders* e ao propósito elevado. Tais ações geram um sistema virtuoso de confiança e lealdade recíproca que acaba por elevar exponencialmente a formação de novos vínculos jurídicos entre as partes interessadas e com práticas conscientes.

A relação contratual focada em práticas conscientes pode ser verificada em vínculos jurídicos interempresariais, em relações de direito privado (relações civis) ou ainda em relações de consumo. Independente da natureza jurídica do vínculo contratual e havendo uma relação impregnada

---

[308] "Os institutos gerais susceptíveis de proteger a confiança aparecem ligados aos valores fundamentais da ordem jurídica e surgem associados, por forte tradição românica, a uma regra objectiva da boa fé. [...] A *justificação da confiança* requer que esta se tenha alicerçado em elementos razoáveis, susceptíveis de provocar a adesão de uma pessoa normal. [...] A tutela da confiança, genericamente dispensada pela boa fé, tem uma teleologia relevante para se determinar o âmbito da protecção. À partida, podemos considerar a confiança como um elemento imprescindível na manutenção do grupo social. Na sua falta, qualquer sociedade humana se esboroa." MENEZES CORDEIRO, Antônio Manuel da Rocha e. **Tratado de Direito Civil Português – parte geral.** v. I, t. I. Coimbra: Almedina, 2009, pp. 410-414

[309] "[...] o reconhecimento de que existem contratos que envolvem uma confiança mais intensa do que aquela que se deposita ordinariamente no plano geral e indeiferenciado do tráfico contratual (a seguir logo a expressão germânica '*gesteigertes Vertrauensverhältnis*') pode justificar um tratamento diferenciado por parte da ordem jurídica. [...] A confiança (a *fides*) representa no fundo a forma de superação do *desnível* que uma situação jurídica apresenta devido à *incongruência entre o meio jurídico empregue e o fim que se almeja alcançar.*" CARNEIRO DA FRADA, Manuel António de Castro Portugal. **Teoria da confiança e responsabilidade civil.** reimpressão da edição de Fevereiro/2004, Coimbra: Almedina, 2007, p. 544-545

O PRINCÍPIO DA AUTONOMIA PRIVADA CONTRATUAL NA DINÂMICA DO SÉCULO XXI

pela prática consciente, é praticamente certo que haverá uma inequívoca confiança na formação do negócio jurídico contratual, além do comprometimento entre as partes quanto à observância da lealdade. Vejamos como a doutrina se manifesta quanto à importância do capitalismo consciente para a teoria da confiança contratual:

> O propósito de todas as empresas, fundamentalmente, gira em torno da criação de valor para os clientes. [...] Em sua maioria, as empresas conscientes os têm como *stakeholders* prioritários, no mesmo nível, logo abaixo ou um pouco acima dos membros da equipe. [...] Tal como acontece com todas as partes interessadas, o bem-estar dos clientes deve ser tratado como fim, e não apenas como meio para obter lucros. Companhias que ignoram esse ensinamento não são páreo para empresas conscientes no que diz respeito à empatia, ao compromisso com o serviço e à compreensão das necessidades dos clientes, que percebem claramente quando estão lidando com alguém que de fato se preocupa com eles. Por isso, as organizações precisam enxergar os clientes como pessoas a quem servir, e não como consumidores a quem vender. Na verdade, a palavra 'consumidor' transmite a ideia negativa de coisificar as pessoas, ao reduzi-las à mera função de consumir.[310]

A teoria do Capitalismo Consciente, ainda prevê que o mesmo critério acima transcrito de relação entre a empresa (*lato sensu*) e seus clientes, deve ser observado na relação aos membros da equipe de cada empresa (funcionários), ou ainda em relação aos fornecedores, aos investidores, aos acionistas, e aos demais *stakeholders*.

Uma vez violada qualquer uma das funções da teoria geral dos contratos, haverá o inevitável rompimento da confiança e da lealdade. Nestas hipóteses, independentemente de ter origem na dinâmica do processo obrigacional ou no comportamento das partes, a aplicação da autonomia privada e respectiva formação obrigatória do contrato será automaticamente mitigada, ou até mesmo eliminada, como forma de extinção do vínculo contratual pela inexecução da obrigação. "As obrigações assumidas devem ser fielmente executadas. [...] O cumprimento da obrigação é a

---

[310] MACKEY, John; SISODIA, Raj. **Capitalismos consciente: como libertar o espírito heroico dos negócios**. Tradução Rosemarie Ziegelmaier, 1 ed., 4 impressão, São Paulo: HSM Editora, 2013, pp. 81-82

regra; o inadimplemento, a exceção. Vários são os motivos que levam o contraente a cumprir o que prometeu. Primeiramente, a simples ética [...]."[311]

São três as funções do princípio da confiança negocial: a) estabelecer uma relação de complementariedade com o princípio da boa-fé objetiva e demais princípios gerais do negócio jurídico; b) analisar se a expectativa legítima do confiante não foi correspondida; e, c) viabilizar a reparação dos danos por violação dos direitos decorrentes da expectativa gerada no confiante. [...] A relação de complementariedade entre os princípios gerais do negócio jurídico é de extrema importância para que o sistema tenha uma operabilidade adequada e proporcione efetivamente condições para que os interesses legítimos das partes sejam efetivamente assegurados.[312]

Do exposto até aqui, resta claro que a análise da teoria da confiança contratual[313]-[314] e a lealdade resultam em potencial ampliação da segurança jurídica quanto ao cumprimento das obrigações assumidas pelas partes.

Uma proporção elevada de obediência às normas sociais é equivalente a um ambiente de confiança (*trust*) susceptível de superar as insuficiências e de colmatar as brechas na intersubjetividade em contextos de mercado e de sector de actividade dominados pela atomicidade e pelo anonimato, brechas que bloqueariam, por exemplo, a formação espontânea de mecanismos de reputação. [...] O ambiente de confiança é, em suma, uma espécie de aglutinador social que permite às pessoas interagirem a baixos custos de transacção, o que

---

[311] ALVIM, Agostinho Neves de Arruda. **Da inexecução das obrigações e suas conseqüências.** 5 ed., São Paulo: Saraiva, 1980, pp. 5-6. No mesmo sentido: AGUIAR JÚNIOR, Ruy Rosado de. **Extinção dos contratos por incumprimento do devedor– resolução de acordo com o novo Código Civil.** 2 ed., Rio de Janeiro: Editora AIDE, 2003

[312] LISBOA, Roberto Senise. **Confiança contratual.** São Paulo: Atlas, 2012, pp. 155-156 e 183

[313] CARNEIRO DA FRADA, Manuel António de Castro Portugal. **Teoria da confiança e responsabilidade civil.** Coimbra: Almedina, 2007

[314] "Coube a Ballerstedt precisar a ideia de confiança. Para este autor, a criação, por uma das partes, de uma situação de confiança e o aproveitamento, pela outra, da situação criada, corresponderiam a uma segunda forma de constituir negócios jurídicos, sistematicamente correcta. Ficaria assim clara a caraterização contratual que, desde sempre, fora reconhecida nos deveres pré-contratuais." MENEZES CORDEIRO, Antônio Manuel da Rocha e. **Tratado de Direito Civil Português** – direito das obrigações. v. II, t. II. Coimbra: Almedina, 2010, pp. 665-666

equivale a dizer que é um promotor de bem-estar social, especificamente na medida em que viabiliza mais investimento produtivo em condições de complementariedade e interdependência.[315]

É necessário rememorar que o processo obrigacional é dinâmico, podendo sofrer constantes alterações conforme o comportamento das partes contratantes, sendo passível de revisão e correção quanto a eventual desvio da base objetiva do negócio jurídico. A teoria anteriormente defendida no início do século XX por Georges Ripert[316] de que a essência do contrato é prever situações futuras, gerando estabilidade e segurança nas relações jurídicas contratuais deve ser revista com base na própria teoria da confiança contratual, da base objetiva do negócio jurídico e da função corretiva da cláusula geral da boa-fé objetiva. Repita-se, o processo obrigacional é dinâmico.

O princípio da confiança vem especificado, no interior das relações que nascem do tráfego jurídico – notadamente (mas não exclusivamente) o tráfego negocial –, pelos correlatos e conexos princípios da lealdade e da boa--fé objetiva, ambos constituindo a dupla face da confiança. Estes princípios têm a característica de constituir normas de conduta que impõem a quantos entram em contacto social relevante juridicamente deveres de conduta, entre os quais os de informação e os de proteção aos legítimos interesses do *alter*. A correção entre lealdade e a boa-fé está em que esta última, na acepção objetiva, caracteriza arquétipo ou *standard* jurídico segundo o qual cada pessoa deve ajustar a própria conduta a esse arquétipo, obrando como obra-

---

[315] ARAÚJO, Fernando. **Teoria económica do contrato.** Coimbra: Almedina, 2007, pp. 359-360
[316] "Admitir a revisão dos contratos, todas as vezes que se apresente uma situação que não foi prevista pelas partes, seria tirar ao contrato a sua própria utilidade que consiste em garantir o credor contra o imprevisto. Quando um industrial assegura por muitos anos a quantidade de carvão necessária à sua fábrica por um preço determinado, não sabe quais serão, no futuro, as dificuldades de aprovisionamento ou as flutuações do mercado, mas quer poder regular, em qualquer hipótese, a sua produção e fixar o preço dos seus produtos. [...] A posição que consiste em tomar como argumento a diferença das prestações não é mais sólida. Consistiria essa posição em admitir uma espécie de anulação do contrato por lesão posterior à sua conclusão, fato êste que seria a conseqüência da idéia de que a lesão na conclusão do contrato deve ser uma causa de nulidade. O princípio da eqüivalência entre as prestações imporia uma e outra solução." RIPERT, Georges. **A regra moral nas obrigações civis.** Tradução: Osório de Oliveira. São Paulo: Saraiva & Cia., 1937, p. 156

ria o homem reto: com honestidade, lealdade, probidade, qualificando, por isso, uma norma de comportamento leal.[317]

As relações contratuais, em regra, são formadas por decisão voluntária das partes interessadas conforme a ordem pública da liberdade de contratar (Código Civil de 2002, 421). Ao longo da presente tese vêm sendo defendido que, uma vez presente a tríade função da teoria geral dos contratos e cumpridos os requisitos de ordem pública, além da proporcionalidade e equilíbrio das prestações, as partes detém plena autonomia privada para definir os termos e condições das cláusulas contratuais; as obrigações e direitos que estarão submetidas aos termos do contrato que passará a ter força vinculante e passível de exigência quanto ao seu cumprimento conforme estabelece a própria teoria da confiança.

Sem que haja uma alteração quanto aos critérios da base objetiva do negócio jurídico, o eventual incumprimento do contrato resulta em violação a teoria da confiança estabelecida entre as partes e ao dever de lealdade. Tal medida resulta na elevação do custo de transação, uma vez que as partes passarão a adotar maiores cautelas em futuros contratos, criando cláusulas de garantias e deveres adicionais. Haverá um maior custo com a contratação de advogados, peritos e demais especialistas que possam ter conhecimento do objeto do contrato, tudo com um único objetivo, desenvolver contratos que sejam efetivamente cumpridos com o máximo de previsibilidade e segurança jurídica.

As premissas da economia impelem as partes na direção da liberdade contratual e esta corrente somente pode ser resistida com dificuldade. Se as partes são racionais, celebrarão os contratos somente quando for de seu interesse e concordarão somente nos termos que as fazem melhorar de posição. Tribunais que se recusarem a impor a execução destes termos tornarão mais difícil para as partes futuramente utilizar contratos para melhorar seu bem-estar conjunto. Por conta disso, os tribunais devem impor o cumprimento dos termos do contrato.[318]

---

[317] MARTINS-COSTA, Judith. O novo Código Civil Brasileiro: em busca da "ética da situação". *In* MARTINS-COSTA, Judith; BRANCO, Gerson Luiz Carlos. **Diretrizes teóricas do novo Código Civil Brasileiro**. São Paulo: Saraiva, 2002, p. 133

[318] POSNER, Eric. **Análise econômica do direito contratual: sucesso ou fracasso?** Tradução: Luciano Benetti Timm, Cristiano Carvalho e Alexandre Viola. São Paulo: Saraiva, 2010, p 31

O PRINCÍPIO DA AUTONOMIA PRIVADA CONTRATUAL NA DINÂMICA DO SÉCULO XXI

Portanto, é possível identificar que a violação a teoria da confiança contratual e da lealdade poderá ocorrer por quatro fatores distintos ou conjugados: i) alteração do comportamento das partes ao longo da dinâmica do processo obrigacional; ii) interferência por meio da atuação jurisdicional, tal como a arbitragem ou uma decisão judicial; iii) por interferência estatal no mercado. e, iv) externalidades não previsíveis. Cabe aqui uma breve análise de cada uma dessas situações.

i) *Alteração do comportamento das partes ao longo da dinâmica do processo obrigacional* – conforme visto linhas acima, especialmente quanto à aplicação dos pilares do Capitalismo Consciente para a formação de um ambiente sólido de confiança e lealdade, haverá violação da teoria da confiança e da lealdade toda vez que pelo menos uma das partes interessadas, altere o seu comportamento de forma a violar o trato das relações contratuais, buscando obter vantagens não previstas e/ou dificultar o próprio cumprimento do contrato.

ii) *Interferência por meio da atuação jurisdicional (arbitragem ou decisão judicial)* – ocorrerá a quebra da teoria da confiança e respectiva elevação do custo de transação toda vez que ocorra uma indevida interferência da atividade jurisdicional na relação contratual, como por exemplo, uma decisão judicial que resulte na aplicação da taxa média de juros bancários em um contrato livremente formado e fruto de uma relação jurídico-empresarial. A instituição financeira que concedeu o crédito fez todas as análises necessárias para a formação do contrato de crédito, o qual considerou, entre outros critérios[319] para a fixação dos juros[320] contratuais, as taxas de risco observadas no ato da contratação, bem como, o próprio custo interno que cada insti-

---

[319] Os componentes para a fixação da taxa de juro são: lei da oferta e procura; liquidez; prazo; expectativas inflacionárias; risco do mercado; risco de crédito; custos tributários; e, risco próprio ("descasamento nos vencimentos de ativos e passivos"). Conforme: OLIVEIRA, Marcos Cavalcante de. **Moeda, juros e instituições financeiros: regime jurídico.** Rio de Janeiro: Forense, 2006, p. 353-361. No mesmo sentido: FORTUNA, Eduardo. **Mercado financeiro: produtos e serviços.** 16 ed., Rio de Janeiro: Editora Qualitymark, 2005.

[320] "Juro é preço. É o preço da moeda no tempo. Como tal, ele é objeto de direitos subjetivos e sobre ele incide o poder assegurado pela ordem jurídica ao titular da moeda. Juro, portanto, é bem jurídico de natureza econômica, integrante do patrimônio. É ganho obtido por sujeitos de direito." OLIVEIRA, Marcos Cavalcante de. **Moeda, juros e instituições financeiros: regime jurídico.** Rio de Janeiro: Forense, 2006, p. 350. No mesmo sentido: FORTUNA, Eduardo. **Mercado financeiro: produtos e serviços.** 16 ed., Rio de Janeiro: Editora Qualitymark, 2005.

tuição financeira possui (*spread* bancário[321]). No entanto, por força de decisão judicial de revisão da taxa de juros, seja com fundamento no Código de Defesa do Consumidor ou ainda pela deficiência da prova da real taxa de juro contratada, foram alteradas as bases objetivas do negócio jurídico por meio da determinação de aplicação de uma taxa média de mercado (Superior Tribunal de Justiça[322]). Em tal situação haverá a violação a teoria da confiança de que os termos contratuais sejam exigidos, resultando na elevação dos riscos para as instituições financeiras e, consequentemente, elevação do custo de transação[323].

iii) *Interferência estatal no mercado* – conforme já demonstrado ao longo do capítulo destinado a contextualização, as interferências estatais no mercado podem resultar em elevação do custo de transação, uma vez que as partes não detêm autonomia privada para fixar as regras de contratação, automaticamente resultando em vínculos jurídicos regulados pelo Estado ao contrário da formação espontânea do contrato. *V.g.* normas emanadas pelo PROCON, Agências Reguladoras, Preços Controlados etc.

iv) *Externalidades* – a quebra da teoria da confiança decorrente de externalidades, estão diretamente vinculadas a fatos imprevisíveis e sem qualquer gerência e/ou poder de atuação das partes relacionadas a qualquer contrato. Entre as situações possíveis, pode-se exemplificar a mudança de padrões monetários como ocorrida no Brasil com os planos econômicos Bresser, Verão I, Verão II, Collor I e Collor II. Também podem resultar na violação da teoria da confiança con-

---

[321] "Não se deve confundir o conceito de juro com o de *spread*. Juro é preço. *Spread* é um jargão do mercado financeiro para se referir entre os juros cobrados nos empréstimos bancários e o custo do dinheiro para esses mesmos bancos." OLIVEIRA, Marcos Cavalcante de. **Moeda, juros e instituições financeiros: regime jurídico.** Rio de Janeiro: Forense, 2006, p. 361. No mesmo sentido: FORTUNA, Eduardo. **Mercado financeiro: produtos e serviços.** 16 ed., Rio de Janeiro: Editora Qualitymark, 2005.

[322] Nesse sentido, ver os seguintes Recursos Repetitivos todos de relatoria da Ministra Nancy Andrigui: REsp 1112879/PR, REsp 1112880/PR, REsp 1058114/RS e REsp 1063343/RS

[323] Cumpre reiterar a ressalva apresentada no capítulo destinado a contextualização quando foi exemplificada uma situação jurídica de contratação com cartão de crédito. Ou seja, não é objeto da presente tese a análise quanto a eventual abusividade das instituições financeiras nas atuais taxas de juros praticadas no Brasil, as quais estão, reconhecidamente, entre as mais elevadas no mundo nesse primeiro quarto do século XXI.

tratual, a instabilidade política de um determinado país ou bloco econômico, tal como se verificou com alguns países integrantes da Comunidade Comum Europeia ou até mesmo no Brasil na recente e mais grave crise política e econômica vivenciada ao longo dos anos de 2012 a 2016 e com graves consequências na macroeconomia e microeconomia para os anos subsequentes.

De qualquer forma, mesmo políticas públicas redistributivas devem ser eficientes e responsáveis. Não podemos criar um fetiche com a redistribuição como tem acontecido com inúmeros juízes, promotores, legisladores e agentes públicos Brasil afora. O simples fato de uma medida redistribuir riqueza não é suficiente para caracterizá-la como moralmente boa ou ruim em si, muito menos como socialmente desejável. É necessário identificar e ponderar suas consequências para o agente afetado e para os demais grupos afetados. Lembrem-se, pessoas respondem a incentivos e mudarão seu comportamento se as regras mudarem. Nesse contexto, a AED pode contribuir para o julgamento informado.[324]

Portanto, uma vez rompida a confiança que as partes detinham umas nas outras, no sistema da atuação jurisdicional ou no próprio poder estatal, ocorrerá uma abrupta alteração no comportamento das partes interessadas com inequívoca elevação no custo de transação, ou, em situações mais graves, com a interrupção e/ou suspensão de novas contratações e a potencial extinção de algumas atividades capazes de gerar riquezas.

3.3. A dicotomia da base subjetiva e base objetiva do negócio jurídico contratual

> O negócio jurídico é celebrado sobre uma base negocial, que contém aspectos objetivos e subjetivos, base essa que deve manter-se até a execução plena do contrato, bem como até que sejam extintos todos os efeitos decorrentes do contrato (pós-eficácia).[325]

---

[324] GICO Jr., Ivo. Introdução ao direito e economia. In TIMM, Luciano Benetti (Org.). Direito e economia no Brasil. 2 ed. São Paulo: Atlas, 2014, pp. 28-29

[325] NERY JUNIOR, Nelson; NERY, Rosa Maria de Andrade. Panorama atual pelos atualizadores *In* PONTES DE MIRANDA, Francisco Cavalcanti. **Tratado de Direito Privado: parte geral.** t. XXV, São Paulo: Editora Revista dos Tribunais, 2012, §3.063, p. 307. No mesmo sentido:

A base subjectiva traduziria a representação, pelas partes, no fecho do contrato, dos factores que tenham tido um papel dominante no seu processo de motivação. A base objectiva corresponderia ao conjunto das circunstâncias cuja existência ou manutenção, com ou sem consciência das partes, seria necessária para a salvaguarda do sentido contratual e do seu escopo.[326]

Conforme destacam Nelson Nery Junior e Rosa Maria de Andrade Nery[327] a doutrina acerca da base do negócio jurídico foi originalmente apontada por Paul Oertmann e posteriormente desenvolvida por Karl Larenz "está fundada na cláusula geral da boa-fé". Constitui uma evolução das doutrinas oriundas do direito romano, tal como a teoria da imprevisão e a cláusula da *rebus sic stantibus*, as quais se mostravam insuficientes para solucionar os problemas do desequilíbrio contratual e da eventual quebra da proporcionalidade entre as prestações originalmente pactuadas.

Veja-se que não se trata especificamente de buscar um equilíbrio contratual após a sua formação com alteração do que fora originalmente estabelecido entre as partes interessadas, mas sim, de reestabelecer o mesmo equilíbrio (ou pelo menos semelhante) na fase de execução do contrato, tal como foi observado durante a fase de formação do contrato. Ou seja, se no ato de conformação de um contrato de compra e venda de um imóvel foi observado um valor inferior ao valor de mercado para o referido imóvel decorrente de critérios identificados pelas partes durante a fase de diligências quanto a regularidade do imóvel (*v.g.* execuções fiscais sobre débitos de IPTU, situação do imóvel, situação de risco de crédito dos vendedores etc.), não há o que se falar em posterior revisão do preço da compra e venda para reestabelecer o real valor de mercado do imóvel, o critério originalmente identificado pelas partes (base objetiva do negócio jurídico) deve ser preservado.

Vale observar que o critério de revisão contratual previsto no CDC 6º, inciso V, é atrelado ao simples fato de haver uma desproporção quanto as prestações ou ainda por fatos supervenientes que tornem a prestação

NERY, Rosa Maria de Andrade; NERY JUNIOR, Nelson. **Instituições de direito civil: parte geral**. v I, t II. São Paulo: Editora Revista dos Tribunais, 2015, pp. 320-322

[326] MENEZES CORDEIRO, António Manuel da Rocha e. **Da boa fé no direito civil**. 3 reimpressão, Coimbra: Almedina, 2007, p. 1046

[327] NERY JUNIOR, Nelson; NERY, Rosa Maria de Andrade. **Código Civil Comentado**. 11 ed. São Paulo: Editora Revista dos Tribunais, 2014, pp. 808-809

excessivamente onerosa. Não há necessidade de que ocorra o desequilíbrio contratual, basta a demonstração de fato superveniente ou de desproporção das prestações conforme a necessidade do consumidor. Não se trata propriamente da busca pelo equilíbrio e proporcionalidade das prestações obrigacionais previstas no contrato, portanto, não se trata da teoria da base objetiva do negócio jurídico, mas de um princípio protetivo ao consumidor.

Conforme apontado acima, a teoria da base objetiva foi desenvolvida por Karl Larenz como uma evolução da doutrina da base do negócio jurídico, devendo ser destacado o seguinte trecho de seu tratado de Direito Civil:

> A la 'base' objetiva de un contrato, que ha de existir aunque pueda (según la voluntad de las partes) cumplirse de outra forma su finalidade y deba sibsistir generalmente como una ordenación en cierto modo conveniente, pueden pertenecer también aquellas circunstancias, como la conservación del valor de la moneda o la admisibilidad del uso de una cosa arrendada en la forma prevista en el contrato [...]. La finalidad objetivamente expressada en el contrato, el sentido de éste y su carácter general, p. ej., como contrato de intercambio (es decir, carácter típico o 'finalidad essencial') son las circunstancias de las que en cada caso concreto se deducirá qué es lo que integra dicha base objetiva, y sobre ellas la tarea del juez no es otra que la que le corresponde en el supuesto de la llamada intepretación integradora del contrato. De aquella base han de ser eliminados los fines puramente subjetivos que las partês persigan y que no han llegado a formar contenido del contrato, aunque la otra parte los conociese.[328]

Na mesma linha de raciocínio, é a expressão de Pontes de Miranda ao asseverar que a "Teoria da base objetiva do negócio jurídico é teoria que só considera o conjunto de circunstâncias cuja existência ou permanência é tida como pressuposto do negócio jurídico, ainda que o não saibam os figurantes ou o figurante."[329], já para esclarecer a sua diferença em relação a base subjetiva do negócio jurídico, Pontes de Miranda assevera que:

---

[328] LARENZ, Karl. **Derecho Civil – parte general. Tratado de Derecho Civil Alemán.** Tradução: Miguel Izquierdo y Macías-Picavea. Madrid: Editoriales de Derecho Reunidas, 1978, p. 316

[329] PONTES DE MIRANDA, Francisco Cavalcanti. Atualizado por Nelson Nery Jr. e Rosa maria de Andrade Nery. **Tratado de Direito Privado: parte geral.** t. XXV, São Paulo: Editora Revista dos Tribunais, 2012, §3.063, p. 306

Todo negócio jurídico se concebe dentro de momento histórico-social, econômico e político, de modo que as circunstâncias gerais entram por muito no seu conteúdo. Se alguma alteração total ou radical sobrevém que se há de ter como tal que o declarante ou os declarantes não teriam feito a declaração, ou não teriam feito as declarações, que fizeram, se as tivessem previsto, seria despótico submeter o figurante ou submeter os figurantes à inflexibilidade dos deveres e obrigações, a despeito de tão profunda mudança. A psique humana mergulha em espaço social, cheio de relações, e das representações que têm no momento é que os homens partem para as suas atividades dispositivas e aquisitivas, bem como para quaisquer outras atividades. Tal a teoria da base subjetiva. [...] Base subjetiva é o que levou os figurantes a concluir o contrato, ou o que se supôs para se concluir o contrato. Se a realidade desmente o que se representava (elemento psicológico puro), houve êrro. [330]

António Menezes Cordeiro[331] aponta de forma clara a evolução da teoria subjetiva "[...] atinentes aos próprios sujeitos na fenomenologia contratual. Por isso se deve falar em doutrinas subjectivas."[332] para a teoria objetiva "[...] que pretende descobrir a causa em meios exteriores aos próprios sujeitos contratantes. [...] A doutrina jurídica seria levada a distinguir, em de causa, no contrato em si, o escopo (*Zweck*) do contratante e, no acto translativo, o fundamento (*Grund*) da sua efetivação."[333]. A evolução da doutrina subjetiva para a objetiva é decorrente de uma divisão na própria doutrina subjetiva que em um primeiro momento partiu de um puro "subjectivismo psicológico" onde o interesse das partes estaria restrito a um conjunto de vontades puramente internas e psíquicas, passando para um "subjectivos típico" vinculado a contratação conforme os tipos contratuais definidos na forma da lei ou da jurisprudência, onde uma compra e venda terá o seu escopo e interesse das partes vinculados aos efeitos pré-definidos no tipo

---

[330] PONTES DE MIRANDA, Francisco Cavalcanti. Atualizado por Nelson Nery Jr. e Rosa maria de Andrade Nery. **Tratado de Direito Privado: parte geral.** t. XXV, São Paulo: Editora Revista dos Tribunais, 2012, §3.062, pp. 304-305

[331] MENEZES CORDEIRO, Antônio Manuel da Rocha e. **Tratado de Direito Civil Português – direito das obrigações.** v. II, t. II. Coimbra: Almedina, 2010, pp. 616-621

[332] MENEZES CORDEIRO, Antônio Manuel da Rocha e. **Tratado de Direito Civil Português – direito das obrigações.** v. II, t. II. Coimbra: Almedina, 2010, p. 616

[333] MENEZES CORDEIRO, Antônio Manuel da Rocha e. **Tratado de Direito Civil Português – direito das obrigações.** v. II, t. II. Coimbra: Almedina, 2010, pp. 619-620

legal, e finalmente evoluindo para um "subjectivos económico" onde o "[...] subjectivismo produziria uma outra orientação, ainda mais própria do objectivismo."[334] pois a causa do negócio jurídico estaria efetivamente vinculada ao fim econômico almejado pelas partes interessadas.

A base objetiva do negócio jurídico busca a manutenção do equilíbrio e proporcionalidade quanto aos critérios objetivos e econômico-financeiros, ou ainda, por alterações do sistema econômico previsto pelas partes ou decorrente de alterações substanciais da legislação[335], não representando sob qualquer ângulo que se observe a questão de critérios psicológicos das partes interessadas, ou seja, não são causas de invalidade ou de nulidade do negócio jurídico por eventuais vícios da formação do contrato, tais como os vícios do consentimento ou de violação à cláusula geral da função social do contrato. "Caso haja, no decorrer do cumprimento do contrato, descompasso entre o que as partes acordaram antes e na época da celebração do mesmo contrato, haverá quebra da base objetiva do negócio jurídico, que enseja sua revisão judicial ou extrajudicial, para que o contrato volte ao *status quo ante* e se mantenha equilibrado sob a mesma base originária"[336] (grifos do original). No mesmo sentido do aqui exposto são os escólios de Ludwig Enneccerus, Theodor Kipp, Martin Wolff[337] e Giorgio Cian e Alberto Trabucchi.[338]

Buscando um equilíbrio entre as duas teorias, objetiva e subjetiva, é o posicionamento de Clóvis Veríssimo do Couto e Silva que, com fundamento na teoria objetiva do negócio jurídico, aponta para a necessidade de se analisar a dinâmica do contrato, ou da "estrutura contratual" como forma de identificar "a realidade econômica subjacente", vejamos:

---

[334] MENEZES CORDEIRO, Antônio Manuel da Rocha e. **Tratado de Direito Civil Português – direito das obrigações.** v. II, t. II. Coimbra: Almedina, 2010, pp. 618

[335] Por exemplo os Planos Econômicos verificados no Brasil nas décadas de 1980 e 1990 (Plano Bresser, Plano Verão, Plano Verão II, Plano Collor I e Plano Collor II)

[336] NERY, Rosa Maria de Andrade; NERY JUNIOR, Nelson. **Instituições de direito civil: teoria geral do direito privado.** v I, t I. São Paulo: Editora Revista dos Tribunais, 2014, p. 571

[337] ENNECCERUS, Ludwig; KIPP, Theodor; WOLFF, Martín. **Tratado de derecho civil: parte general.** Atualizador: Hans Carl Nipperdey. Tradução Blas Pérez González e José Alguer. t. I, v. 2, 2 ed., Barcelona: Bosch, 1953, pp. 55-63

[338] CIAN, Giorgio; TRABUCCHI, Alberto. **Commentario breve al Codice Civile.** 11 ed., Milani: CEDAM – Casa Editrice Dott. Antonio Milani, 2014, pp. 1474-1478

AUTONOMIA PRIVADA E A ANÁLISE ECONÔMICA DO CONTRATO

[...] a estrutura contratual pressupõe, para que possa exercer como normalidade a sua função de troca, uma relação estreita com a realidade econômica subjacente. [...] A 'base objetiva do negócio jurídico' decorre de uma 'tensão' ou 'polaridade' entre os aspectos voluntaristas do contrato – aspecto subjetivo – e o seu meio econômico – aspecto institucional – o que relativiza, nas situações mais dramáticas, a aludida vontade, para permitir a adaptação do contrato à realidade subjacente. [...] A sua fundamentação sistemática está no princípio da boa-fé, podendo o juiz, no caso de rompimento da base objetiva do contrato, adaptá-lo às novas realidades, ao mesmo tempo que atribui ao contratante prejudicado o direito de resolver o contrato. [...] podemos afirmar que, fora de dúvida o nosso sistema adota a teoria da base objetiva do negócio jurídico, em razão de a relação jurídica apresentar aspectos voluntarísticos, ou subjetivos, e objetivos, ou institucionais, resultantes da tensão entre o contrato e a realidade econômica. Esta tensão constitui, precisamente, a 'base objetiva' do contrato.[339]

Alexandre Guerra[340], fundamentando seus estudos nos ensinamentos de Antônio Junqueira de Azevedo[341], após tecer semelhantes comentários vistos acima acerca das teorias subjetivas e objetivas do negócio jurídico,

---

[339] COUTO E SILVA, Clóvis Veríssimo do. **A teoria da base do negócio jurídico no direito Brasileiro**. RT, 655/7, maio/199. Doutrinas Essenciais Obrigações e Contratos. v. IV. TEPEDINO, Gustavo; FACHIN Luiz Edson (Organizadores), São Paulo: Revista dos Tribunais, 2011, p. 529-536

[340] GUERRA, Alexandre. **Princípio da conservação dos negócios jurídicos – a eficácia jurídico-social como critério de superação das invalidades negociais**. São Paulo: Almedina, 2016, pp. 73-81 "As chamadas teorias subjetivas do negócio jurídico procuram defini-lo como um ato de vontade. Em termos históricos, são as mais antigas a respeito da sua gênese. Afirmam ser o negócio jurídico uma manifestação de vontade destinada a produzir certos efeitos jurídicos. O negócio jurídico é, dizem os seus sectários, um ato de vontade dirigida a fins práticos tutelados pelo ordenamento jurídico. [...] Para os sectários das teorias objetivas, a declaração de vontade é o resultado de um processo da vontade interna que, uma vez proferida, passa a compor a própria declaração negocial. A vontade, dizem, não deve ser considerada um elemento do negócio jurídico, uma vez que o negócio é justamente o que deflui dessa declaração. Logo, condicionar a vontade (e a interpretação dessa vontade) como um elemento decisivo na conformação do negócio jurídico é um procedimento do qual se há distanciar [...]"

[341] "[...] não se trata, aqui, de verificar quais os fatos que *in concreto* são, ou não, atos de vontade, mas sim verificar se, pela estrutura normativa, se toma, ou não, em consideração, a existência do que socialmente se vê como ato de manifestação de vontade." AZEVEDO, Antônio Junqueira de. **Negócio Jurídico: Existência, Validade e Eficácia**. 4 ed. São Paulo: Saraiva, 2007, pp. 16-17

conclui pela necessidade da análise da estrutura do negócio jurídico para a identificação da operação econômica subjacente de cada negócio jurídico em concreto (circunstâncias negociais), uma vez que, tanto a teoria subjetiva como a teoria objetiva do negócio jurídico seriam insuficientes para a adequada interpretação da atual dinâmica do negócio jurídico.

As teorias subjetivas ou objetivas, por si só, se forem consideradas nos seus graus absolutos, são insuficientes para a compreensão contemporânea do negócio jurídico, tendo em conta as luzes que sobre ele fazem incidir o Princípio da conservação dos negócios jurídicos. [...] Busca-se conhecer estrutural e objetivamente o que o negócio jurídico realmente é. Pela teoria estrutural do negócio jurídico, não deve sobressair a vontade ou o autorregramento mas sim a declaração da vontade socialmente relevante [...].[342]

A teoria da base objetiva do negócio jurídico, em conformidade com as cláusulas gerais da boa-fé objetiva e da função social do contrato, resulta na necessária análise da estrutura do negócio jurídico subjacente (dinâmica do processo obrigacional), bem como a operação econômica que as partes interessadas buscavam realizar com determinado contrato[343]. Em

---

[342] GUERRA, Alexandre. **Princípio da conservação dos negócios jurídicos – a eficácia jurídico-social como critério de superação das invalidades negociais.** São Paulo: Almedina, 2016, p. 81

[343] "Todo negócio jurídico é celebrado sobre uma base negocial: uma base com aspectos objetivos e subjetivos, que se deve manter inalterada até a execução plena do negócio jurídico. [...] A base objetiva do negócio volta-se para outra estrutura. Volta-se para a necessidade de que sejam preservadas as bases da economicidade e a patrimonialidade que condicionam o negócio. [...] Por outro lado, e de maneira diferente, pela teoria da base do negócio jurídico, a segurança jurídica é privilegiada, sempre tendo como fundamento o princípio da boa-fé objetiva. Por base do negócio devem-se entender todas as circunstâncias fáticas e jurídicas que os contratantes levaram em conta ao celebrar o contrato, que podem ser vistas nos seus aspectos subjetivo e objetivo. [...] Dizemos que a melhor doutrina é a da base objetiva do negócio, porque se traduz em preceito que traz segurança para as relações jurídicas, já que as demais, por terem forte apelo subjetivo, não estão imunes à situações de incerteza e insegurança, podendo ensejar situações jurídicas de desproporcionalidade. [...] Quando há alteração no sistema econômico, não importa por qual razão, a base objetiva do negócio é atingida podendo tal fato dar ensejo à modificação, revisão ou mesmo resolução do contrato. [...] A teoria da quebra da base objetiva do negócio jurídico tem sido privilegiada, pois parte do pressuposto econômico da paridade e harmonia das vantagens e desvantagens econômico-financeiras do negócio, quebra esta a ninguém atribuível como causa querida ou provocadora de prejuízo grande a uma das partes e lucro desmedido para a outra" NERY, Rosa Maria de

AUTONOMIA PRIVADA E A ANÁLISE ECONÔMICA DO CONTRATO

última análise, a técnica aqui analisada representa um importante critério para a incidência da AED conjugado com os pilares do Capitalismo Consciente, de forma que se busque a interpretação e a aplicação das obrigações contratuais conforme a eficiência socioeconômica para as partes e para a sociedade. Trata-se de um critério de estabilização do sistema e de respectiva segurança jurídica.

Assim, conforme vem sendo defendido na presente tese, deve ser verificada a dinâmica do processo obrigacional na formação e na execução do contrato e com igual importância o comportamento das partes interessadas ao longo da sua formação e execução, ou ainda, nas três fases do contrato (pré-contratual, execução do contrato e pós-contratual).

Da análise de toda essa dinâmica do processo obrigacional e do comportamento das partes, haverá a incidência de uma maior ou menor gradação na aplicação da autonomia privada e respectiva força vinculante dos contratos em busca de uma maior segurança jurídica quanto à estabilidade das relações jurídicas formadas pelos contratos.

O critério não será apenas analisar os diferentes sistemas legais que irão incidir sobre determinadas operações contratuais, ou seja, se são relações de consumo ou do direito comum, mas sim, deve ser verificada a dinâmica contratual em cada situação em concreto, podendo ser reconhecida a respectiva variação na aplicação da autonomia privada, conforme critérios dados pela própria teoria geral dos contratos e da análise econômica do direito.

3.4. O princípio da proporcionalidade e equilíbrio econômico no direito contratual

> Sob a desculpa de que se busca interpretar o texto e construir a norma, e muitas vezes invocando a necessidade de certeza do Direito como valor a resguardar, a falta de ética das soluções jurídicas propostas pela doutrina ofendem a razão de ser do direito, semeando discórdia, incerteza, insegurança, desigualdade e desequilíbrio social. [...] O injusto não é de ser atingido pela interpretação jurídica. A hermenêutica do Direito não pode conduzir à injustiça, não pode ser causa de

Andrade; NERY JUNIOR, Nelson. **Instituições de direito civil: direito das obrigações.** v II. São Paulo: Editora Revista dos Tribunais, 2015, pp. 116-119

O PRINCÍPIO DA AUTONOMIA PRIVADA CONTRATUAL NA DINÂMICA DO SÉCULO XXI

desorientação, de perda de valores fundamentais para a sobrevivência do homem, de perda do estado de igualdade. [344]

Até este ponto da presente tese, foram apresentados critérios para a aplicação da autonomia privada de forma gradual conforme a dinâmica do processo obrigacional[345] e o comportamento das partes. Da mesma forma, foi sustentado que a força vinculante do negócio jurídico contratual deve ser observada, desde que cumpridos os seus "requisitos de validade"[346], em especial a tríade função da teoria geral do direito contratual (socioeconômica e jurídica) como instituo intrínseco ao princípio da autonomia privada.

Foi igualmente demonstrado que, nas relações contratuais em que ocorra eventual abuso do direito, violação as normas de ordem pública, entre elas, as cláusulas gerais da boa-fé objetiva e da função social do contrato, além das situações de alteração da base objetiva do negócio jurídico ou desrespeito ao princípio da proporcionalidade e ao equilíbrio das prestações, poderá ocorrer a necessidade de revisão ou extinção do negócio jurídico contratual.

A revisão do contrato pela atuação jurisdicional com fundamento no princípio da proporcionalidade e do equilíbrio econômico deve preservar a base objetiva do negócio jurídico existente no ato da formação do vínculo obrigacional[347], ou, em outros termos, preservar o contexto socioeconô-

---

[344] NERY, Rosa Maria de Andrade; NERY JUNIOR, Nelson. **Instituições de direito civil – teoria geral do direito privado.** v I, t I. São Paulo: Editora Revista dos Tribunais, 2014, p. 297-298

[345] "A compreensão da relação obrigacional como totalidade ou como sistema de processos permite uma melhor e mais adequada intelecção dos elementos que a compõem, unindo-os todos por um laço de racionalidade." COUTO E SILVA, Almiro do. Prefácio à 'obrigação como processo'. *In* MARTINS-COSTA, Judith; FRADERA, Véra Jacob de (Org.). **Estudos de direito privado e processual civil: em homenagem a Clóvis do Couto e Silva.** São Paulo: Editora Revista dos Tribunais, 2014, p. 181

[346] AZEVEDO, Antônio Junqueira de. **Negócio Jurídico: Existência, Validade e Eficácia.** 4 ed. São Paulo: Saraiva, 2007.

[347] "A situação jurídica vivenciada entre credor e devedor desperta, por isso, uma outra consideração lógica necessária e paralela: prende-os um vínculo que, sob um outro aspecto – relacionado com as prestações devidas –, não tem a mesma natureza da 'relação' potencial que lhes permitiu vivenciar essa específica situação jurídica. Prende-os um vínculo que, pela característica específica de autorizar a cada um a vivência de uma situação de submissão/sujeição, desafia outra lógica, tendente a explicar a *qualidade* e a *quantidade* daquilo que um deve ao outro. É nesse sentido que se pode dizer que o vínculo obrigacional, então, tem outra natureza lógica: natureza lógica de *relação de razão; de quantidade; de proporção*, de se saber,

mico originalmente estabelecido pelas partes (circunstâncias negociais), com o propósito específico de reestabelecer a operação econômica da qual o contrato é a sua "veste jurídica".

O desequilíbrio contratual, visto de forma genérica, pode levar à incidência dos princípios da boa-fé objetiva, da função social e do princípio do equilíbrio contratual. A ideia de equilíbrio e igualdade material pode, inclusive, ser atributo comum para estes três preceitos, ainda que em medidas diferentes. Além disso, estes mesmos princípios são igualmente valorosos para abrandar os princípios contratuais tradicionais, formalistas, com o objetivo de obter um contrato equilibrado economicamente e justo. [...] Desde este ponto começa-se a diferençar os matizes da boa-fé e do equilíbrio contratual. O equilíbrio contratual, em seu sentido estrito, tem como ponto essencial o sinalagma contratual. Ocupa-se da base objetiva do negócio jurídico, ou seja, que haja um balanceamento geral entre as prestações e contraprestações previstas no contrato. Não atua na conduta das partes, não lhes prescreve deveres de atuação ou cooperação, pois esta já é a seara da boa-fé objetiva. A preocupação do equilíbrio contratual está no conjunto das prestações contratuais, o que inclui, predominantemente, direitos e deveres daí decorrentes e constantes do contrato, verificando a proporcionalidade e razoabilidade da divisão dos encargos e benefícios segundo as circunstâncias particulares do caso concreto. [348]

Em situações excepcionais caberá a prolação de sentença determinativa[349] capaz de constituir novas condições contratuais (criar direitos e

exatamente, quanto um deve prestar ao outro, pesado e sopesado, com igualdade e harmonia; prestação que deve ser medida pelo cobre e pela balança, *aes et libram*. [...] O direito de obrigações pressupõe, portanto, o direito como um sistema lógico dentro da sociedade organizada que se interessa pelas relações entre as pessoas e busca garantir-lhes segurança pessoal e social, principalmente considerando os bens e interesses sobre os quais o homem pode exercer direitos, prevenindo ou solucionando os problemas econômicos, sociais ou políticos que ele vivencia na sociedade. [...] O conceito fundamental do direito de obrigações é o *vínculo obrigacional* [...] ligada à quantidade e à qualidade da prestação, sob cujo aspecto se identifica uma relação jurídica de razão, que se impõe para que seja decifrada a proporcionalidade da prestação devida pelo devedor ao credor. É o aspecto objetivo do vínculo, que se verifica no momento mesmo da eficácia da obrigação e da exigibilidade da prestação." NERY, Rosa Maria de Andrade. **Introdução ao pensamento jurídico e à teoria geral do direito privado.** São Paulo: Editora Revista dos Tribunais, 2008, pp. 130-132

[348] ZANETTI, Andrea Cristina. **Princípio do equilíbrio contratual.** São Paulo: Editora Revista dos Tribunais, 2012, pp. 156-157 (Coleção Prof. Agostinho Alvim)

[349] Conforme tópico 2.4 acima

obrigações) que deverão ser cumpridos pelas partes, tal como verificado na análise da cláusula geral da função social do contrato.

[...] o papel do Poder Judiciário, ao lançar mão da função social dos contratos, passa pela preservação da 'economia do contrato', o que não significa a realização de um 'princípio do equilíbrio econômico', mas sim a compreensão do contexto social e econômico no qual o contrato está inserido, isto é: como socialmente as partes estabelecem a distribuição dos riscos de sua atividade, e qual é a 'natureza' da operação econômica da qual o contrato é a 'veste jurídica'. Dito de outro modo: também no exame do 'princípio do equilíbrio econômico' como expressão da função social, a 'função econômica' ali aparentemente implícita somente pode ser compreendida como 'função social' se analisada a função do contrato como *competência normativa,* sob pena de supressão da liberdade contratual.

É certo que o direito contratual não tem mais a função única de ser um conjunto de regras destinadas a compelir o devedor a cumprir as obrigações voluntariamente constituídas. O direito contratual moderno também possui outras funções, entre elas de resolver controvérsias entre credores e devedores sobre a correta interpretação, validade e eficácia das disposições contratuais, regulação das práticas de mercado, sendo exemplo paradigmático o contrato de investidura ou *receptum arbitti.* Porém, em paralelo a essas novas funções, continua com a velha função, que é a de fornecer os meios coercitivos para fazer o devedor cumprir contratos válidos.[350]

Rosa Maria de Andrade Nery e Nelson Nery Junior ao traçarem a evolução do direito obrigacional acabam por concluir que a evolução da jurisprudência e da doutrina nacional enfrentou um "abrandamento da força obrigacional dos contratos, para dar margem à recuperação da proporcionalidade das prestações contratadas e ao reequilíbrio das prestações devidas em virtude do vínculo obrigacional, conforme inicialmente estabelecido entre as partes [...]."[351]

---

[350] BRANCO, Gerson Luiz Carlos. Elementos para interpretação da liberdade contratual e função social: o problema do equilíbrio econômico e da solidariedade social como princípios da teoria geral dos contratos. *In* MARTINS-COSTA, Judith. **Modelos de direito privado.** 1 ed., São Paulo: Marcial Pons, 2014, pp. 273-274

[351] NERY, Rosa Maria de Andrade; NERY JUNIOR, Nelson. **Instituições de direito civil: direito das obrigações.** v II. São Paulo: Editora Revista dos Tribunais, 2015, p. 71

AUTONOMIA PRIVADA E A ANÁLISE ECONÔMICA DO CONTRATO

[...] todo negócio jurídico – operação jurídica que tem como finalidade a circulação de bens e riquezas – estrutura-se em base econômica, objetivamente considerada, que dá a tônica ao *caráter mercadológico do negócio jurídico*, inspirando sua interpretação e condicionando seu desiderato a soluções economicamente proporcionais. A cada dia se torna mais frequente a discussão em torno da *justiça* e da *equidade das soluções jurídicas*, pois o encargo das partes, quanto ao cumprimento das obrigações e quanto ao dever de prestar, encontra eco na razoabilidade do exercício do poder do credor sobre o patrimônio do devedor. [...] Nenhuma solução jurídica parece se mostrar justa se compromete a razoabilidade de sua repercussão econômica no patrimônio das pessoas: esta é a versão socioeconômica dos parâmetros jurídicos da eticidade, da socialidade e da funcionalidade do sistema do CC. (grifos do original)[352]

E seguem os autores acima referenciados[353] destacando que na evolução dos negócios jurídicos comerciais houve uma maior evolução em relação a análise do princípio da proporcionalidade nas relações contratuais do que em relação aos contratos considerados puramente civis, já que o Código Comercial de 1850, previa em seu artigo 131, 1, a regra da boa-fé objetiva e da teoria da base objetiva do negócio jurídico. Semelhante regra, somente foi positivada no Direito Civil pelo Código Civil de 2002, muito embora a doutrina[354] e a jurisprudência pátria já vinham avançando nestas questões ao longo do último quarto do século XX, especialmente após a Constituição Federal de 1988, a entrada em vigor do Código de Defesa do Consumidor e a instituição do Superior Tribunal de Justiça, estes últimos em 1990.[355]

---

[352] NERY, Rosa Maria de Andrade; NERY JUNIOR, Nelson. **Instituições de direito civil: direitos patrimoniais e reais.** v IV. São Paulo: Editora Revista dos Tribunais, 2016, pp. 161-162
[353] NERY, Rosa Maria de Andrade; NERY JUNIOR, Nelson. **Instituições de direito civil: direito das obrigações.** v II. São Paulo: Editora Revista dos Tribunais, 2015, p. 72-75
[354] Na doutrina brasileira destaca-se como um dos primeiros estudos sobre a boa-fé objetiva e publicação por Clóvis Veríssimo do Couto e Silva de "A obrigação como processo" publicada pela primeira vez em 1976 pela Editora Bushastsky, embora tenha sido apresentada em 1964 como tese para a cátedra de Direito Civil da Faculdade de Direito da Universidade Federal do Rio Grande do Sul.
[355] "Nos dias de hoje, uma reflexão mais acurada da discussão jurídica em torno desse ponto, vindo a lume naquela época, levaria o intérprete, por certo, a aportar no enfrentamento atinente à chamada teoria da base objetiva do negócio jurídico, decorrente da boa-fé objetiva, com seu conteúdo hermenêutico e integrativo do sistema de direito e, portanto e por isso,

A doutrina portuguesa, com base na cláusula geral da boa-fé objetiva, conclui da mesma forma que a doutrina pátria, ao estabelecer que está contido na função do direito e da atividade jurisdicional afastar eventuais situações de desequilíbrio e de abuso do direito, reestabelecendo a base objetiva do negócio jurídico. Nesse sentido Heinrich Ewald Hörster:

> Na verdade, havendo situações de desequilíbrio real, o legislador tem a obrigação de limitar a própria liberdade contratual contra o seu abuso, procedimento esse que se reverte num reforço do princípio. A autonomia privada e a liberdade contratual não existem para explorar a económica ou intelectualmente mais fraco. Por conseguinte, o direito privado tem a obrigação de proteger o mais fraco onde isto se mostrar indicado.[356]

Assim como deve ser observado o equilíbrio da base objetiva do negócio jurídico como "requisito de validade" e "fator de eficácia"; o princípio da proporcionalidade[357] é de igualmente cogente e vinculado a teoria

---

perfeitamente compatível com o sistema posto, que tolerava e sempre tolerou, entre nós, desde a Lei da Boa Razão, a interpretação como forma de adequação da solução jurídica aos casos concretos, restabelecendo injustas situações de desequilíbrio, principalmente as causadoras da onerosidade excessiva das prestações devidas em decorrência do contrato. Mas, por *fas* ou por *nefas*, não foi essa a opção feita pela doutrina e pela jurisprudência, no alvorecer dos anos 50, no século XX; ao menos não foi essa a opção da grande maioria da doutrina e da jurisprudência brasileira dessa época, no que toca aos contratos civis. A noção de negócio jurídico, de vínculo negocial, de responsabilidade patrimonial sob seus aspectos objetivos, sofreu um recrudescimento incompreensível nessa dará de nossa história. O curioso, entretanto, foi o fato de que, apenas, na lida da análise do contrato, como manifestação da vontade civil, a doutrina e a jurisprudência tenham sito tão rigorosas A teoria do negócio jurídico não apresentou as mesmas amarras, nem exteriorizou os mesmos preconceitos, no campo do chamado direito comercial, onde o equilíbrio das prestações e a absoluta igualdade das partes, sob o ponto de vista da formação subjetiva do contrato e sob o ponto de vista do estabelecimento da base objetiva do negócio, transcorreram décadas intocáveis e imprimiram ao direito comercial um modernidade que o direito civil não alcançara." NERY, Rosa Maria de Andrade; NERY JUNIOR, Nelson. **Instituições de direito civil: direito das obrigações.** v II. São Paulo: Editora Revista dos Tribunais, 2015, p. 72-73

[356] HÖRSTER, Heinrich Ewald. **A parte geral do Código Civil Português – teoria geral do direito civil.** 5ª reimpressão, Coimbra: Almedina, 2009, p. 65

[357] "O exame de proporcionalidade aplica-se sempre que houver uma medida concreta destinada a realizar uma finalidade. Nesse caso devem ser analisadas as possibilidades de a medida levar à realização da finalidade (exame de adequação), de a medida ser a menos restritiva aos direitos envolvidos dentre aquelas que poderiam ter sido utilizadas para atingir a finalidade (exame da necessidade) e de a finalidade pública ser tão valorosa que justifique tamanha res-

da base objetiva do negócio jurídico[358]. Nesse sentido é o escólio de Ruy Rosado de Aguiar Junior ao destacar que:

> É corrente a associação do princípio da igualdade com o da proibição do arbítrio; pode-se mesmo dizer ser ele corolário do Estado de Direito. A fim de evitar o arbítrio na avaliação das situações, tem sido observada nos Estados democráticos a tendência ao uso do princípio da proporcionalidade para orientar a ação do operador: a invocação da igualdade para manter ou alterar certa situação deve corresponder ao princípio da proporcionalidade [...] **O princípio da proporcionalidade serve para estabelecer a relação adequada entre os fins e os meios de que se dispõe; institui a relação entre esses dois pontos, confrontando o fim e o fundamento da intervenção com os efeitos desta, tornando possível o controle do excesso.** Há violação do princípio da proporcionalidade, com ocorrência do arbítrio, toda vez que os meios destinados a realizar um fim não são por si mesmos apropriados e/ou quando a desproporção entre meios e fim é particularmente evidente. [...] A ponderação será feita diante dos valores em causa, sendo aceitável a solu-

trição (exame da proporcionalidade em sentido estrito). [...] Fim significa um estado desejado de coisas. Os princípios estabelecem, justamente, o dever de promover fins. Para estruturar a aplicação do postulado da proporcionalidade é indispensável a determinação progressiva do fim. [...] O postulado da proporcionalidade não se identifica com o da razoabilidade: esse exige, por exemplo, a consideração das particularidades individuais dos sujeitos atingidos pelo ato de aplicação concreta do Direito, sem qualquer menção a uma proporção entre meios e fins." ÁVILA, Humberto. **Teoria dos princípios – da definição à aplicação dos princípios jurídicos**. 15 ed., São Paulo: Malheiros, 2014, pp. 206-208

[358] "Por trás de todo negócio jurídico há, portanto, um aspecto objetivo a ser realçado, relacionado com a prestação devida pelas partes, uma com relação à outra. A prestação de ser, principalmente, nos denominados negócios de cunho comutativo, proporcionalmente exigida. O maior peso da eficácia do tratamento do direito de obrigações está no objeto da prestação. [...] Na verdade, não se pode negar a importância socioeconômica da estrutura jurídico-sistemática do contrato, pena de ver-se comprometida a segurança da vida do direito, a estabilidade da economia e a própria essência da liberdade humana, pois uma base econômica 'inspira e condiciona as relações jurídicas negociais' (Villela, Teoria da base negocial e o Plano Collor, IOB 19/90, n 3/4655, p. 385). [...] A busca da efetiva proporcionalidade das prestações devidas em virtude de obrigação assumida, fruto do princípio da dignidade humana, é o tema que: a) dá sustentáculo lógico ao debate em torno de princípios como o da solidariedade social e da boa-fé objetiva; b) é o moto estrutural de institutos como a responsabilidade objetiva e a base objetiva do negócio; c) é a forma como melhor se pode buscar a estruturação da denominada função social do contrato." NERY, Rosa Maria de Andrade; NERY JUNIOR, Nelson. **Instituições de direito civil: direito das obrigações**. v II. São Paulo: Editora Revista dos Tribunais, 2015, p. 130-131

ção que, eficaz e necessária, garanta a prevalência do bem mais valioso, com um sacrifício proporcional. [...] A proporcionalidade será aferida depois de verificada a pertinência e a necessidade, tendo em vista o dano a ser causado e a vantagem decorrente, **atendendo ao que é relevante do ponto de vista social, econômico, jurídico e moral**, submetendo esse julgamento aos fins últimos do Estado, que estão presos à ideia de justiça. [359] (grifos nossos)

Alexandre Guerra ao tratar do princípio da conservação dos negócios jurídicos, aponta que o princípio da proporcionalidade, como meio da preservação do equilíbrio nas prestações contratuais, está positivado no texto do artigo 479 do Código Civil de 2002.

[...] no direito contratual, ganha destaque crescente o papel da equidade. [...] A relação de adequação que o Direito exige à preservação do vínculo jurídico deve ser conformada por meio da oferta de modificação equitativa do contrato. A medida presta-se a garantir vida à relação contratual. Busca o intérprete não somente o equilíbrio objetivo entre as prestações (o qual foi destruído por circunstâncias supervenientes à gênese negocial) mas, especialmente, o retorno da proporção estabelecida entre as prestações originariamente fixada.[360]

No entanto, a eventual readequação do equilíbrio das prestações, ou mesmo, a revisão contratual com fulcro no princípio da proporcionalidade, como resultante do processo de interpretação do negócio jurídico, muitas vezes acaba por desprezar a real análise quanto às circunstâncias negociais típicas da dinâmica do processo obrigacional de cada contrato em espécie; ignora-se a operação econômica existente na base objetiva de cada negócio jurídico específico, para aplicar um suposto senso comum sobre o que seria proporcional. Ou como visto nos julgados do Superior Tribunal de Justiça acima destacados, determina-se a aplicação de uma taxa média de mercado, sem qualquer conhecimento específico das reais condições contratuais, além dos riscos e custo de transação que cada uma das partes contratan-

---

[359] AGUIAR JUNIOR, Ruy Rosado de. **Comentários ao Novo Código Civil – da extinção dos contratos arts. 472 a 480**. Coord. TEIXEIRA, Sálvio de Figueiredo. v. VI, t. II, Rio de Janeiro: Forense, 2011, pp. 129-131

[360] GUERRA, Alexandre. **Princípio da conservação dos negócios jurídicos – a eficácia jurídico-social como critério de superação das invalidades negociais.** São Paulo: Almedina, 2016, pp. 258-259

tes considerou no ato da formação do vínculo obrigacional. Tais decisões podem conduzir a situações equívocas e injustas, criando um equilíbrio nas prestações, mas que na realidade resultou em profundo desequilíbrio contratual e na eventual violação a teoria da confiança.

Não se está aqui apontando a eventual culpa por análise equivocada e dissociada da real operação econômica envolvida em cada contrato apenas ao agente da atividade jurisdicional (juiz ou árbitro), mas também aos próprios advogados privados e públicos, defensores públicos, procuradores e promotores de justiça que, na maioria das vezes, não tiveram acesso ao estudo das ciências econômicas e a AED – ou se tiveram, desprezaram a sua importância.

A aplicação pura do direito sem uma interconexão com a AED para a interpretação contratual, resulta na ausência de uma análise quanto às consequências socioeconômicas de eventual revisão contratual, ou mesmo, deixa-se de analisar os reais motivos pelos quais o contrato foi formado em condições supostamente desproporcionais.

Algumas vezes, os tribunais dizem que um contrato é abusivo por causa do poder de barganha desigual entre o comprador e o vendedor. Não é sempre claro o que os tribunais querem dizer quando utilizam este termo, mas o conceito econômico mais próximo é o de poder de mercado ou monopólio. Um vendedor tem poder de mercado se pode aumentar o preço de um bem acima do seu custo marginal, restringindo o fornecimento. [...] Uma alta taxa de juros, por exemplo, pode resultar do julgamento do credor sobre o risco de inadimplência apresentado por um devedor em particular e, geralmente, os tribunais devem diferenciar tais julgamentos. [...] Quando contratos aparentam ter cláusulas exageradas que não se refiram ao preço, há outra razão para pensar que estes termos não seriam justificáveis. [...] Por exemplo, um devedor poderá concordar com uma cláusula dura de execução judicial em troca de uma baixa taxa de juros. [...] Estas teorias não descrevem o que os tribunais fazem. Elas analisam o exagero de cláusulas que não sejam de preço (e eventualmente mesmo as de preço) e parecem dar importância à diferença de poder de barganha entre as partes contratantes. Por esta razão, a maioria dos trabalhos econômicos é apresentada como uma crítica normativa à pratica judicial.[361]

---

[361] POSNER, Eric. **Análise econômica do direito contratual: sucesso ou fracasso?** Tradução: Luciano Benetti Timm, Cristiano Carvalho e Alexandre Viola. São Paulo: Saraiva, 2010, pp. 33-34

O PRINCÍPIO DA AUTONOMIA PRIVADA CONTRATUAL NA DINÂMICA DO SÉCULO XXI

Como analisado ao longo do capítulo destinado a tríade função da teoria geral dos contratos e o Capitalismos Consciente, o critério de análise não é apenas jurígeno, mas também, em complementação ao direito, é fundamental a sua análise socioeconômica quanto às circunstâncias negociais, quanto ao que foi efetivamente almejado pelas partes interessadas[362]-[363].

Os três requisitos (jurídico-social-econômico) são igualmente obrigatórios e relevantes, sendo que para cada contrato em espécie, haverá uma maior gradação de importância de um ou outro requisito, mas, todos devem ser observados pelo interprete do contrato. Nesse sentido Manuel A. Domingues de Andrade:

> Por meio da interpretação averigua-se quais os termos em que as partes quiseram ou declararam querer o negócio. Apura-se quais as estipulações dos contratantes a tal respeito. **Mas as partes costumam pensar sobretudo em termos económico ou – mais genèricamente – em termos práticos. Com o que se preocupam é com o definir e precisar os resultados económicos (práticos) em vista** [...] nunca podem prever e prover acerca de todas as circunstâncias capazes de interessar à completa organização jurídica das correspondentes relações negociais. [...] **Para a determinação desta vontade deve o juiz, colocando-se no plano das partes, orientar-se, acima de tudo, por**

---

[362] "El contrato da expresión a la voluntad concordante de las partes que lo celebren. Y como lo forman dos declaraciones de voluntad distintas, viene a hallarse integrado por el sentido de essas dos declaraciones, en aquello en que concuerden. Llámase interpretatción al esclarecimiento del sentido que una declaración encierra. En mayor o menor medida, todas las declaraciones necesitan ser interpretadas; es absolutamente imposible expressar una idea o una voluntad sin que en la expresión se deslice alguna posibilidad de equívoco o de duda." TUHR, A. von. **Tratado de las obligaciones**. Tradução: W. Roces. 1 ed., Madrid: Editorial Reus, 1934, p. 193

[363] "Se a declaração é, em boa verdade, susceptível de vários significados, mas declarante e declaratário a quiserem no mesmo sentido, ambos têm de a deixar valer com este sentido; o ordenamento jurídico não tem qualquer razão para lhes impor um significado que nenhum deles tenha pretendido. [...] Por isso, a lei menciona o princípio da 'boa fé' (§ 157 do BGB) como pauta da interpretação contratual integradora. Nestes termos, a regulação acordada pelas partes há-de interpretar-se, sempre que assim o permitam as declarações de ambas as partes, num sentido que seja, tanto quanto possível, justo para ambas. [...] A 'interpretação contratual integradora' já não pode continuar a conceber-se, como acontece ainda com a interpretação da declaração de vontade isolada, apenas como apreciação de uma situação de facto sob pontos de vista jurídicos, mas pertence a uma determinação mais em pormenor das consequências jurídicas." LARENZ, Karl. **Metodologia da ciência do direito**. Tradução: José Lamego. 5 ed. Lisboa: Fundação Calouste Gulbenkian, 2009, pp. 421-423

> uma recta apreciação dos interesses em jogo, segundo as normas da boa fé; e também pelos usos da prática, e por quaisquer outras circunstâncias que razoàvelmente possam ser chamadas ao caso. [...] A integração pode, portanto, ter lugar, segundo a directriz apontada, adentro dum negócio jurídico vàlidamente concluído e para o efeito de se estatuir de modo adequado sobre qualquer detalhe de regulamentação acerca do qual as partes não proveram.[364] (grifos nossos)

É dever do intérprete do negócio jurídico observar as reais circunstâncias negociais que foram consideradas pelas partes na dinâmica do processo obrigacional, especialmente pela aplicação conjunta dos institutos jurídicos, socioeconômicos e da própria AED, sob pena de, se assim não for considerado, resultar em uma potencial quebra da base objetiva do negócio jurídico, ou ainda, em gerar um verdadeiro desequilíbrio no vínculo contratual por não terem sido considerados os preceitos econômico-financeiros que foram relevantes para a formação de um determinado contrato.

Ao realizar a interpretação contratual com foco nos institutos jurídicos e na AED, é possível reconhecer uma maior ou menor gradação na aplicação da autonomia privada e da respectiva força vinculante do contrato, de forma que nos vínculos contratuais formados por uma real análise dos riscos inerentes ao negócio e o custo de transação envolvido, haverá a tendência de uma maior gradação da autonomia privada. Já nos contratos padronizados (contratação de massa e por adesão)[365], onde as partes não

---

[364] ANDRADE, Manuel A. Domingues de. **Teoria geral da relação jurídica – facto jurídico, em especial negócio jurídico.** v. II. 9 reimpressão, Coimbra: Almedina, 2003, pp. 321-326

[365] "Na modernidade, vivemos a experiência da vida em sociedade de massa, de consumo e de relações efêmeras. Em sociedade de massa, admite-se a existência de condutas geradoras de obrigação que não são nascidas do negócio jurídico, ou seja, que não florescem por incidência do princípio da autonomia privada. [...] Além disso, existem obrigações nascidas a partir de cláusulas predispostas unilateralmente em instrumentos de contrato que se põem para assinatura do devedor, que não demandaram livre discussão entre os negociadores, ainda que formalmente se diga que compõem a estrutura de um negócio jurídico bilateral. São exemplos dessas hipóteses, respectivamente, os chamados contratos em massa (*Massenverträgen*) e os chamados contratos de adesão, fenômenos que contribuíram para que o moderno direito privado tivesse se servido de elementos coletivos (*Kollektiven Elementen*) para sua estruturação." NERY, Rosa Maria de Andrade; NERY JUNIOR, Nelson. **Instituições de direito civil: direito das obrigações.** v II. São Paulo: Editora Revista dos Tribunais, 2015, pp. 127-128

realizaram uma real análise de riscos e custos de transação, haverá a tendência de uma menor gradação da autonomia privada.

Considerando a evolução da sociedade e a forma como são atualmente realizados os negócios jurídicos contratuais, sendo a cada dia mais comum a formação de contratos por adesão e/ou contratos eletrônicos[366] sem que haja uma real manifestação de vontade quanto aos direitos e obrigações pré-dispostos nos respectivos instrumentos contratuais, é possível afirmar que, em tais contratos haverá uma maior atenção na análise da aplicação do princípio da proporcionalidade e do equilíbrio contratual[367] e, consequentemente, a tendência de uma menor gradação na autonomia privada. Vale observar que será uma "tendência" e não uma padronização de redução do grau de aplicação da autonomia privada.

As novas concepções de distribuição de poder na sociedade, justificam e embasam o desenvolvimento do direito privado. A concentração de capitais associada às novas formas de relações jurídicas que surgem com o tráfego em massa, acelerado, impessoal, baseado em fórmulas estandardes, exigem reformulação teórica do direito. Certas categorias vão desaparecendo em razão do surgimento de outras que representam expressão das exigências da socialidade. Identifica-se hoje, no direito civil, um caráter protecionista que se consubstancia na tutela dos valores do indivíduo, em seus atributos essenciais e na afirmação de sua liberdade. [...] A principal modificação se deu em razão da expansão do contrato de massa, que substitui em diversos setores da vida econômica, os negócios jurídicos bilaterais concluídos individualmente. Essa

---

[366] "Assim, em nosso entender, o contrato eletrônico *deve ser conceituado* como o negócio jurídico contratual realizado pela manifestação de vontade, das posições jurídicas ativa e passiva, expressada por meio (=forma) eletrônico no momento de sua formação. Portanto, a manifestação de vontade por meio eletrônico sobrepõe a sua instrumentalização, de maneira que não é uma nova categoria contratual, mas sim, forma de contratação por manifestação de vontade expressada pelo meio eletrônico." REBOUÇAS, Rodrigo Fernandes. **Contratos eletrônicos: formação e validade -aplicações práticas.** São Paulo: Almedina, 2015, p. 31

[367] "[...] É certo que o contrato de adesão facilita, para os fornecedores de produtos e serviços, que se agregue mais facilmente pessoas para a aquisição desses mesmos produtos e serviços. Mas também é certo que o abuso, por parte de quem elabora o contrato, é frequente na prática, justamente porque não existe mais o hábito de negociar condições – o aderente tem a opção de aceitar ou não a oferta que lhe é feita, e, caso aceite uma condição abusiva, sempre tem a opção de questionar a cláusula em juízo." NERY, Rosa Maria de Andrade; NERY JUNIOR, Nelson. **Instituições de direito civil: teoria geral do direito privado.** v I, t I. São Paulo: Editora Revista dos Tribunais, 2014, p. 445-446

nova técnica de contratação que simplificou o processo de formação do contrato influi decisivamente na dogmática do negócio jurídico. As mudanças sofridas pelo conceito de negócio jurídico evidenciam notadamente na alteração da noção de contrato. [...] Multiplicam-se as situações em que inúmeros organismos particulares são obrigados a contratar com as pessoas que precisam dos serviços de que se encarregam. Em geral isso se dá com as empresas subministradoras de bens ou serviços de primeira necessidade ou com aquelas que detém o monopólio. Caso notório das concessionárias de serviços públicos. [...] O contrato regulamento e o contrato de adesão surgem pela necessidade de intervenção do Estado, nas condições do contrato para neutralizar o desequilíbrio entre a empresa e o usuário, uma vez que os usuários precisam de tais serviços.[368]

Resta claro que a aplicação do princípio da proporcionalidade e o equilíbrio econômico das prestações deve incidir de forma dinâmica conforme as circunstâncias negociais, conforme a realidade de cada caso em concreto com a observância do processo obrigacional que foi praticado pelas partes além de seus respectivos comportamentos nas fases pré-contratual, de execução do contratual e pós-contratual.

No mesmo sentido, deve ser observado pelo interprete do vínculo contratual a três funções da teoria geral dos contratos (socioeconômica e jurídica) em consonância com a operação econômico-financeira que cada contrato represente ("veste jurídica de uma operação econômica") sem desprezar os reais interesses das partes, o custo de transação que foi observado pelas partes interessadas e os riscos assumidos de parte a parte. Nesse sentido a AED e os pilares do Capitalismo Consciente são instrumentos fundamentais para uma adequada interpretação do contrato conforme a teoria da confiança e lealdade, além do próprio princípio da proporcionalidade e equilíbrio das prestações.

Feita a interpretação tal como é defendido na presente tese, é possível abandonar a análise binária de aplicação da autonomia privada e da força vinculante dos contratos, para reconhecer uma aplicação dinâmica da autonomia privada, ou seja, uma maior ou menor gradação da autonomia privada e da força vinculante do contrato conforme o caso concreto (princípio da concretude).

---

[368] TARREGA, Maria Cristina Vidotte Blanco. **Autonomia privada e princípios contratuais no Código Civil.** São Paulo: RCS Editora, 2007, pp. 101-107

3.5. A gradação da aplicação do princípio da autonomia privada frente à teoria econômica do contrato e o comportamento das partes na dinâmica do processo obrigacional

> [...] a iniciativa económica privada tem de visar, primariamente, um objectivo, que é o pregresso colectivo, que necessariamente se sobrepõe e não se confunde com os objetivos privados do empresário. Ainda assim, o seu exercício tem de situar-se dentro dos 'quadros definidos pela Constituição, pela lei e pelo Plano', ou seja, para além das imposições positivas, sofre as limitações negativas que as circunscrevem.[369]

Conforme abordado nos capítulos anteriores, foi defendido ao longo da presente obra que a aplicação do princípio da autonomia privada pressupõe um processo obrigacional dinâmico e diretamente vinculado ao comportamento das partes interessadas ao longo da formação e da execução do contrato.

A tríade função da teoria geral do direito dos contratos (socioeconômica e jurídica) intrínseca a autonomia privada deve ser observada em conjunto com a Análise Econômica do Direito em busca da eficiência contratual conforme pilares do Capitalismos Consciente.

> A autonomia privada significa, assim, o espaço que o ordenamento estatal deixa ao poder jurídico dos particulares, uma verdadeira esfera de atuação com eficácia jurídica, reconhecendo que, tratando-se de relações de direito privado, são os particulares os melhores a saber de seus interesses e da melhor forma de regulá-los juridicamente. [...]
>
> A autonomia privada não é um poder originário e ilimitado. Deriva do ordenamento jurídico estatal, que o reconhece e exerce-se nos limites que esse fixa, limites esses crescentes, com a passagem do Estado de direito para o Estado intervencionista ou assistencial.
>
> Sua esfera de incidência é, como acima referido, o direito patrimonial, aquela parte do direito civil que diz respeito à disciplina das atividades económicas da pessoa.[370]

---

[369] PRATA, Ana. **A tutela constitucional da autonomia privada.** Reimpressão da edição de março de 1982, Coimbra: Almedina, 2016, p. 189

[370] AMARAL, Francisco. **Direito civil – introdução.** 7 ed. Rio de Janeiro: Renovar, 2008, pp. 78-79

AUTONOMIA PRIVADA E A ANÁLISE ECONÔMICA DO CONTRATO

Sendo um poder limitado[371] na forma dos princípios de ordem pública e do próprio ordenamento jurídico, desenvolveu-se a tendência na doutrina e na atividade jurisdicional de uma visão binária quanto o poder da autonomia privada e da respectiva força vinculante do contrato, como se a sociedade estivesse frente à um verdadeiro jogo do tudo ou nada.

Com a devida vênia aos que assim pensam, a presente tese defende que tal visão está incompleta. Tal como o Código Civil de 2002 não admite mais uma aplicação estática da lei, inclusive pela introdução de um sistema semiaberto e impregnado de conceitos legais indeterminados e cláusulas gerais, não se pode admitir que a interpretação dos contratos seja estática e não acompanhe o sistema do próprio Código Civil de 2002.

Igualmente é a necessária aplicação da AED na interpretação contratual. "Se um agente econômico não tiver garantias de que a outra parte cumprirá com suas obrigações, o contrato terá pouca valia para ele [...] provavelmente apenas subsistiriam transações pouco sofisticadas no mercado, isto é, aquelas com execução imediata (*spot market transactions*)."[372]

Nesse sentido é o necessário reconhecimento da dinâmica da autonomia privada, como técnica que viabiliza a aplicação gradual da autonomia privada em pelo menos três escalas, mínima, média e máxima. Pelo reconhecimento e aplicação desse processo dinâmico é possível que o contrato cumpra a sua função socioeconômica quanto ao fluxo de geração e circulação de riquezas, a alocação de riscos, a análise quanto ao custo de transação e previsibilidade das relações jurídicas conforme diretrizes da teoria da confiança e da lealdade.[373]

---

[371] "Trata-se da consagração legislativa da ideia de que o Estado reconhece, no grande quadro traçado pela a autonomia privada, a possibilidade de os particulares perseguirem (e alcançarem), por meio de manifestação de vontade, desde que atendidos alguns pressupostos, seus próprios interesses, mas que esse reconhecimento é limitado pelas funções que o contrato está destina a cumprir na sociedade." BOULOS, Daniel Martins. A autonomia privada, a função social do contrato e o novo Código Civil. *In* ARRUDA ALVIM Netto, José Manoel de; CERQUIRA CÉSAR, Joaquim Portes de; ROSAS, Roberto. **Aspectos controvertidos do novo Código Civil: escritos em homenagem ao Ministro José Carlos Moreira Alves.** São Paulo: Editora Revista dos Tribunais, 2003, p, 130

[372] TIMM, Luciano Benetti. **Direito contratual brasileiro: críticas e alternativas ao solidarismo jurídico.** 2 ed., São Paulo: Atlas, 2015, p. 192

[373] TIMM, Luciano Benetti. **Direito contratual brasileiro: críticas e alternativas ao solidarismo jurídico.** 2 ed., São Paulo: Atlas, 2015, p. 203

A gradação da aplicação da autonomia privada, além de representar a aplicação da função socioeconômica e jurídica do contrato, também, é diretamente influenciada pelo comportamento das partes ao longo do processo obrigacional[374]. Uma atuação comportamental que viole a boa-fé objetiva trará uma mitigação nos efeitos da autonomia privada e da força vinculante do contrato. O mesmo se aplica apara eventual violação função social do contrato (socialidade).

Nesse diapasão, o julgador deve estar atento para o desnível do poder econômico entre os contratantes; se se trata de uma estrutura de mercado oligopolizada ou de maior concorrência; deve considerar se se trata ou não de um contrato internacional ou doméstico; deve refletir sobre os impactos da decisão nos demais subsistemas sociais, especialmente no que diz respeito a economia e ao mercado, que é o grande orientador do mundo globalizado. **Tudo isso deixa clara a necessidade já apontada por José Eduardo Faria e por José Carlos Barbosa Moreira de que os operadores do Direito especialmente os juízos, tenham formação inter ou transdisciplinar, envolvendo as demais ciências sociais (a Economia, a Política, a Ética, a Sociologia, a Antropologia).**

É igualmente importante, nesse contexto de 'hipercomplexidade', que os precedentes judicias sejam respeitados, como forma de manter a integridade do sistema (a sua autopoiese) e, portanto, sua funcionalidade (generalização das expectativas normativas). Decisões contraditórias ou informadas por apenas uma daqueles subsistemas, como o político podem colocar o subsistema jurídico em colapso (*politização do judiciário*). Se ao Direito e aos tribunais cabe um papel de seleção e estabilização das expectativas, isso somente é possível se as decisões judiciais não forem formuladas apenas para o caso em julgamento, mas também para todos os casos idênticos que forem levados ao tribunal e, dessa forma, contextualizadas nas estruturas sociais – somente

---

[374] "Quando se fala de direito, o comportamento humano é sempre um comportamento social, ou seja, referido ao outro e à comunidade dos outros. A consciência jurídica dirige as suas exigências no sentido de um comportamento para com o outro de cimento de que nos interessa a nós e ao próximo; que a sua pessoa possa substituir umas com as outras. Isto pressupõe o conhecimento de que nos interessa a nós e ao próximo; que a sua pessoa e a minha pertençam a uma estrutura de responsabilização comum." WIEACKER, Franz. **História do direito privado moderno.** Tradução: António Manuel Botelho Hespanha. 2 ed., Lisboa: Fundação Calouste Gulbenkian, 1993, p. 710

assim existirá a chance de se promover uma generalização de 'expectativas normativas'.[375] (g.n.)

Conforme observar Fernando Araújo, o direito dos contratos deve ser dinâmico e adaptar-se as constantes e cada vez mais frequentes transformações da sociedade, especialmente quanto à forma de estabelecem os seus vínculos contratuais e a relevância dos aspectos econômicos das operações contratuais.

[...] tem-se apelado efetivamente à criação de um direito dos contratos 'dinâmico', susceptível de responder com agilidade às transformações da sociedade, admitindo-se até que as necessidades de disciplina contratual possam evoluir profundamente ao longo da vida de uma única relação contratual, sem lesão das expectativas das partes, já que estas não só não têm que ter necessariamente expectativas reportadas a um quadro normativo estático como ainda são muito mais volúveis, equívocas e frágeis do que aquilo que as dualidades jurídicas pretendem, com as suas divisões binárias e exclusivistas. [..] Nesse caso, será de lamentar que a falta de desenvolvimento de uma teoria 'dinâmica' dificulte o enriquecimento da contextualização da Teoria do Contrato, como alternativa intermédia à mais radical abordagem 'relacional', uma alternativa que, com menos sobressaltos e rupturas, se limitaria a enriquecer a dogmática clássica com a percepção de que os contratos não são arranjos abstractos e definitivos, mas podem frequentemente ser, pelo contrário, soluções dúcteis e idiossincráticas entre seres humanos falíveis e dotados de racionalidade e informação limitada.[376]

No caso brasileiro, o direito dos contratos deve seguir a própria filosofia imposta pelo Código Civil de 2002 (eticidade[377], operabilidade e sociali-

---

[375] TIMM, Luciano Benetti. **Direito contratual brasileiro: críticas e alternativas ao solidarismo jurídico.** 2 ed., São Paulo: Atlas, 2015, pp. 174-175

[376] ARAÚJO, Fernando. **Teoria econômica do contrato.** Coimbra: Almedina, 2007, pp. 1059-1060

[377] "No caso do Direito, os procedimentos, isto é, a administração das ações, delimitam ao racional com respeito a fins, a atuação das partes em conflito e a sua decisão. Apenas a título indicativo: embora se busque a obtenção de um determinado objetivo e as questões éticas permaneçam apartadas, por princípio, da determinação da estratégia ótima, nada há que impeça a mantença de um firme propósito de fidelidade a determinados princípios, uma ética de princípios como norteadora da escolha das ações a tomar nem, é claro, assumir o custo da

dade), ou seja, ser igualmente flexível, dinâmica e adaptável às transformações da sociedade tal como se dá com a aplicação dos conceitos legais indeterminados e as cláusulas gerais da função social e da boa-fé objetiva. Ignorar tal realidade representa a manutenção da aplicação de uma teoria dos contratos apenas sob a ótica jurídica e em total desprezo às demais ciências sociais, especialmente a ciência econômica, tornando o contrato estático e dissociado da realidade socioeconômica que deveria representar, tal como ele é, uma "veste jurídica de uma operação econômica".

Frente à necessidade de suprimir a lacuna atualmente existente pela aplicação binária da autonomia privada e da força vinculante do contrato, é a proposta defendida ao longo da presente obra quanto à gradação da autonomia privada, como um verdadeiro processo dinâmico conforme o processo obrigacional, o comportamento das partes e a Análise Econômica do Direito conciliada com os pilares do Capitalismo Consciente conforme será abordado na sequência como forma de consolidar as ideias apresentadas. Retomando a matriz proposta no capitulo destinado a contextualização da problemática e das hipóteses da presente

3.5.1. A dinâmica da autonomia privada máxima

A respeitada doutrina do direito contratual analisada ao logo da presente tese, com exceção dos autores focados na AED ou no Capitalismo Consciente, têm como regra geral considerar as relações contratuais de consumo e os contratos massificados (contratos por adesão e contratos eletrônicos) como típicos contratos com potencialidade de figurar no quadrante destinado a dinâmica da autonomia privada mínima, "devendo" o Estado e/ou a atuação jurisdicional tutelar os interesses das partes hipossuficientes e vulneráveis.

Conforme defendido ao longo da presente tese, o critério não é exatamente derivado da natureza jurídica do vínculo obrigacional (consumi-

---

influência de tais princípios éticos para o alcance da decisão. Nem mesmo, é necessário excluir, em benefício dessa estratégia ótima, o mais profundo respeito pelo outro: basta incluir esse fator ético como fator limitante para as escolhas. Deve-se, entretanto, indicar que mesmo a Ética será o resultado de uma reflexão, no domínio da Cultura, sobre as práticas socioculturais conducentes a um melhor equilíbrio entre pares. Cabe apontar, ainda, que a sua concretização, através da sanção civilizada da Moral, dependerá de decisões comunitárias aptas a escolher um subconjunto de regras morais entre os preceitos gerais de Ética." PUGLIESI, Márcio. **Teoria do direito.** 2 ed., São Paulo: Saraiva, 2009, pp. 188-189

dor-civil-empresarial) mas sim quanto às reais circunstâncias negociais presentes no processo obrigacional (formação do vínculo contratual) e da necessária observância quanto ao comportamento manifestado pelas partes interessadas. Logicamente não se ignora a existência do microssistema principiológico e protecionista do CDC, ou ainda, o afã, ou necessidade, do Estado em regular determinados segmentos do mercado.

A experiência prática e a Análise Econômica do Direito demonstram que o critério para a adequada análise do caso concreto deve ser a observação da base objetiva do negócio jurídico contratual almejado e praticado pelas partes interessadas (função socioeconômica e jurídica intrínseca ao princípio da autonomia privada).

Portanto, aplica-se uma escala dinâmica de gradação quanto aos critérios de aplicação da autonomia privada. A gradação é diretamente vinculada a possibilidade de um maior ou menor ativismo judicial conforme consta da matriz proposta na Figura 3 onde: autonomia privada mínima será valorada como 1, autonomia privada média como 2 e autonomia privada máxima como 3. Também serão considerados os critérios de hipossuficiência, vulnerabilidade, contratos por adesão e contratos paritários.

Vale observar que os critérios de maior ou menor poder da autonomia privada estão vinculados aos institutos, princípios e teorias analisadas ao longo da presente tese. Desta forma, não serão repetidos neste tópico os conceitos acima analisados. O objetivo é apresentar uma consolidação da pesquisa desenvolvida com foco para os critérios de aplicação da dinâmica da autonomia privada.

Assim, retomando a dinâmica do processo obrigacional e as reais circunstâncias socioeconômicas e jurídicas de cada contrato, podemos vislumbrar as seguintes situações hipotéticas com a atribuição dos respectivos valores na "Matriz do poder de exercício do princípio da autonomia privada" conforme segue:

Situação 1 (Direito Administrativo) – A Prefeitura de um pequeno Município "B" no interior do País firma um contrato de parceria público-privada para o desenvolvimento e exploração da atividade turística do Município "B" com o aproveitamento sustentável e ambientalmente correto dos rios e lagos situados no território do Município. A empresa (lato sensu) "A" foi selecionada em regular processo administrativo e é considerada uma das maiores empresas do segmento com notória expertise sobre a referida atividade turística, inclusive, a minuta contratual foi proposta pela própria empresa que irá desenvol-

O PRINCÍPIO DA AUTONOMIA PRIVADA CONTRATUAL NA DINÂMICA DO SÉCULO XXI

ver e explorar a atividade, uma vez que o referido Município não possui uma assessoria jurídica estabelecida. Toda a comunidade local será beneficiada com o desenvolvimento turístico e a exploração da atividade pela empresa "A".

Avaliação das Circunstâncias – Com base nas circunstâncias socioe-conômicas apresentadas, mesmo considerando que a relação contratual é regida pelo Direito Administrativo, "A" não é hipossuficiente em relação ao Município "B" nem tão pouco é vulnerável, especialmente por ser detentora de todo o conhecimento do objeto do contrato. No mesmo sentido não há o que se falar em redução de poder por eventual contrato por adesão ou ausên-cia de paridade.

Atribuição de poderes – Nesta situação fática foi atribuído o valor igual a 3 em todos os quesitos selecionados para compor a matriz da Figura 3.

Situação 2 (Direito do Consumidor) – João, reconhecidamente um dos maiores investidores no mercado de capitais e investimento financeiro do País firma um contrato de abertura de conta corrente com o Banco "Y". Por ser pessoa notoriamente conhecida no segmento de mercado de capitais e ins-tituições financeiras, é atendido como um dos seletos clientes do Banco "Y", inclusive com acesso irrestrito e ilimitado à Diretoria Comercial e a Direto-ria de Operações de Varejo do Banco "Y". João é considerado uma excelente referência para o Banco "Y", face a sua notoriedade pública, especialmente pelo fato de que poderia ter escolhido qualquer uma das outras instituições financeiras estabelecidas no País para abrir a sua conta corrente. O Banco "Y" também tem interesse em utilizar a notoriedade pública de João como o novo "garoto propaganda" do Banco "Y", podendo representar uma forma de captação de novos clientes.

Avaliação das Circunstâncias – Com base nas circunstâncias socioeco-nômicas apresentadas, mesmo considerando que a relação contratual é regida pelo CDC, João não é hipossuficiente em relação ao Banco "Y" uma vez que ele não detém qualquer insuficiência informacional e/ou de conhecimento do res-pectivo segmento de atuação, aliás, ele é profundo conhecedor das atividades bancárias. Também não há o que se falar em vulnerabilidade, especialmente por ser "um dos maiores investidores no mercado de capitais e investimento financeiro do país". Finalmente, não há o que se falar em redução de poder decorrente do contrato por adesão ou ausência de paridade com o Banco "Y", pois, mesmo o contrato sendo por adesão, João é tecnicamente bem preparado para avaliar o contrato, ele é profundo conhecedor das atividades das instituições financeiras e do mercado de capitais, tendo plena competência para avaliar o contrato que será formalizado. Destaque-se ainda o fato de que João poderia contratar com qualquer outro banco a sua conta corrente, sendo uma pessoa de notório conhecimento no mercado.

Atribuição de poderes – Nesta situação fática foi atribuído o valor igual a 2 no quesito contrato por adesão e o valor igual a 3 em todos os demais quesitos selecionados para compor a matriz da Figura 3.

(**OBS:** Os mesmos valores serão reproduzidos na coluna destinada ao "Direito do Consumidor e Direito Civil" seguindo o critério do diálogo das fontes da doutrina focada no estudo do Direito do Consumidor)

Figura 3

	Direito Regulatório	Direito Administrativo	Direito do Consumidor	Direito do Consumidor e Civil	Direito Civil	Direito Civil e Empresarial	Direito Empresarial	Direito Internacional Privado
Totais	4	12	11	11	10	11	12	12
Hipossuficiência	1	3	3	3	2	2	3	3
Vulnerabilidade	1	3	3	3	2	3	3	3
Por adesão	1	3	2	2	3	3	3	3
Paritários	1	3	3	3	3	3	3	3

Com a nova valoração decorrente da dinâmica das circunstâncias negociais e dos critérios socioeconômicos, houve uma elevação nos valores totais atribuídos às colunas de "Direito Administrativo", "Direito do Consumidor" e "Direito do Consumidor e Civil", passando as três colunas para o quadrante de aplicação da dinâmica da autonomia privada máxima. Graficamente, a matriz proposta na Figura 3 é representada pela Figura 4.

Figura 4

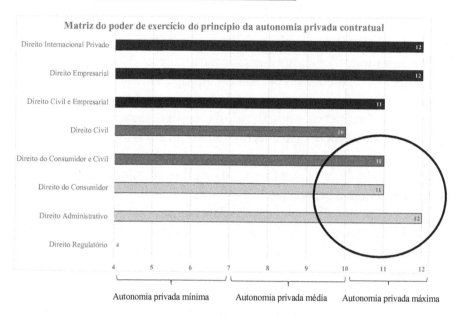

Nos exemplos traçados acima (Situação 1 e Situação 2), considerado os valores atribuídos conforme cada uma das situações expostas, é obtida uma radical alteração do valor total de tais índices conforme destacado na Figura 4 (círculo de destaque), de maneira que os vínculos contratuais passaram a figurar no quadrante destinado a dinâmica da autonomia privada máxima e com respectiva força vinculante do contrato.

Se aplicada a técnica apresentada nesta tese, com o reconhecimento da autonomia privada máxima para tais situações hipotéticas, certamente haverá uma elevação dos critérios de confiança e lealdade, com potencial obtenção da melhor eficiência econômico-contratual pela redução do custo de transação e mitigação de eventual revisão contratual. Oportuno destacar ainda que, para ambas as situações foram observados, mesmo que suscintamente, os pilares do Capitalismo Consciente (sustentabilidade, ambientalmente correto, propósito elevado e benefício para toda a comunidade local).

Cumpre rememorar que nas Figuras 1 e 2 apresentadas no capítulo da contextualização, os resultados que foram apresentados, seguiram o que é usualmente observado na doutrina nacional quanto a divisão entre os poderes de autonomia privada conforme a natureza jurídica do contrato objeto da análise e/ou interpretação.

3.5.2. A dinâmica da autonomia privada média

Seguindo a mesma lógica apresentada para o tópico 3.5.1., serão tratadas duas situações hipotéticas. A primeira é uma típica situação da dinâmica da autonomia privada máxima e a segunda da dinâmica da autonomia privada mínima (conforme consta do capítulo da contextualização). Conforme as circunstâncias negociais (socioeconômica e jurídica) ambas as situações sofrerão alterações em seus valores e passarão a integrar o quadrante da autonomia privada média conforme "Matriz do poder de exercício do princípio da autonomia privada".

Para a "Situação 3" será considerado o mesmo caso da "Situação 1" do tópico 3.5.1., porém com alteração de algumas circunstâncias negociais, as quais serão reproduzidos na análise de valoração do poder de autonomia privada. Já a "Situação 4" é proposto um novo caso hipotética focado em Direito Internacional Privado.

Situação 3 (Direito Administrativo) – A Prefeitura de um grande Município "C" que também é capital de determinado Estado do País firma um contrato de parceria público-privada para o desenvolvimento e exploração da atividade turística do Município "C" com o aproveitamento sustentável e ambientalmente correto dos rios e lagos situados no território do Município. A empresa (*lato sensu*) "A" foi selecionada em regular processo administrativo e é considerada uma das maiores empresas do segmento com notória expertise sobre a referida atividade turística. Para a contratação da parceria público-privada houve a adesão da empresa "A" aos termos do contrato previsto no regular processo administrativo. Toda a comunidade do Estado será beneficiada com o desenvolvimento turístico e a exploração da atividade pela empresa "A".

Avaliação das Circunstâncias – Com base nas circunstâncias socioeconômicas apresentadas, mesmo considerando que a relação contratual é regida pelo Direito Administrativo, "A" não é hipossuficiente em relação ao Município "C" nem tão pouco é vulnerável, especialmente por ser detentora de

O PRINCÍPIO DA AUTONOMIA PRIVADA CONTRATUAL NA DINÂMICA DO SÉCULO XXI

todo o conhecimento do objeto do contrato. No mesmo sentido não há o que se falar em redução de poder por eventual contrato por adesão ou ausência de paridade, uma vez que a empresa "A" é detentora de conhecimento suficiente para a referida contratação, tendo concorrido de forma espontânea com outras empresas do mesmo segmento.

Atribuição de poderes – Nesta situação fática foi atribuído o valor igual a 3 para o quesito de vulnerabilidade uma vez que a empresa "A" é detentora de todo o *Know-How* necessário, e foi atribuído o valor igual a 2 em todos os demais quesitos selecionados para compor a matriz da Figura 5, uma vez que a empresa "A" tem relativa suscetibilidade em relação ao Município "C" que representa uma das principais cidades do País com toda a estrutura necessária para impor as suas respectivas necessidades na contratação.

Situação 4 (Direito Internacional Privado) – A sociedade empresária de responsabilidade limitada "M" pretende realizar uma operação de crédito para alavancar o seu potencial de crescimento e investimento, tendo optando por contratar o Banco "H" com sede em Hong Kong. O Banco "H" condiciona a contratação do crédito ao seu contrato padrão e por adesão redigido na língua inglesa e com foro de eleição em Delaware nos Estados Unidos da América do Norte. A lei de regência será igualmente a de Delaware. Considerando o interesse da sociedade "M" na obtenção do crédito com taxas de juros e demais condições econômicas extremamente mais atrativas do que aquelas ofertadas pelos bancos nacionais, a sociedade "M" adere às condições contratuais determinadas pelo Banco "H".

Avaliação das Circunstâncias – Com base nas circunstâncias socioeconômicas apresentadas e considerando que a relação contratual é regida pelas normas de Direito Internacional Privado e pela lei de regência do contrato, é possível afirmar que a sociedade "M" é hipossuficiente em relação ao Banco "H", além de ser tecnicamente vulnerável, mesmo que parcialmente, pois estará sujeita a lei de regência do contrato, norma jurídica que não é de seu total domínio, muito embora a empresa "M" possa contratar um escritório de advocacia e/ou de consultoria especializado na situação hipotética. Ainda deve ser considerado que o contrato é por adesão, não havendo muitas outras opções para a contratação do crédito além do Banco "H".

Atribuição de poderes – Nesta situação fática será atribuído o valor igual a 3 para o quesito contrato paritário e o valor igual a 2 em todos os demais quesitos selecionados para compor a matriz da Figura 5.

Figura 5

	Direito Regulatório	Direito Administrativo	Direito do Consumidor	Direito do Consumidor e Civil	Direito Civil	Direito Civil e Empresarial	Direito Empresarial	Direito Internacional Privado
Totais	4	9	7	9	10	11	12	9
Hipossuficiência	1	2	2	2	2	2	3	2
Vulnerabilidade	1	3	2	2	2	3	3	2
Por adesão	1	2	1	2	3	3	3	2
Paritários	1	2	2	3	3	3	3	3

Figura 6

Autonomia privada mínima	4 a 7
Autonomia privada média	7 a 10
Autonomia privada máxima	10 a 12

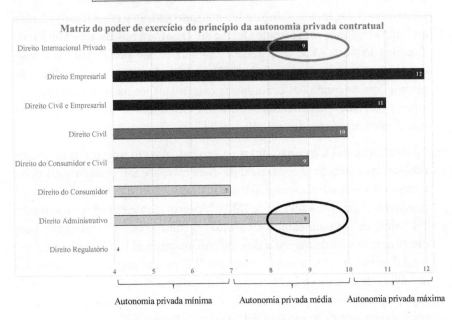

Com a nova valoração decorrente da dinâmica das circunstâncias negociais e dos critérios socioeconômicos, houve uma elevação nos valores atribuídos à coluna de "Direito Administrativo" e redução nos valo-

O PRINCÍPIO DA AUTONOMIA PRIVADA CONTRATUAL NA DINÂMICA DO SÉCULO XXI

res atribuídos à coluna de "Direito Internacional Privado", onde as duas colunas passaram a figurar no quadrante de aplicação da autonomia privada média. Graficamente, a matriz proposta na Figura 5 é representada pela Figura 6:

Nos exemplos traçados acima (Situação 3 e Situação 4), considerado os valores atribuídos conforme cada uma das situações expostas, é obtida uma radical alteração do valor dos índices totais conforme destacado na Figura 6 (círculos de destaque), de maneira que os vínculos contratuais passaram a figurar no quadrante destinado a dinâmica da autonomia privada média e com respectiva majoração ou redução na força vinculante do contrato conforme se analise a situação de Direito Administrativo ou a situação de Direito Internacional Privado.

No mesmo sentido do acima exposto, a aplicação da técnica apresentada nesta tese, com o reconhecimento da autonomia privada média para tais situações hipotéticas, certamente resultará em uma potencial elevação ou uma redução (conforme o caso enfrentado) dos critérios de confiança e lealdade, com potencial obtenção da maior ou menor eficiência

3.5.3. A dinâmica da autonomia privada mínima

Finalmente quanto à dinâmica da autonomia privada mínima e seguindo a mesma lógica apresentada para os tópicos 3.5.1. e 3.5.2., serão tratada duas novas situações em que a dinâmica da autonomia privada originalmente prevista no capítulo da contextualização consta como máxima ou como média. Conforme alteração das circunstâncias negociais, tais situações passarão a integrar quadrante da autonomia privada mínima na "Matriz do poder de exercício do princípio da autonomia privada" com fundamento nas circunstâncias negociais e socioeconômicas.

Situação 3 (Direito Empresarial) – A companhia de capital aberto "Cia. Y" contrata com a microempresa "Z" o fornecimento de componentes eletrônicos (insumo) para integrar o processo de produção de seus equipamentos eletrônicos, os quais serão posteriormente disponibilizados para comercialização nas principais redes de lojas de eletroeletrônicos do País. Face as regras de governança corporativa e de *compliance* da "Cia. Y", a microempresa "Z" teve que aderir as regras pré-definidas nas cláusulas gerais de contratação com fornecedores da "Cia. Y". Tal contratação previa, entre inúmeros outros aspectos, a definição de prazo mínimo de vigência contratual com elevada multa contratual para a hipótese de rompimento antecipado pela microempresa "Z"; a necessária qualidade dos insumos; multas contratuais elevadíssimas; exíguos prazos para a entrega dos insumos e longos prazos para o pagamento pelos insumos. Também houve eleição de foro contratual e cláusula compromissória pré-definida pela "Cia. Y". Sendo do interesse da microempresa "Z" o fornecimento para a "Cia. Y", não teve outra alternativa que não fosse se sujeitar aos termos e condições impostos pela "Cia. Y".

Avaliação das Circunstâncias – Com base nas circunstâncias socioeconômicas apresentadas na situação hipotética, mesmo considerando que a relação contratual é uma relação empresarial, a microempresa "Z" é flagrantemente hipossuficiente em relação a "Cia. Y" e possui uma relativa vulnerabilidade. A contratação não é paritária além da figura de um contrato por adesão (cláusulas gerais) com total inobservância aos critérios da proporcionalidade e equilíbrio das prestações.

Atribuição de poderes – Nesta situação fática foi atribuído o valor igual a 2 no quesito de vulnerabilidade face a relativa deficiência técnica em relação a "Cia. Y". Quanto aos demais quesitos foi atribuído o valor igual a 1 em decorrência da total falta de proporcionalidade no vínculo contratual. Tais valores compõe a matriz da Figura 7.

(**OBS:** em decorrência da aplicação do Código Civil às relações contratuais de direito empresarial, os valores atribuídos para a coluna "Direito Empresarial" foram replicados na coluna "Direito Civil e Empresarial")

Situação 4 (Direito Civil) – Antônio, renomado empresário de sucesso com vasta fortuna decide comprar um cavalo da raça Mangalarga Marchador como investimento e posterior venda. Sua intenção é declaradamente de lucro e não há qualquer intenção na configuração de destinatário final do cavalo. Antônio não possui qualquer experiência ou conhecimento sobre cavalos; aliás, Antônio só conheceu a raça Mangalarga Marchador em decorrência de uma matéria jornalística que prometia a possibilidade de elevados lucros na criação da referida raça. Frente ao seu desconhecimento e ausência de preparo, Antonio decide pela contratação com o Haras "S" que passará a cuidar do cavalo e também será o responsável pela intermediação de potencial venda do animal. O Haras "S" apresentar para Antônio um contrato por adesão com cláusula pré-impressas e sem qualquer possibilidade de alteração das condições contratuais, constando apenas espaços em branco para ser preenchida a qualificação do contratante e a data de assinatura. Do contrato consta uma cláusula especial que prevê a inversão dos riscos da atividade quanto ao trato do cavalo, bem como a exoneração de toda e qualquer responsabilidade do Haras "S" em decorrência de qualquer acidente com o cavalo.

Avaliação das Circunstâncias – Com base nas circunstâncias socioeconômicas apresentadas e considerando que a relação contratual é regida Código Civil de 2002, é possível afirmar que Antônio está em situação de relativa vulnerabilidade e hipossuficiência em relação ao Haras "S". O contrato firmado entre as partes é um clássico contrato por adesão com cláusulas desproporcionais, violação à boa-fé objetiva e em claro abuso do direito por meio de cláusulas nulas (prévia desoneração de responsabilidades)

Atribuição de poderes – Nesta situação fática foi atribuído o valor igual a 2 para os quesitos hipossuficiência e vulnerabilidade, as quais são relativas pois Antonio é possuir de vasta fortuna e poderia contratar um consultor/assessor com o devido conhecimento do objeto do contrato. Quanto aos quesitos contrato por adesão e paritário, foi atribuído o valor igual a 1 frente à total falta de proporcionalidade na contratação. A composição dos índices totais foi reproduzida na Figura 7.

Figura 7

	Direito Regulatório	Direito Administrativo	Direito do Consumidor	Direito do Consumidor e Civil	Direito Civil	Direito Civil e Empresarial	Direito Empresarial	Direito Internacional Privado
Totais	4	6	7	9	6	5	5	12
Hipossuficiência	1	1	2	2	2	1	1	3
Vulnerabilidade	1	2	2	2	2	2	2	3
Por adesão	1	1	1	2	1	1	1	3
Paritários	1	2	2	3	1	1	1	3

Com a nova valoração decorrente da dinâmica das circunstâncias negociais e dos critérios socioeconômicos, houve uma redução dos valores atribuídos para as colunas de "Direito Empresarial", "Direito Civil e Empresarial" e "Direito Civil" passando as três colunas a figurarem no quadrante de aplicação da autonomia privada mínima. Graficamente, a matriz proposta na Figura 7 é representada pela Figura 8:

Figura 8

Autonomia privada mínima	4 a 7
Autonomia privada média	7 a 10
Autonomia privada máxima	10 a 12

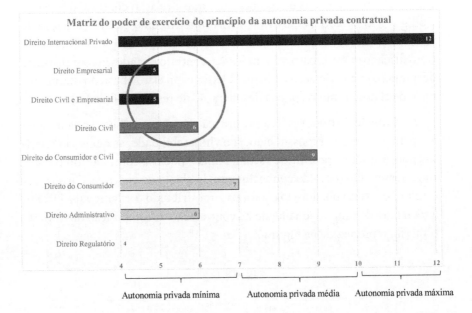

Nos exemplos traçados acima (Situação 5 e Situação 6), considerado os valores atribuídos conforme cada uma das situações expostas, é obtida uma radical alteração do valor total dos índices conforme destacado na Figura 8 (círculo de destaque), de maneira que os vínculos contratuais passaram a figurar no quadrante destinado a dinâmica da autonomia privada mínima e com respectiva redução na força vinculante do contrato.

No mesmo sentido do acima exposto, se aplicada a técnica apresentada nesta tese, com o reconhecimento da autonomia privada mínima para tais situações hipotéticas, certamente haverá uma considerável redução dos critérios de confiança e lealdade, com potencial obtenção de uma reduzida eficiência econômico-contratual.

Capítulo 4
Conclusões

Ao longo da presente obra e pelos exemplos traçados, restou demonstrado que a aplicação dinâmica do princípio da autonomia privada poderá sofrer uma gradação em três níveis distintos: máxima, média e mínima. A dinâmica da autonomia privada deverá ser aplicada conforme as circunstâncias negociais do caso concreto, a base objetiva do negócio jurídico representada pela função socioeconômica e jurídica do contrato com a retomada do equilíbrio e proporcionalidade.

Portanto, o critério não é binário, muito pelo contrário, é dinâmico e deve ser observado no caso concerto conforme o processo obrigacional durante a formação e execução do contrato, bem como, deverá ser observado o comportamento das partes ao longo do referido processo obrigacional como forma de ser identificada uma maior ou menor gradação do princípio da autonomia privada e da respectiva força vinculante do contrato.

Considerando a dinâmica do mercado, a realidade socioeconômica, a boa-fé objetiva e a função social do contrato, é possível afirmar que nos contratos com aplicação da autonomia privada máxima, tal como ocorre com grande parte dos contratos empresariais, a eventual revisão judicial deve ser realizada com extrema cautela e com o único propósito de ser reestabelecida a base objetiva do negócio jurídico tal como verificado no momento da formação do contrato.[378]

---

[378] "Nesse sentido, a revisão judicial dos contratos empresariais pode trazer instabilidade jurídica, insegurança ao ambiente econômico, acarretando mais custos de transação para as partes negociarem e fazerem cumprir o pacto. Ademais, aqueles casos de revisão dos pactos

AUTONOMIA PRIVADA E A ANÁLISE ECONÔMICA DO CONTRATO

Pela aplicação do critério da análise econômica do direito, o interprete do contrato deverá sempre buscar a alternativa que resulte na eficiência econômica do contrato, porém, limitando a sua forma de atuação aos pilares do Capitalismo Consciente (propósito elevado, liderança consciente, cultura consciente e orientação para os *stakeholders*) como forma de aplicação de um justo meio entre a ciência jurídica e a ciência economia. Pode-se afirmar que tal medida representa uma busca pela aplicação do equilíbrio de Nash no trato das relações contratuais, ou seja, uma relação de *win* e contrária aos critérios dos *trade-offs*.

A dinâmica da aplicação da autonomia privada deve seguir as constantes e ininterruptas transformações da sociedade moldando-se às situações cada vez mais comuns de contratos em massa e por adesão, bem como, as contratações eletrônicas sem que ocorra a tradicional análise volitiva de cada contrato.

Enfim, restou demonstrado ao longo da presente obra que o poder da autonomia privada deve ser exercido conforme os princípios de ordem pública e do próprio ordenamento jurídico.

A análise binária da aplicação da autonomia privada é incompleta. Assim como os princípios norteadores do Código Civil de 2002 não admitem uma aplicação estática da lei, inclusive pela introdução de um sistema semiaberto e impregnado de conceitos legais indeterminados e cláusulas gerais, não se pode admitir que a interpretação dos contratos seja estática

---

demonstram que, muitas vezes, o risco ou mesmo o prejuízo da interferência é distribuído entre a coletividade, que acaba por pagar pelo inadimplente judicialmente protegido (como acontece paradigmaticamente com os juros bancários e como aconteceu em casos de contratos de financiamento da soja no Estado de Goiás). Mas não é só isso, a crise financeira dos governos, a globalização, a sociedade em rede, a formação de blocos econômicos coloca em xeque o próprio modelo de Estado Social e, por via de conseqüência, o modelo distributivista baseado no ideal da justiça social, de humanização do capitalismo via o instituto contrato. Na verdade, é o desenvolvimento do sistema econômico capitalista (complementado por um adequado sistema tributário que permita a redistribuição de renda por meio de um *good governance*) que acaba viabilizando os meios de progressão social. Portanto, deve-se pensar numa interpretação do sistema jurídico que melhor contribua para esse fim, e não que com ele colida." TIMM, Luciano Benetti. **Direito, economia e a função social do contrato: em busca dos verdadeiros interesses coletivos protegíveis no mercado do crédito.** Revista de Direito Bancário e do Mercado de Capitais, vol. 33/2006, p. 15 – 31, Jul.-Set 2006. Disponível em RT Online: < https://goo.gl/yiy5dn> Acesso em: 01.dez.2016. (Paginação da versão eletrônica difere da versão impressa)

CONCLUSÕES

e não acompanhe o sistema do próprio Código Civil de 2002 e as transformações da sociedade.

Pelo reconhecimento e aplicação do processo dinâmico da autonomia privada (máxima, média e mínima) é possível que o contrato cumpra a sua função socioeconômica quanto ao fluxo de geração e circulação de riquezas, além da alocação de riscos, da análise quanto ao custo de transação e previsibilidade das relações jurídicas conforme diretrizes da teoria da confiança e da lealdade.

Assim, é dever do operador do direito buscar evoluir seus conhecimentos em relação às demais ciências sociais, em especial, em relação à ciência econômica para uma adequada análise dos contratos e suas consequências frente às partes interessadas e a toda sociedade. A análise isolada do direito, sem observar os critérios de eficiência econômica e consciente do contrato conforme os preceitos socioeconômicos e respectivos requisitos jurídicos de existência, validade e eficácia, pode resultar em um contrato que não irá atender a sua função social de gerar e circular riquezas para a sociedade.

Finalmente, com fulcro em tudo quanto foi estudado e apresentado ao longo da presente tese, passamos as respostas das proposições realizadas na introdução.

(a) Qual é a eficiência e funcionalidade do princípio da autonomia privada no contrato frente à dinâmica do Século XXI?

Conforme demonstrado na tese, a função socioeconômica e jurídica da teoria geral dos contratos está inserida no princípio da autonomia privada. Desta maneira, a sua eficiência decorre da análise dinâmica do processo obrigacional e do comportamento das partes. Havendo o pleno respeito aos preceitos legais, aos princípios de ordem pública e a função econômica do contrato, as partes poderão aplicar a autonomia privada em grau máximo e respectiva força vinculante do contrato. O critério da gradação é dinâmico e deve observar a eficiência por completo da função almejada pelas partes em cada contrato (eficiência jurídica-econômica-social). A eficácia da autonomia privada deverá ser aplicada conforme as circunstâncias negociais e o comportamento das partes, resultando na sua gradação entre a dinâmica da autonomia privada máxima, média e mínima.

(b) Em que medida a AED colabora no estudo das relações contratuais, na eficiência do princípio da autonomia privada e na força vinculante do contrato?

A AED tem como objetivo a eficiência econômica por meio da mesma equação dos princípios gerais de direito, da "luta pelo direito" e pela justiça, observando os critérios de equilíbrio e proporcionalidade para a manutenção da base objetiva e subjetiva do negócio jurídico.

A análise não pode ser individualista e estática. Na elaboração de um contrato ou na sua interpretação, devem ser observados, além dos interesses individuais das partes diretamente relacionadas nos respectivos polos de interesse, os efeitos econômicos que serão gerados e produzidos em relação ao todo, em relação a sociedade ou ao círculo de pessoas potencialmente afetadas de forma direta e indireta pelo negócio jurídico.

A atividade jurisdicional para a interpretação e revisão dos contratos já consumados e em execução, deve ser realizada com extrema cautela e priorizando a manutenção dos negócios jurídicos e a respectiva base objetiva do negócio jurídico. A revisão contratual por meio da atuação jurisdicional poderá implicar em possível alteração da base objetiva do negócio jurídico, elevação do custo de transação e no consequente repasse de valores para toda a sociedade na hipótese de elevação dos riscos econômico-financeiros e/ou nas hipóteses de rompimento com a teoria da confiança e da lealdade. Assim, pode-se afirmar que a AED busca uma estabilidade do sistema e das relações contratuais.

(c) É correto utilizar a teoria do capitalismo consciente como condição de justo meio entre a eticidade, equilíbrio das relações, proporcionalidade e AED?

Sim, é absolutamente correta a integração da teoria do capitalismo consciente como justa medida para o equilíbrio entre o interesse da eficiência econômica almejado pela AED com os princípios da eticidade, proporcionalidade e equivalência das prestações conforme as circunstâncias negociais e a realidade socioeconômica de cada contrato.

É possível também afirmarmos que há uma direta conexão e relacionamento do pilar do capitalismo consciente de *orientação para os stakeholders* com a teoria do Equilíbrio de Nash. As partes relacionadas estão em busca da eficiência econômica ou socioeconômica e tenderão a empregar os seus melhores esforços para que todos os interessados ganhem na respectiva

CONCLUSÕES

relação, não havendo qualquer interesse em uma relação de maximização dos lucros com prejuízos de terceiros (*trade-offs*). Será necessariamente uma relação positiva de ganho socioeconômico.

Sendo a prática contratual focada no capitalismo consciente, com o *propósito elevado, liderança consciente, cultura consciente* e *orientação para os stakeholders,* haverá o desenvolvimento de um sistema de vínculos sociais e jurídicos atrelados aos deveres de lealdade e confiança com uma exponencial elevação da importância das cláusulas gerais da boa-fé objetiva e da função social do contrato e respectivos reflexos na análise econômica do contrato. Em tais ambientes conscientes, os contratos relacionais ganham uma estabilidade jurídica e socioeconômica muito maior do que nas relações contratuais sem a observância dos pilares do capitalismo consciente.

REFERÊNCIAS

AGUIAR JÚNIOR, Ruy Rosado de. **Comentários ao Novo Código Civil – da extinção dos contratos arts. 472 a 480**, TEIXEIRA, Sálvio de Figueiredo (Coord.). v. VI, t. II. Rio de Janeiro: Forense, 2011.

_____. **Extinção dos contratos por incumprimento do devedor – resolução de acordo com o novo Código Civil.** 2 ed., Rio de Janeiro: Editora AIDE, 2003

AGUILLAR, Fernando Herren. **Direito econômico: do direito nacional ao direito supranacional.** 3. ed. São Paulo: Atlas, 2012.

AGUIRRE, João Ricardo Brandão. **Responsabilidade e informação: efeitos jurídicos das informações, conselhos e recomendações entre particulares.** São Paulo: Editora Revista dos Tribunais, 2011.

ALMEIDA COSTA, Mário Júlio de. **Direito das Obrigações.** 12 ed. Coimbra: Almedina, 2009.

ALPA, Guido. **L'Interpretazione del Contratto – orientamenti e tecniche dela giurisprudenza.** Milano: Giuffrè Editore, Seconda Edizione, 2001.

_____. **Corso di diritto contrattuale.** Milani: CEDAM – Casa Editrice Dott. Antonio Milani, 2006

ALVIM, Agostinho Neves de Arruda. **Da Inexecução das Obrigações e suas Conseqüências.** 5 ed., São Paulo: Saraiva, 1980.

AMARAL, Francisco. **Direito Civil Introdução.** 7 ed. Rio de Janeiro: Renovar, 2008.

AMARAL NETO, Francisco dos Santos. **Autonomia privada como princípio fundamental da ordem jurídica.** Revista de informação legislativa : v. 26, n. 102 (abr./jun. 1989) Disponível em: http://www2.senado.leg.br/bdsf/item/id/181930, acesso em 19.out.2016

AMORIM, Fernando Sérgio Tenório de. **Autonomia da Vontade nos Contratos Eletrônicos Internacionais de Consumo.** Curitiba: Juruá, 2008.

ANDRADE, Manuel A. Domingues de. **Teoria Geral da Relação Jurídica**, vol. I – Sujeitos e Objeto. Coimbra: Almedina, 2003.

_____. **Teoria Geral da Relação Jurídica,** vol. II – Facto Jurídico, em especial Negócio Jurídico. Coimbra: Almedina, 2003.

ANTUNES VARELA, João de Matos. **Das obrigações em geral.** v. I, 10 ed. Coimbra: Almedina, 2008.

_____. **Das obrigações em geral.** v. II, 7 ed. Coimbra: Almedina, 2009.

ARAÚJO, Fernando. **Teoria económica do contrato**. Coimbra: Almedina, 2007.

_____. **Análise económica do direito: programa e guia de estudo**. Coimbra: Almedina, 2008

ARISTÓTELES. **Ética a Nicômaco**. Tradução: António de Castro Caeiro. São Paulo: Atlas, 2009.

ARRUDA ALVIM Netto, José Manoel de. **Comentários ao Código Civil Brasileiro**, Livro Introdutório ao Direito das Coisas e o Direito Civil. Rio de Janeiro: Forense, 2009.

_____. **A função social do contrato no novo código civil. Doutrinas Essenciais Obrigações e Contratos**, v. 3. Gustavo Tepedino; Luiz Edson Fachin (Org.). São Paulo: Editora Revista dos Tribunais, 2011.

_____. **Soluções Práticas de Direito – pareceres**. São Paulo: Editora Revista dos Tribunais, 2011.

_____. **Direito Privado – Coleção Estudos e Pareceres**. v. 1. São Paulo: Editora Revista dos Tribunais, 2002.

_____. **Direito Privado – Coleção Estudos e Pareceres**. v. 2. São Paulo: Editora Revista dos Tribunais, 2002.

ARRUDA ALVIM Netto, José Manoel de; CERQUIRA CÉSAR, Joaquim Portes de; ROSAS, Roberto. **Aspectos controvertidos do novo Código Civil: escritos em homenagem ao Ministro José Carlos Moreira Alves**. São Paulo: Editora Revista dos Tribunais, 2003

ASCENSÃO, José de Oliveira. **Direito Civil Teoria Geral**, v. 1 – introdução as pessoas e bens. 2 ed. Coimbra: Coimbra Editora, 2000.

_____. **Direito Civil Teoria Geral**, v. 2 – acções e factos jurídicos. 2 ed. Coimbra: Coimbra Editora, 2003.

_____. **Direito Civil Teoria Geral**, v. 3 – relações e situações jurídicas. 2 ed. Coimbra: Coimbra Editora, 2002.

ASSIS, Araken de. ANDRADE, Ronaldo Alves de. ALVES, Francisco Glauber Pessoa. **Comentários ao Código Civil Brasileiro – do direito das obrigações**. v. V. ALVIM, Arruda. ALVIM, Thereza (Coord.). Rio de Janeiro: Forense, 2007.

ASSIS, Araken. **Resolução do Contrato por Inadimplemento**. 4 ed. São Paulo: Editora Revista dos Tribunais, 2004.

ÁVILA, Humberto. **Teoria dos princípios – da definição à aplicação dos princípios jurídicos**. 15 ed., São Paulo: Malheiros, 2014

AZEVEDO, Álvaro Villaça, **Teoria Geral dos Contratos Típicos e Atípicos**. 2 ed. 2004, São Paulo: Atlas.

_____. **Contratos Inominados ou Atípicos**. Coleção Jurídica JB, v. 12, São Paulo: Bushatsky, 1975.

AZEVEDO, Antônio Junqueira de. **Negócio Jurídico: Existência, Validade e Eficácia**. 4 ed. São Paulo: Saraiva, 2007.

_____. **Estudos e Pareceres de Direito Privado**. São Paulo: Saraiva, 2004.

_____. **Novos Estudos e Pareceres de Direito Privado**. São Paulo: Saraiva, 2009.

BAIRD, Douglas G.; GERTNER, Robert H.; PICKER, Randal C. **Game Theory and The Law**. Cambridge: Harvard University Press, 1994.

BANDEIRA, Paula Greco. **Contrato incompleto**. São Paulo: Atlas, 2015

BENJAMIN, Antônio Herman V.; MARQUES, Claudia Lima; BESSA, Leonardo Roscoe. **Manual de Direito do Consumidor**. São Paulo: Editora Revista dos Tribunais, 2008.

BESSONE, Darcy. **Do contrato – teoria geral**. 3 ed. Rio de Janeiro: Forense, 1987.

BDINE Jr., Hamid Charaf. **Efeitos do Negócio Jurídico Nulo**. São Paulo: Saraiva, 2010. (Coleção Prof. Agostinho Alvim)

REFERÊNCIAS

———. Jurisdicionalização dos contratos. *In* PEREIRA Jr., Antônio Jorge; JABUR, Gilberto Haddad. **Direito dos Contratos.** São Paulo: Quartier Latin e Centro de Extensão Universitária, 2006

BETTI, Emilio. **Teoria Generale del Negozio Giuridico.** Torino: Unione Tipografico – Editrice Torinese, 1943.

———. **Interpretação da lei e dos atos jurídicos.** São Paulo: Martins Fontes, 2007.

BEVILAQUA, Clóvis. **Direito das Obrigações.** 2 ed. Bahia: Livraria Magalhães, 1910.

BITTENCOURT, Mauricio Vaz Logo. Princípio da Eficiência. *In* RIBEIRO, Marcia Carla Pereira; KLEIN, Vinicius (Coord.) **O que é análise econômica do direito: uma introdução.** 2 ed., Belo Horizonte: Editora Fórum e ABDE – Associação Brasileira de Direito e Economia. 2016.

BITTAR, Carlos Alberto. **Os Contratos de Adesão e o Controle de Cláusulas Abusivas.** São Paulo: Saraiva, 1991.

BLEICHER, Josef. **Hermenêutica Contemporânea.** Lisboa: Edições 70, 2002

BOBBIO, Norberto. **Da estrutura à Função – novos estudos de teoria do direito.** Barueri: Manole, 2007.

BOULOS, Daniel Martins. **Abuso do direito no novo Código Civil.** São Paulo: Método, 2006. (Coleção Prof. Arruda Alvim)

———. A autonomia privada, a função social do contrato e o novo Código Civil. *In* ARRUDA ALVIM Netto, José Manoel de; CERQUIRA CÉSAR, Joaquim Portes de; ROSAS, Roberto (Org.). **Aspectos controvertidos do novo Código Civil: escritos em homenagem ao Ministro José Carlos Moreira Alves.** São Paulo: Editora Revista dos Tribunais, 2003

BRANCO, Gerson Luiz Carlos. Elementos para interpretação da liberdade contratual e função social: o problema do equilíbrio econômico e da solidariedade social como princípios da teoria geral dos contratos. *In* MARTINS-COSTA, Judith. **Modelos de direito privado.** 1 ed., São Paulo: Marcial Pons, 2014.

BUSSATTA, Eduardo Luiz. **Resolução dos Contratos e Teoria do Adimplemento Substancial.** 2 ed. São Paulo: Saraiva, 2008. (Coleção Prof. Agostinho Alvim)

CANARIS, Claus-Wilhelm. **Pensamento Sistemático e Conceito de Sistema na Ciência do Direito.** Tradução: A. Menezes Cordeiro. 4 ed. Lisboa: Fundação Calouste Gulbenkian, 2008.

CARNEIRO DA FRADA, Manuel António de Castro Portugal. **Teoria da Confiança e Responsabilidade Civil.** reimpressão da edição de Fevereiro/2004 Coimbra: Almedina, 2007.

———. **Contrato e Deveres de Protecção.** Coimbra: Suplemento ao Boletim da Faculdade de Direito da Universidade de Coimbra, 1994. (Distribuído pela Editora Almedina)

CARVALHO DE MENDONÇA, Manuel Inácio. **Contratos no Direito Civil Brasileiro,** Tomo I e II. 3 ed. Rio de Janeiro: Forense, 1955

COMPARATO, Fábio Konder. Obrigações de meios, de resultado e de garantia. *In* **Doutrinas essenciais – obrigações e contratos.** Gustavo Tepedino e Luiz Edson Fachin (Org.). v. I, São Paulo: Editora Revista dos Tribunais, 2011

COASE, Ronald Harry. **The firm the market and the law.** Chicago: University of Chicago Press, 1988.

———. **A firma, o mercado e o direito.** Tradução: Heloisa Gonçalves Barbosa. Revisão da tradução: Francisco Niclós Negrão. Estudo Introdutório: Antonio Carlos Ferreira e Patrícia Cândido Alves Ferreira. Rio de Janeiro: Forense Universitária, 2016

COOTER, Robert; ULEN, Thomas. **Direito & Economia.** Tradução: Luis Marcos Sander e Francisco Araújo da Costa. 5 ed. Porto Alegre: Bookman, 2010 (Revisão Técnica *et al.* Luciano Benetti Timm, Bruno Meyerhof Salama).

CORREIA, António de Arruda Ferrer. **Êrro e Interpretação na Teoria do Negócio Jurídico.** São Paulo: Saraiva, 1939.

COSTA, Mário Júlio de Almeida. **Direito das obrigações.** 12 ed. Coimbra: Almedina, 2009.

COUTO E SILVA, Clóvis Veríssimo do. **A obrigação como processo.** Rio de Janeiro: FGV Editora, 2007.

_____. **A teoria da base do negócio jurídico no direito Brasileiro.** RT, 655/7, maio/199. Doutrinas Essenciais Obrigações e Contratos. v. IV. TEPEDINO, Gustavo; FACHIN Luiz Edson (Org.), São Paulo: Revista dos Tribunais, 2011.

COUTO E SILVA, Almiro do. Prefácio à 'obrigação como processo'. *In* MARTINS--COSTA, Judith; FRADERA, Véra Jacob de (Org.). **Estudos de direito privado e processual civil: em homenagem a Clóvis do Couto e Silva.** São Paulo: Editora Revista dos Tribunais, 2014

CUNHA, Daniela Moura Ferreira. **Responsabilidade Pré-Contratual Por Ruptura das Negociações.** Coimbra: Almedina, 2006.

DANTAS, Francisco Clementino de San Tiago. **Evolução contemporânea do direito contratual – dirigismo, imprevisão.** RT, Jan/1952. Doutrinas Essenciais Obrigações e Contratos. v. III. TEPEDINO, Gustavo; FACHIN Luiz Edson (Org.), São Paulo: Editora Revista dos Tribunais, 2011.

DANZ, Erich. **A Interpretação dos Negócios Jurídicos – contratos, testamentos, etc.** Tradução: Fernando de Miranda. São Paulo: Saraiva, 1941

DELGADO, José Augusto; GOMES Jr., Luiz Manoel. ARRUDA ALVIM e THEREZA ALVIM (Coord.). **Comentários ao Código Civil Brasileiro** – dos fatos jurídicos. v. II, Rio de Janeiro: Forense, 2008.

DÍEZ-PICAZO, Luis; TRIAS, E. Roca; MORALES, A. M. **Los principios del derecho europeo de contratos.** Madrid: Civitas Ediciones, 2002.

DINIZ, Maria Helena. **Tratado Teórico e Prático dos Contratos.** Tratado teórico e prático dos contratos, v. 5. 5 ed. São Paulo: Saraiva, 2003.

_____. **Código Civil Anotado.** 12 ed. São Paulo: Saraiva, 2006

_____. **Lei de Introdução ao Código Civil Brasileiro Interpretada.** 2 ed., São Paulo, Saraiva, 1996.

_____. **Conflito de Normas.** São Paulo: Saraiva, 2008.

_____. **Compêndio de introdução à ciência do direito – introdução à teoria geral do direito, à filosofia do direito, à sociologia jurídica e à lógica jurídica. Norma jurídica e aplicação do direito.** 24 ed., São Paulo: Saraiva, 2013.

DONNINI, Rogério Ferraz. **Responsabilidade Pós-Contratual.** São Paulo: Saraiva, 2004.

DUARTE, Nestor. **Código Civil Comentado – Doutrina e Jurisprudência.** Cezar Peluso (Coord.). 4 ed. Barueri: Manole, 2010.

ENGISCH, Karl. **Introdução ao Pensamento Jurídico.** Tradução: João Baptista Machado. 10 ed. Lisboa: Fundação Calouste Gulbenkian, 2008.

ENNECCERUS, Ludwig; KIPP, Theodor; WOLFF, Martín. **Tratado de derecho civil: parte general.** Atualizador: Hans Carl Nipperdey. Tradução Blas Pérez González e José Alguer. 2 ed., Barcelona: Bosch, 1953

REFERÊNCIAS

ESPINOLA, Eduardo. **Dos Contratos Nominados no Direito Civil Brasileiro.** 2 ed. Rio de Janeiro: Conquista, 1956.

FACHIN, Luiz Edson. **Soluções Práticas de Direito – pareceres.** São Paulo: Editora Revista dos Tribunais, 2011.

_____. **Direito civil – sentidos, transformações e fim.** Rio de Janeiro: Renovar, 2015.

FEITOSA, Maria Luiza Pereira de Alencar Mayer. **Paradigmas inconclusos: os contratos entre a autonomia privada, a regulação estatal e a globalização dos mercados.** Coimbra: Coimbra Editora, 2007.

FERNANDES, Luís A. Carvalho. **A Conversão dos Negócios Jurídicos Cíveis.** Lisboa: Quid Juris, 1993.

FERRAZ Jr., Tércio Sampaio. **Destino do Contrato.** Revista do Advogado – Ano III, v. 9, São Paulo: AASP – Associação dos Advogados de São Paulo, 1982.

_____. **Introdução ao Estudo do Direito – técnica, decisão, dominação.** São Paulo: Atlas, 1991.

FERRI, Luigi. **La autonomía privada.** Tradução: Luis Sancho Mendizábal. Granada: Editorial Comares. 2001.

FESSEL, Regina Vera Villas Bôas. **Os Fatos que Antecederam e Influenciaram a Elaboração do Atual Projeto de Código Civil.** Revista de Direito Privado, v. 7, p. 187, São Paulo: Editora Revista dos Tribunais.

FINKELSTEIN, Maria Eugênia. Coord. ADAMEK, Marcelo Vieira von. **Temas de Direito Societário e Empresarial Contemporâneos – Liber Amicorum Prof. Dr. Erasmo Valladão Azevedo e Novaes França.** São Paulo: Malheiros, 2011.

FLUME, Werner. **El negocio jurídico – parte general del Derecho civil.** Tradução: José Maria Miquel Gonzáles; Esther Gómez Galle. Madrid: Fundación Cultural del Notariado, 1998.

FORGIONI, Paula A. **Teoria Geral dos Contratos Empresariais.** São Paulo: Editora Revista dos Tribunais, 2009.

_____. **Contratos Empresariais – teoria geral e aplicação.** 2 ed., São Paulo: Editora Revista dos Tribunais, 2016.

FORTUNA, Eduardo. **Mercado financeiro: produtos e serviços.** 16 ed., Rio de Janeiro: Editora Qualitymark, 2005

FRANCO, Vera Helena de Mello. **Contratos – direito civil e empresarial.** São Paulo: Editora Revista dos Tribunais, 2009.

FRANÇA, Rubens Limongi. **Manual de Direito Civil** v. 1. 2 ed. São Paulo: Editora Revista dos Tribunais, 1971.

_____. **Hermenêutica Jurídica.** 2 ed. São Paulo: Saraiva, 1988.

FRANÇA, Pedro Arruda. **Contratos Atípicos.** 2 ed. Rio de Janeiro: Forense, 1989.

FUSTEL DE COULANGES, Numa Denis. **A cidade antiga – estudos sobre o culto, o direito, as instituições da Grécia e de Roma.** Tradução: Jonas Camargo Leite e Eduardo Fonseca. São Paulo: Hemus, 1975

GAIO. **Instituições – Direito Privado Romano.** Tradução: J. A. Segurado e Campos. Lisboa: Fundação Calouste Gulbenkian, 2010.

GAGLIARDI, Rafael Villar. **Exceção do Contrato no Cumprido.** São Paulo: Saraiva, 2010. (Col. Prof. Agostinho Alvim)

GAZZI, Fábio Pinheiro. **Vínculo obrigacional e seus efeitos perante terceiro: cúmplice.** São Paulo: Lex Editora, 2014.

GICO Jr., Ivo. Introdução ao direito e economia. In TIMM, Luciano Benetti (Org.). **Direito e economia no Brasil.** 2 ed. São Paulo: Atlas, 2014.

GILMORE, Grant. **La morte del contratto.** Tradução: Andrea Fusaro. Milano: Dott. a Giuffrè editore, 2001.

GODOY, Claudio Luiz Bueno de. **Função Social do Contrato: os novos princípios contratuais**, São Paulo: Saraiva, 2004 (Coleção Prof. Agostinho Alvim).

_____. **Responsabilidade Civil pelo Risco da Atividade**. 2 ed., São Paulo: Saraiva, 2010. (Coleção Prof. Agostinho Alvim)

GOMES, Orlando. Atualizador: BRITO, Edvaldo. **Obrigações.** 17 ed. Rio de Janeiro: Forense, 2007.

_____; BRITO, Edvaldo (Coord.) **Contratos.** Atualizadores: Antonio Junqueira de Azevedo e Francisco Paulo de Crescenzo Marino. 26 ed. Rio de Janeiro: Forense, 2007.

_____. Atualizadores: BRITO, Edvaldo; BRITO, Reginalda Paranhos de. **Introdução ao Direito Civil.** 19 ed. Rio de Janeiro: Forense, 2007.

GONÇALVES, Carlos Roberto. **Direito Civil Brasileiro, v. I. Parte Geral.** 6 ed. São Paulo: Saraiva, 2008.

_____. **Direito Civil Brasileiro, v. II. Teoria geral das obrigações.** 3 ed. São Paulo: Saraiva, 2007.

_____. **Direito Civil Brasileiro, v. III. Contratos e atos unilaterais.** 3 ed. São Paulo: Saraiva, 2007.

GRAU, Eros Roberto. **A Ordem Econômica na Constituição de 1988**. 13 ed. São Paulo: Malheiros Editores, 2008.

GUERRA, Alexandre. **Princípio da conservação dos negócios jurídicos – a eficácia jurídico-social como critério de superação das invalidades negociais.** São Paulo: Almedina, 2016.

HABERMAS, Jürgen. **Direito e democracia, entre facticidade e validade.** Tradução: Flávio Beno Siebeneichler. Rio de Janeiro: Tempo Brasileiro, 1997.

HART. Oliver. **Incomplete contracts and the theory of the firm.** Working paper department of economics. n. 448, Massachusetts: MIT – Massachusetts Institute of Technology, maio/1987, p. 6 (Disponível em: <https://dspace.mit.edu/bitstream/handle/1721.1/63736/incompletecontra00hart2.pdf?sequence=1> Acesso em 02.dez.2016.

HART, Oliver; HOLMSTRÖM, Bengt. **Contract Theory.** Disponível em: <http://www.nobelprize.org/nobel_prizes/economic-sciences/laureates/2016/advanced-economicsciences2016.pdf.> Acesso em 19.out. 2016

_____. **Contract Theory.** Disponível em: <https://archive.org/stream/theoryofcontract00hart#page/n3/mode/2up.> Acesso em 19.out.2016.

HILBRECHT, Ronald O. Uma introdução à teoria dos jogos. In TIMM, Luciano Benetti (Org.). **Direito e economia no Brasil.** 2 ed. São Paulo: Atlas, 2014.

HIRONAKA, Giselda Maria Fernandes Novaes; TARTUCE, Flávio. **Direito Contratual – temas atuais.** São Paulo: Método, 2008.

HOHFELD, Wesley Newcomb. **Os Conceitos Jurídicos Fundamentais Aplicados na Argumentação Judicial.** Tradução: Margarida Lima Rego. Lisboa: Fundação Calouste Gulbenkian, 2008.

HÖRSTER, Heinrich Ewald. **A parte geral do Código Civil Português – teoria geral do direito civil.** 5ª reimpressão, Coimbra: Almedina, 2009.

IHERING, Rudolf von. **A luta pelo direito.** Tradução: João de Vasconcelos, 7 ed., Rio de Janeiro: Forense, 1990.

IRTI, Natalino. Direito e economia. **Revista de Direito Privado,** v. 62, pp. 13-20, Abr-Jun/2015. Disponível em: <http://revistadostribunais.com.br/maf/app/resultList/document?&src=rl&srguid=i0ad6adc500000158c4b9f4e28cf44c96&docguid=I9d334120197811e5a9d8010000000000&hitguid=I9d3341

20197811e5a9d8010000000000&spos=2&epos=2&td=4&context=6&crumb-action=append&crumb-label=Documento&isDocFG=false&isFromMultiSumm=&startChunk=1&endChunk=1> Acesso em: 01.dez.2016.

KAHNEMAN, Daniel. **Rápido e Devagar – duas formas de pensar.** Tradução: Cássio de Arantes Leite. Rio de Janeiro: Objetiva, 2012.

KANT, Immanuel. **Metafísica dos Costumes – parte I princípios metafísicos da doutrina do direito.** Tradução: Artur Morão. Lisboa: Edições 70, 2004.

KELSEN, Hans. **Teoria Pura do Direito.** Tradução: João Baptista Machado. São Paulo: Martins Fontes, 2009.

LAMBERTUCCI, Pietro. **Efficacia Dispositiva del Contratto Collettivo e Autonomia Individuale.** PADOVA: CEDAM – Pubblicazioni Dell'Istituto di Diritto Privato Dell'Università di Roma – La Sapienza. v. XLII, 1990.

LACERDA DE ALMEIDA, Francisco de Paula. **Obrigações.** 2 ed. Rio de Janeiro: Revista dos Tribunaes, 1916.

LARENZ, Karl. **Derecho Civil – parte general. Tratado de Derecho Civil Alemán.** Tradução: Miguel Izquierdo y Macías-Picavea. Madrid: Editoriales de Derecho Reunidas, 1978.

_____. **Metodologia da ciência do direito.** Tradução: José Lamego. 5 ed. Lisboa: Fundação Calouste Gulbenkian, 2009.

_____. **Derecho de obligaciones.** Tradução: Jaime Santos Briz. Tomos I e II. Madrid: Editorial Revista de Derecho Privado, 1958.

LEITÃO, Luís Manuel Teles de Menezes. **Direito das Obrigações.** v. I. 8 ed. Coimbra: Almedina, 2009.

_____. **Direito das Obrigações.** v. II. 7 ed. Coimbra: Almedina, 2010.

LISBOA, Roberto Senise. **Contratos Difusos e Coletivos.** 3 ed. São Paulo: Editora Revista dos Tribunais, 2007.

_____. **Confiança contratual.** São Paulo: Atlas, 2012.

_____. **Obrigação de informar.** São Paulo: Almedina, 2012

LOUREIRO, Francisco Eduardo. *In* PELUSO, Cezar (Coord.). **Código Civil Comentado.** 4 ed., Manole: Barueri, 2010.

LORENZETTI, Ricardo Luis. **Teoria da Decisão Judicial – fundamentos de direito.** Tradução: Bruno Miragem e notas de Claudia Lima Marques. 2 ed. São Paulo: Revista dos Tribunais, 2010.

_____. **Fundamentos de Direito Privado.** Tradução: Vera Maria Jacob de Fradera São Paulo: Revista dos Tribunais, 1998.

_____. **Tratado de Los Contratos** – parte general. Santa Fe: Rubinzal-Culzoni Editores, 2004.

_____. **Tratado de Los Contratos,** T. III. Santa Fe: Rubinzal-Culzoni Editores, 2006.

LOTUFO, Renan; NANNI, Giovanni Ettore, Coordenadores. **Teoria Geral do Direito Civil.** São Paulo: Atlas e IDP – Instituto de Direito Privado, 2008.

_____. **Obrigações.** São Paulo: Atlas e IDP – Instituto de Direito Privado, 2011.

_____. **Teoria Geral dos Contratos.** São Paulo: Atlas e IDP – Instituto de Direito Privado, 2011.

LOTUFO, Renan. **Código Civil Comentado.** v 1. 2 ed. São Paulo: Saraiva, 2004

_____. **Código Civil Comentado – contratos em geral até doação (arts. 421 a 564).** v 3. t. I, São Paulo: Saraiva, 2016

LUCCA, Newton. **Direito do Consumidor.** 2 ed. São Paulo: Quartier Latin. 2008.

LUMIA, Giuseppe. **Elementos de Teoria e Ideologia do Direito.** Tradução: Denise Agostinetti. São Paulo: Martins Fontes, 2003.

MACKAAY, Ejan; ROUSSEAU, Stéphane. **Análise econômica do direito.** Tradução: Rachel Sztajn. 2 ed., São Paulo: Atlas, 2015

MACKEY, John; SISODIA, Raj. **Capitalismos consciente: como libertar o espírito heroico dos negócios.** Tradução Rosemarie Ziegelmaier, 1 ed., 4 impressão, São Paulo: HSM Editora, 2013

MACNEIL, Ian R.. **O novo contrato social.** Tradução: Alvamar de Campos Andrade Lamparelli Rio de Janeiro: Elsevier Editora, 2009.

MARINO, Francisco Paulo De Crescenzo. PEREIRA Jr., Antonio Jorge. JABUR, Gilberto Haddad (Coord.). **Direito dos Contratos.** São Paulo: Quartier Latin e Centro de Extensão Universitária, 2006.

MARINO, Francisco Paulo De Crescenzo. **Interpretação do Negócio Jurídico.** São Paulo: Saraiva, 2010.

_____. **Contratos Coligados no Direito Brasileiro.** São Paulo: Saraiva, 2009.

MARQUES, Claudia Lima. **A Nova Crise do Contrato – estudos sobre a nova teoria contratual.** São Paulo: Editora Revista dos Tribunais, 2007.

_____. **Contratos no Código de Defesa do Consumidor – o novo regime das relações contratuais.** 5 ed. São Paulo: Editora Revista dos Tribunais, 2006.

MARQUES, Claudia Lima; MIRAGEM, Bruno. **O novo direito privado e a proteção dos vulneráveis.** São Paulo: Editora Revista dos Tribunais, 2012.

MARTINEZ, Pedro Romano. **Direito das Obrigações – parte especial contratos.** 2 ed. Coimbra: Almedina, 2007.

MARTINS, Fernando Rodrigues. **Princípio da Justiça Contratual.** São Paulo: Saraiva, 2009.

MARTINS, Fran. **Contratos e Obrigações Comerciais.** 14 ed. Rio de Janeiro: Forense, 1996.

_____. Atualizada Osmar Brina Corrêa-Lima. **Contratos e Obrigações Comerciais.** 16 ed. Rio de Janeiro: Forense, 2010.

MARTINS, Ives Gandra da Silva. **Uma breve introdução ao direito.** São Paulo: Editora Revista dos Tribunais, 2010.

MARTINS-COSTA, Judith. **Boa-Fé no Direito Privado** – sistema e tópica no processo obrigacional. São Paulo: Editora Revistas dos Tribunais, 1999.

_____. **Boa-Fé no Direito Privado** – critérios para a sua aplicação. São Paulo: Marcial Pons, 2015.

_____. **Modelos de direito privado.** São Paulo: Marcial Pons, 2014.

_____. Os campos normativos da boa-fé objetiva: as três perspectivas do direito privado brasileiro. *In* **Princípios no novo Código Civil Brasileiro e outros temas: homenagem a Tullio Ascarelli.** AZEVEDO, Antonio Junqueira de. TÔRRES, Heleno Taveira. CARBONE, Paolo (Coord.). São Paulo: Quartier Latin, 2008

_____. O novo Código Civil Brasileiro: em busca da "ética da situação". *In* MARTINS-COSTA, Judith; BRANCO, Gerson Luiz Carlos. **Diretrizes teóricas do novo Código Civil Brasileiro.** São Paulo: Saraiva, 2002

MARTINS-COSTA, Judith; FRADERA, Véra Jacob de. **Estudos de direito privado e processual civil em homenagem a Clóvis do Couto e Silva.** São Paulo: Editora Revista dos Tribunais, 2014.

MARTINS DA SILVA, Américo Luís. **Contratos Comerciais,** V. 1 e 2. Rio de Janeiro: Forense, 2004

MARTINS FILHO, Ives Gandra da Silva. **O princípio ético do bem comum e a concepção jurídica do interesse público.** Jus Navigandi, Teresina,

REFERÊNCIAS

ano 5, n. 48, l.dez. 2000. Disponível em: <http://jus.uol.com.br/revista/texto/11>. Acesso em: 4.dez. 2010

MAXIMILIANO, Carlos, **Hermenêutica e Aplicação do Direito.** 13 ed. Rio de Janeiro: Forense, 1993.

MELO, Diogo L. Machado de. **Cláusulas Contratuais Gerais.** São Paulo: Saraiva, 2008. (Coleção Prof. Agostinho Alvim)

MELLO, Marcos Bernardes de. **Teoria do Fato Jurídico: Plano da Existência.** 15 ed. São Paulo: Saraiva, 2008.

_____. **Teoria do Fato Jurídico: Plano da Validade.** 8 ed. São Paulo: Saraiva, 2008.

_____. **Teoria do Fato Jurídico: Plano da Eficácia – 1ª Parte.** 4 ed. São Paulo: Saraiva, 2008.

MENDES, Gilmar Ferreira; COELHO, Inocêncio Mártires; BRANCO, Paulo Gustavo Gonet. **Curso de Direito Constitucional.** 4 ed., Saraiva, São Paulo, 2009.

MENDONÇA, Manuel Inácio Carvalho de. **Contratos no direito civil Brasileiro.** Atualização José de Aguiar Dias. Tomos I e II, 3 ed. Rio de Janeiros: Revista Forense, 1955

MENEZES CORDEIRO, Antônio Manuel da Rocha e. **Da Boa Fé no Direito Civil.** Coimbra: Almedina, 2007.

_____. **Tratado de Direito Civil Português** – parte geral. v. I, t. I. Coimbra: Almedina, 2009.

_____. **Tratado de Direito Civil Português** – direito das obrigações. v. II, t. II. Coimbra: Almedina, 2010

MESSINEO, Francesco. **Dottrina Generale Del Contratto.** Milano: Dott. A. Giuffrè – Editore, 1948

MONTEIRO, António Pinto; NEUNER, Jörg; SARLET, Ingo. **Direitos Fundamentais e Direito Privado – uma perspectiva do direito comparado.** Coimbra: Almedina, 2007.

MONTEIRO, Washington de Barros. **Curso de Direito Civil** – das obrigações 2ª parte. 27 ed. São Paulo: Saraiva, 1994

MONTORO FILHO, André Franco; MOSCOGLIATO, Marcelo. **Direito e economia.** São Paulo: Saraiva, 2008 (ETCO, Instituto Brasileiro de Ética Concorrencial).

MOREIRA ALVES, José Carlos. **Direito Romano.** v. I. 3 ed. Rio de Janeiro: Forense, 1971

_____. **Direito Romano.** v. II. 2 ed., Rio de Janeiro: Forense, 1972

_____. **A parte geral do projeto de código civil brasileiro – subsidios históricos para o novo código civil brasileiro.** 2 ed., São Paulo: Saraiva, 2003

MORIN, Edgar. **Introdução ao pensamento complexo.** 3 ed. Porto Alegre: Sulina, 2007.

NADER, Paulo. **Curso de Direito Civil: Contratos.** v. 3, 5 ed. Rio de Janeiro: Forense, 2010.

_____. **Curso de Direito Civil: Parte Geral.** v. 1, 7 ed. Rio de Janeiro: Forense, 2010.

_____. **Curso de Direito Civil: Obrigações.** v. 2, 5 ed. Rio de Janeiro: Forense, 2010.

NALINI, José Renato. TEIXEIRA, Sálvio de Figueiredo (Coord.). **Comentários ao novo Código Civil** – v. XXII, Rio de Janeiro: Editora Forense, 2007

NEGREIROS, Teresa. **Teoria do Contrato – novos paradigmas.** 2 ed. Rio de Janeiro: Renovar, 2006.

NERY, Carmen Lígia. **Decisão judicial e discricionariedade: a sentença determinativa no processo civil.** São Paulo: Editora Revista dos Tribunais, 2014

NERY, Rosa Maria Barreto Borriello de Andrade. **Introdução ao Pensamento Jurídico e à Teoria Geral do Direito Privado.** São Paulo: Editora Revista dos Tribunais, 2008.

_____. notas de atualização do Tratado de Direito Privado, Tomo VII, PONTES DE MIRANDA, São Paulo: Editora Revista dos Tribunais, 2012.

_____. Noções Preliminares de Direito Civil. São Paulo: Editora Revista dos Tribunais, 2002.

_____. Vínculo Obrigacional: relação jurídica de razão (técnica e ciência de proporção) – uma análise histórica e cultural. Tese de Livre-Docência em Direito Civil, São Paulo: Departamento de Direito Civil, Processual Civil e do Trabalho, Faculdade Paulista de Direito da Pontifícia Universidade Católica de São Paulo, 2004.

NERY, Rosa Maria de Andrade; FIGUEIREDO, Fernando Vieira de; GAGO, Viviane Ribeiro. **Advocacia Corporativa – desafios e reflexões.** São Paulo: Editora Revista dos Tribunais, 2010.

NERY, Rosa Maria de Andrade; NERY JUNIOR, Nelson. **Instituições de direito civil: teoria geral do direito privado.** v I, t I. São Paulo: Editora Revista dos Tribunais, 2014.

_____. **Instituições de direito civil: teoria geral do direito privado.** v I, t II. São Paulo: Editora Revista dos Tribunais, 2015.

_____. **Instituições de direito civil: direito das obrigações.** v II. São Paulo: Editora Revista dos Tribunais, 2015.

_____. **Instituições de direito civil: Contratos.** v III. São Paulo: Editora Revista dos Tribunais, 2016.

_____. **Instituições de direito civil: Direitos patrimoniais e reais.** v IV. São Paulo: Editora Revista dos Tribunais, 2016.

NERY JUNIOR, Nelson. **Soluções Práticas de Direito.** São Paulo: Editora Revista dos Tribunais, 2010.

NERY JUNIOR, Nelson; NERY, Rosa Maria de Andrade, Org. **Doutrinas Essenciais – responsabilidade civil.** São Paulo: Revista dos Tribunais, 2011.

_____. **Código Civil Comentado.** 10 ed., São Paulo: Revista dos Tribunais, 2013

_____. **Código Civil Comentado.** 11 ed., São Paulo: Revista dos Tribunais, 2014

NERY JUNIOR Nelson. Contratos no Código Civil – apontamentos gerais. *In* FRANCIULLI NETTO, Domingos; MENDES FERREIRA, Gilmar; MARTINS FILHO, Ives Gandra da Silva (Coord.). **O Novo Código Civil – Homenagem ao Prof. Miguel Reale.** 2 ed. São Paulo: LTr, 2005.

NONATO, Orosimbo. **Curso de Obrigações.** v. I e II. Rio de Janeiro: Forense, 1959

NORONHA, Fernando. **Direito das obrigações: fundamentos do direito das obrigações: introdução à responsabilidade civil.** v. 1., 2 ed., São Paulo: Saraiva, 2007.

_____. **O direito dos contratos e seus princípios fundamentais: autonomia privada, boa-fé, justiça contratual.** São Paulo: Saraiva, 1994.

NUSDEO, Fábio. **Curso de Economia – Introdução ao Direito Econômico.** 6 ed. São Paulo: Editora Revista dos Tribunais 2010.

OLIVEIRA, Eduardo Ribeiro de. **Comentários ao Novo Código Civil** – artigos 79 a 137, v. II. TEIXEIRA, Sálvio de Figueiredo (Coord.). Rio de Janeiro: Forense. 2008.

OLIVEIRA, Marcos Cavalcante de. **Moeda, juros e instituições financeiros: regime jurídico.** Rio de Janeiro: Forense, 2006

PENTEADO, Luciano de Camargo. **Efeitos Contratuais Perante Terceiros.** São Paulo: Quartier Latin, 2007.

PEREIRA Jr., Antônio Jorge; JABUR, Gilberto Haddad. **Direito dos Contratos.**

REFERÊNCIAS

São Paulo: Quartier Latin e Centro de Extensão Universitária, 2006.

_____. **Direito dos Contratos II**, São Paulo: Quartier Latin e Centro de Extensão. Universitária, 2008.

PEREIRA, Caio Mário da Silva. **Obrigações e Contratos – pareceres.** Rio de Janeiro: Forense, 2011.

_____. **Lesão nos Contratos.** 6 ed. Rio de Janeiro: Forense, 2001

_____. **Direito Civil – alguns aspectos da sua evolução.** Rio de Janeiro: Forense, 2001

_____. **Instituição de Direito Civil: introdução ao direito civil e teoria geral de direito civil.** v. I. Atualização: Maria Celina Bodin de Moraes. 23 ed. Rio de Janeiro: Forense, 2009.

_____. **Instituições de Direito Civil: teoria geral das obrigações.** Atualização: Guilherme Calmon Nogueira da Gama. v. II, 22 ed. Rio de Janeiro: Forense, 2009.

_____. **Instituições de Direito Civil**: contratos. Atualização: Regis Fichtner. v. III, 12 ed. Rio de Janeiro: Forense, 2007.

_____. **Responsabilidade civil.** Atualização: Gustavo Tepedino. 11 ed. Rio de Janeiro: Forense, 2016.

PEREIRA, Manuel das Neves. **Introdução ao Direito e às Obrigações.** 3 ed. Coimbra: Almedina, 2007.

PINHEIRO, Armando Castelar; SADDI, Jairo. **Direito, economia e mercados.** 4 tiragem, Rio de Janeiro: Elsevier Editora, 2005

PINTO, Carlos Alberto da Mota. **Teoria geral do direito civil.** Atualização: António Pinto Monteiro e Paulo Mota Pinto. 4 ed. Coimbra: Coimbra Editora, 2005.

PINTO, Paulo Mota. **Interesse Contratual Negativo e Interesse Contratual Positivo.** v. I e II, Coimbra: Coimbra Editora, 2008.

POMPEU, Renata Guimarães. **Autonomia privada na relação contratual.** Belo Horizonte: Editora D´Plácido, 2015.

PONTES DE MIRANDA, Francisco Cavalcanti. **Tratado de direito privado.** Tomos 1 a 60. São Paulo: Editora Revista dos Tribunais, 2012.

_____. **Sistema de ciência positiva do direito.** Tomos I a IV, 2 ed. Rio de Janeiro: Editor Borsoi, 1972.

POSNER, Eric. **Análise econômica do direito contratual: sucesso ou fracasso?** Tradução: Luciano Benetti Timm, Cristiano Carvalho e Alexandre Viola. São Paulo: Saraiva, 2010.

POSNER, Richard A. **Social Norms and the Law: An Economic Approach.** Pittsburgh: The American Economic Review, vol. 87, no. 2, 1997, pp. 365–369. Disponível em <http://www.jstor.org/stable/pdf/2950947.pdf> Acesso em 10.dez.2016.

POTHIER, Robert Joseph. **Tratado de los Contratos.** Tradução: M. C. de las Cuevas. Tomos I e II. Buenos Aires: Editorial Atalaya, 1948

PRATA, Ana. **A tutela constitucional da autonomia privada.** Reimp. Coimbra: Almedina, 2016.

PUGLIESI, Márcio. **Teoria do Direito.** 2 ed. São Paulo: Saraiva, 2009.

RADBRUCH, Gustav. **Introdução à Ciência do Direito.** Tradução: Vera Barkow. São Paulo: Martins Fontes, 1999.

RÁO, Vicente. **O Direito e a Vida dos Direitos.** 1 vol., Tomos I e II. São Paulo: Max Limonad. 1952

_____. **O Direito e a Vida dos Direitos.** 2 vol. São Paulo: Max Limonad. 1960.

REALE, Miguel. **Filosofia do Direito.** 20 ed., São Paulo: Saraiva, 2002.

_____. **Filosofia do Direito.** 19 ed., São Paulo: Saraiva, 2000.

_____. **História do Novo Código Civil.** São Paulo: Editora Revista dos Tribunais, 2005. (Estudos em homenagem ao Prof. Miguel Reale; v. 1)

_____. **Lições Preliminares de Direito.** 20 ed. São Paulo: Saraiva, 1993.

_____. **Sentido do Novo Código Civil.** Disponível em: http://www.miguelreale.com.br/ Acesso em 03.10.2016

_____. **Introdução à Filosofia.** 4 ed. São Paulo: Saraiva, 2007

REBOUÇAS, Rodrigo Fernandes. GAZZI, Fabio Pinheiro. GUERREIRO, André. AGUIAR, Ana Laura F. de M. *In* PEREIRA Jr., Antonio Jorge e JABUR, Gilberto Haddad (Coord). **Direito dos Contratos II.** São Paulo: Centro de Extensão Universitária e Quartier Latin, 2008

REBOUÇAS, Rodrigo Fernandes; PERRI, Cláudia Haidamus; SILVESTRE, Gilberto Fachetti. **O raciovitalismo de Luís Recaséns Siches como método de interpretação do direito.** 2013. Trabalho para conclusão da disciplina Ordenamento Jurídico e Sistema do Programa de Estudo Pós-Graduados em Direito da PUC/SP, sob orientação da Prof.ª Dr.ª Maria Helena Diniz

REBOUÇAS, Rodrigo Fernandes. Direitos **Reais no Código Civil de 2002: inovações.** Revista de Direito Imobiliário – RDI, v. 71, São Paulo: Editora Revista dos Tribunais, jul.-dez. 2011.

_____. **O Bem comum e a Função Social da Propriedade.** Revista de Direito Privado – RDPriv, v. 47, São Paulo: Editora Revista dos Tribunais, jul.-set. 2011.

_____. **Uma Análise do Mandamentos Constitucionais que Influem no Direito Obrigacional.** Revista do Instituto dos Advogados de São Paulo RIASP, v. 28, São Paulo: Revista dos Tribunais, jul.-dez. 2011.

_____. **Princípios, clausulas gerais e interpretação da parte geral do Código Civil de 2002** *in* Os princípios e os institutos de direito civil. Rio de Janeiro: Lumen Juris, 2015.

_____. **Contratos eletrônicos – formação e validade, aplicações práticas.** São Paulo: Almedina, 2015.

_____. (Coord.). **Estudos aplicados de direito empresarial: contratos.** São Paulo: Almedina, 2016.

RESTIFFE NETO, Paulo; RESTIFFE, Paulo Sérgio. **Contrato de Adesão no Novo Código Civil e no Código de Defesa do Consumidor,** *in* Contribuição ao Estudo do Novo Direito Civil. PASCHOAL, Frederico A.; SIMÃO José Fernando (Coord.). Campinas: Millennium, 2003.

RIPERT, Georges. **A regra moral nas obrigações civis.** Tradução: Osório de Oliveira. São Paulo: Saraiva & Cia., 1937

RIZZARDO, Arnaldo. **Direito das Obrigações.** Rio de Janeiro: Forense, 2008.

_____. **Contratos.** 7 ed., Rio de Janeiro: Forense, 2008.

RODRIGUES, Silvio. **Dos Vícios do Consentimento,** São Paulo: Saraiva, 1989.

_____. **Dos Defeitos dos Atos Jurídicos.** São Paulo: Max Limonad, 1959.

RODRIGUES, Vasco. **Análise económica do direito: uma introdução.** 2 ed., Coimbra: Almedina, 2016

RODRIGUES Junior, Otavio Luiz. **Revisão judicial dos contratos – autonomia da vontade e teoria da imprevisão.** 2 ed., São Paulo: Atlas, 2006.

ROPPO, Enzo. **O Contrato.** Tradução: Ana Coimbra e M. Januário C. Gomes. Coimbra: Almedina, 2009.

ROPPO, Vincenzo. **Il contrato del duemila.** 3 ed. Torino: G. Giappichelli Editore, 2011.

ROSENVALD, Nelson. In PELUSO, Cezar (Coord.). **Código Civil Comentado.** 4 ed., Manole: Barueri, 2010.

REFERÊNCIAS

ROUBIER, Paul. **Droits subjectifs et situations juridiques.** Paris: Dalloz, 2005.

———. **Théorie générale du droit – histoire des doctrines juridique et philosophie des valeurs sociales.** 2 ed., Paris: Dalloz, 2005.

SANCHES, J. L. Saldanha. **Direito económico: um projecto de reconstrução.** Coimbra: Coimbra Editora, 2008.

SCHUNCK, Giuliana Bonanno. **Contratos de longo prazo e dever de cooperação.** São Paulo: Almedina, 2016

SCHREIBER, Anderson. **A Proibição de Comportamento Contraditório.** 2 ed. Rio de Janeiro: Renovar, 2007.

SEN, Amartya. **A ideia de justiça.** Tradução: Nuno Castello-Branco Bastos. Coimbra: Almedina, 2010.

SERPA LOPES, Miguel Maria de. **Comentário Teórico e Prático da Lei de Introdução ao Código Civil,** v. I. Rio de Janeiro: Livraria Jacintho. 1943.

———. **Comentário Teórico e Prático da Lei de Introdução ao Código Civil,** v. II. Rio de Janeiro: Livraria Jacintho. 1944.

———. **Comentário Teórico e Prático da Lei de Introdução ao Código Civil,** v. III. Rio de Janeiro: Livraria Jacintho. 1946.

———. **O silêncio como manifestação da vontade nas obrigações.** 2 ed., Rio de Janeiro: Livraria Suissa – Walter Roth Editora, 1944.

SICHES, Luis Recasens. **Filosofía del Derecho.** 16 ed., México: Editorial Porrúa, 2002

SILVA, Jorge Cesa Ferreira da. **A boa-fé e a violação positiva do contrato.** Rio de Janeiro: Renovar, 2007.

———. **Adimplemento e extinção das obrigações.** São Paulo: Editora Revista dos Tribunais, 2007.

SILVA, Vivien Lys Porto Ferreira da. **Extinção dos contratos – limites e aplicabilidade.** São Paulo: Saraiva, 2010.

TARREGA, Maria Cristina Vidotte Blanco. **Autonomia privada e princípios contratuais no Código Civil.** São Paulo: RCS Editora, 2007.

TELLES, Inocêncio Galvão. **Direito das obrigações.** 7 ed. Coimbra: Wolters Kluwer Portugal e Coimbra Editora, 2010. 485 p.

———. **Manual dos contratos em geral.** 4 ed. Coimbra: Wolters Kluwer Portugal e Coimbra Editora, 2010. 551 p.

TENORIO, Oscar. **Lei de introdução ao Código Civil Brasileiro.** 2 ed. Rio de Janeiro: Borsoi, 1955

TEPEDINO, Gustavo; FACHIN, Luiz Edson, **Doutrinas essenciais – obrigações e contratos** (Org.). São Paulo: Editora Revista dos Tribunais, 2011.

TEPEDINO, Gustavo. **Soluções práticas de direito – pareceres.** São Paulo: Editora Revista dos Tribunais, 2012.

———. **Temas de Direito Civil.** 4 ed. Rio de Janeiro: Renovar, 2008.

———. **Temas de Direito Civil,** Tomo II. Rio de Janeiro: Renovar, 2006.

TIMM, Luciano Benetti (Org.). **Direito e Economia no Brasil.** 2 ed. São Paulo: Atlas, 2014.

———. **Direito contratual brasileiro – críticas e alternativas ao solidarismo jurídico.** 2 ed. São Paulo: Atlas, 2015.

———. **As origens do contrato no novo Código Civil: uma introdução à função social, ao welfarismo e ao solidarismo contratual.** Revista dos Tribunais, vol. 844/2006, p. 85 – 95, Fev 2006. Disponível em RT Online: <http://revistadostribunais.com.br/maf/app/delivery/search?srguid=i0ad6adc600000158e5bd14380077c321&deliveryTarget=save&docRange=1%2C6%2C20%2C&td=22&deliveryOptions=> Acesso em: 01.dez.2016. (Paginação da versão eletrônica difere da versão impressa)

_____. **Direito, economia e a função social do contrato: em busca dos verdadeiros interesses coletivos protegíveis no mercado do crédito.** Revista de Direito Bancário e do Mercado de Capitais, vol. 33/2006, p. 15 – 31, Jul.--Set 2006. Disponível em RT Online: <http://revistadostribunais.com.br/maf/app/delivery/search?srguid=i0ad 6adc600000158e5bd14380077c321& deliveryTarget=save&docRange=1%2 C6%2C20%2C&td=22&deliveryOpti ons=> Acesso em: 01.dez.2016. (Paginação da versão eletrônica difere da versão impressa)

_____. **Função social do direito contratual no Código Civil Brasileiro: justiça distributiva vs. eficiência econômica.** Revista dos Tribunais, vol. 876/2008, p. 11 – 28, Out 2008. Disponível em RT Online: <http://revistadostribunais.com.br/maf/app/delivery/sea rch?srguid=i0ad6adc600000158e5bd 14380077c321&deliveryTarget=save &docRange=1%2C6%2C20%2C&td =22&deliveryOptions=> Acesso em: 01.dez.2016. (Paginação da versão eletrônica difere da versão impressa)

TIMM, Luciano Benetti; GUARISSE, João Francisco Menegol. Análise econômica dos contratos. *In* TIMM, Luciano Benetti (Org.). **Direito e economia no Brasil.** 2 ed., São Paulo: Atlas, 2014.

TODISCO, Orlando Pe. Dr. Fr. **Libertar a verdade – a modernidade antimoderna de João Duns Scotus.** Tradução: Frei Ary Estêvão Pintarelli. Revista Eclesiástica Brasileira, v. 68, Fasc. 272.

TOMASETTI Jr. Alcides. **Execução do Contrato Preliminar.** Tese de Doutoramento, FDUSP, 1982.

TOKARS, Fabio Leandro. Assimetria informacional. *In* RIBEIRO, Marcia Carla Pereira; KLEIN, Vinicius (Coord.) **O**

que é análise econômica do direito: uma introdução. 2 ed., Belo Horizonte: Editora Fórum e ABDE – Associação Brasileira de Direito e Economia. 2016

TUHR, A. von. **Tratado de las obligaciones.** Tradução: W. Roces. Tomos I e II. 1 ed., Madri: Editorial Reus, 1934

TUTIKIAN, Priscila David Sansone. **O silêncio na formação dos contratos – propostas, aceitação e elementos de declaração negocial.** Porto Alegre: Livraria do Advogado Editora, 2009.

UDA, Giovanni Maria. **La buona fede nell'esecuzione del contrato.** Torino: G. Giappichelli, 2000.

VASCONCELOS, Marco Antonio Sandoval de. **Economia – micro e macro.** 5 ed. São Paulo: Atlas, 2011.

VASCONCELOS, Pedro Pais. **Contratos atípicos.** 2 ed. Coimbra: Almedina, 2009.

_____. **Teoria geral do direito civil.** 5 ed. Coimbra: Almedina, 2008.

VENOSA, Sílvio de Salvo. Direito Civil, v. II **teoria geral das obrigações e teoria geral dos contratos,** São Paulo: Atlas, 2007.

VERÇOSA, Haroldo Malheiros; SZTAJN, Rachel. **Curso de direito comercial,** v. 4, t. I. São Paulo: Malheiros, 2011.

VERÇOSA, Haroldo Malheiros D. **Contratos mercantis e a teoria geral dos contratos – o código civil de 2002 e a crise do contrato.** São Paulo: Quartier Latin, 2010.

VIANA, Marco Aurelio S. **Curso de direito civil – contratos.** Rio de Janeiro: Forense, 2008

VILLAS BÔAS, Regina Vera. **Perfis dos conceitos de bens jurídicos.** Revista de Direito Privado, v. 37, São Paulo: Editora Revista dos Tribunais.

_____. **Prática de ativismo judicial ou diálogos contemporâneos entre áreas do**

REFERÊNCIAS

conhecimento? **Efetividade dos direitos fundamentais, concretizando a justiça.** Revista de Direito Privado, vol. 65/2016, p. 55 – 72, Jan-Mar 2016. Disponível em RT Online: <http://revistadostribunais.com.br/maf/app/delivery/search?srguid=i0ad6adc600000158e5c1bff553502b36&deliveryTarget=save&docRange=2%2C8%2C&td=16&deliveryOptions=> Acesso em: 01.dez.2016. (Paginação da versão eletrônica difere da versão impressa)

WALD, Arnoldo. **Direito civil – introdução e parte geral.** v. 1. 11 ed. São Paulo: Saraiva, 2009

_____. **Direito civil – contratos em espécie.** v. 3.18 ed. São Paulo: Saraiva, 2009.

_____. **Direito civil – direito das obrigações e teoria geral dos contratos.** v. 2. 18 ed. São Paulo: Saraiva, 2009.

_____. O Interesse Social no Direito Privado. *In* TIMM, Luciano Benetti; MACHADO, Rafael Bicca (Coord.). **Função social do Direito.** São Paulo: Quartier Latin, 2009

_____. O empresário, a empresa e o Código Civil. *In* **O novo Código Civil – homenagem ao Prof. Miguel Reale.** Domingos Franciulli Netto. Gilmar Ferreira Mendes. Ives Gandra da Silva Martins Filho (Coord). 2 ed., São Paulo: Editora LTr, 2005

WEBER, Max. A ética protestante e o espírito do capitalismo. *In* **Ensaios de sociologia e outros escritos.** (Tradução M. irene de Q. F. Szmrecsányi e Tamás J. M. K. Szmrecsányi) Coleção Os Pensadores, v. XXXVII, 1 ed., São Paulo: Abril S.A. Cultural e Industrial, 1974

WIEACKER, Franz. **História do direito privado moderno.** Tradução: António Manuel Botelho Hespanha. 2 ed., Lisboa: Fundação Calouste Gulbenkian, 1993.

ZANETTI, Andrea Cristina. **Princípio do equilíbrio contratual.** São Paulo: Editora Revista dos Tribunais, 2012. (Coleção Prof. Agostinho Alvim)

Códigos Comentados:

ARRUDA ALVIM; TEREZA ALVIM (Coord.). **Comentários ao Código Civil Brasileiro.** XVII vol. Rio de Janeiro: Forense/FADISP.

AZEVEDO, Antônio Junqueira de (Coord.). **Comentários ao Código Civil.** 22 vol. São Paulo: Saraiva.

DINIZ, Maria Helena. **Código Civil Anotado.** 12 ed. São Paulo: Saraiva, 2006.

FILOMENO, José Geraldo Britto; GRINOVER, Ada Pellegrini; NERY JUNIOR, Nelson *et.al..* **Código Brasileiro de Defesa do Consumidor comentado pelos autores do anteprojeto.** 8 ed. Rio de Janeiro: Forense Universitária, 2004.

LOTUFO, Renan. **Código Civil Comentado.** 7 vol. São Paulo: Saraiva.

MARQUES, Claudia Lima; BENJAMIN, Antônio Herman V.; MIRAGEM, Bruno. **Comentários ao Código de Defesa do Consumidor.** 2 ed. São Paulo: Revista dos Tribunais, 2006

NERY JUNIOR, Nelson; NERY, Rosa Maria de Andrade. **Código Civil Comentado.** 7 ed. São Paulo: Editora Revista dos Tribunais, 2009

_____. **Código Civil Comentado.** 10 ed. São Paulo: Editora Revista dos Tribunais, 2013.

_____. **Código Civil Comentado.** 11 ed. São Paulo: Editora Revista dos Tribunais, 2014.

NEGRÃO, Theotonio; GOUVÊA, José Roberto Ferreira. **Código Civil Comentado.** 34 ed. São Paulo: Saraiva, 2016.

PELUSO, Cezar (Coord.). **Código Civil Comentado: doutrina e jurisprudência.** 4 ed. Barueri: Manole, 2010.

TEIXEIRA, Sálvio de Figueiredo (Coord.). **Comentários ao Novo Código Civil.** XXII vol. Rio de Janeiro: Forense.

TEPEDINO, Gustavo; BARBOZA, Heloisa Helena; MORAES, Maria Celina Bodin de. (Coord.). **Código Civil Interpretado Conforme a Constituição da República.** IV vol. Rio de Janeiro: Renovar.

Jurisprudência:

STJ – Superior Tribunal de Justiça. **Recurso Repetitivo, relatoria da Ministra Nancy Andrigui: REsp 1112879/PR.** Disponível em: < http://www.stj.jus.br/SCON/jurisprudencia/toc.jsp?livre=%28TAXA+M%C9DIA+DE+JUROS%29+E+%28%22NANCY+ANDRIGHI%22%29.MIN.&repetitivos=REPETITIVOS&&b=ACOR&thesaurus=JURIDICO&p=true> Acesso em 10.Jan.2017

STJ – Superior Tribunal de Justiça. **Recurso Repetitivo, relatoria da Ministra Nancy Andrigui: REsp**

1112880/PR. Disponível em: < http://www.stj.jus.br/SCON/jurisprudencia/toc.jsp?livre=%28TAXA+M%C9DIA+DE+JUROS%29+E+%28%22NANCY+ANDRIGHI%22%29.MIN.&repetitivos=REPETITIVOS&&b=ACOR&thesaurus=JURIDICO&p=true> Acesso em 10.Jan.2017

STJ – Superior Tribunal de Justiça. **Recurso Repetitivo, relatoria da Ministra Nancy Andrigui: REsp 1058114/RS.** Disponível em: < http://www.stj.jus.br/SCON/jurisprudencia/toc.jsp?livre=%28TAXA+M%C9DIA+DE+JUROS%29+E+%28%22NANCY+ANDRIGHI%22%29.MIN.&repetitivos=REPETITIVOS&&b=ACOR&thesaurus=JURIDICO&p=true> Acesso em 10.Jan.2017

STJ – Superior Tribunal de Justiça. **Recurso Repetitivo, relatoria da Ministra Nancy Andrigui: REsp 1063343/RS.** Disponível em: < http://www.stj.jus.br/SCON/jurisprudencia/toc.jsp?livre=%28TAXA+M%C9DIA+DE+JUROS%29+E+%28%22NANCY+ANDRIGHI%22%29.MIN.&repetitivos=REPETITIVOS&&b=ACOR&thesaurus=JURIDICO&p=true> Acesso em 10.Jan.2017

ÍNDICE

CAPÍTULO 1 – CONTEXTUALIZAÇÃO DA TEMÁTICA
E DELIMITAÇÃO DO OBJETO DE ESTUDO 25

CAPÍTULO 2 – O NEGÓCIO JURÍDICO CONTRAT7UAL
E SEUS PRINCÍPIOS 43

CAPÍTULO 3 – O PRINCÍPIO DA AUTONOMIA PRIVADA CONTRATUAL
NA DINÂMICA DO SÉCULO XXI 141

CAPÍTULO 4 – CONCLUSÕES 199